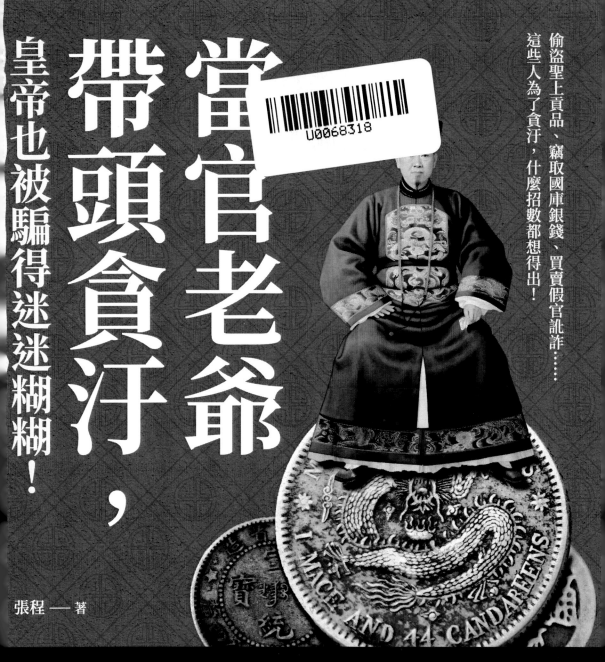

當官老爺帶頭貪汙，

皇帝也被騙得迷迷糊糊！

偷盜聖上貢品、竊取國庫銀錢、買賣假官訛詐……
這些人為了貪汙，什麼招數都想得出！

張程 —— 著

國庫銀兩竊案 × 科舉冒考風波 × 賣官鬻爵勾當

只能說為了榮華富貴，犯罪的創意超乎你的想像！

清官想揭發弊案？別妄想，你會得罪的既得利益者遍布整個官場！
管皇帝庫房是最肥的差？教獼猴偷錢、銀元塞股間、水桶有夾層……

一個人貪汙，叫貪汙；全部人一起貪汙，那就叫「合法收入」！

目錄

目錄

東鄉血案：冤案的塑造與平反

後記

孔門互訐：
道德在人心不在人

都說對方道德敗壞

　　秦漢以後，中國社會逐漸褪去了貴族制的外衣。中國傳統社會，不存在世襲貴族階級，這一點和歐洲國家很不相同。但是，世界歷史上延續時間最長的世襲貴族家族卻出現在中國：那就是山東曲阜孔家。本講的案子就是從一起清朝乾隆年間的孔家腐化事件談起。

　　乾隆六年（西元一七四一年）九月初五，孔子第七十代嫡長孫、朝廷敕封衍聖公孔廣棨朝賀乾隆萬壽後回到曲阜。他情緒有些激動地對人說：「我已經列款參劾了曲阜知縣，看他還能作威作福否？」

　　孔子嫡裔、朝廷公爵，為什麼如此生氣？而時任曲阜知縣孔毓琚，還是孔廣棨的曾祖父輩尊親，且是前衍聖公保舉的知縣。孔廣棨為什麼要彈劾尊親長輩兼地方父母官呢？

　　早在八月二十四日，孔廣棨確實已經上奏彈劾了曲阜知縣孔毓琚，列出了九條罪狀，描繪了一個骯髒不堪的知縣形象。

　　第一，曲阜城鄉集市向來徵稅，程序是由店鋪商行的經紀、店行、集頭選遞手本，經知縣批准後再充當集市管理和收稅角色。孔毓琚根據市場行情，每一個手本索賄數十串至數百串銅錢不等，裝入私囊，然後再收繳正稅。而行賄獲得資格的人，自然加倍從百姓身上索取，所以曲阜城鄉有奉旨恩免、不應收稅的，都照徵不誤。孔毓琚僅此一項就貪贓不下萬兩白銀。

　　第二，官府對官辦事業的差役、雇工有工食銀補貼。孔毓琚全部剋扣為己有，而勒令差役工人們簽字聲明已經認領。其中僅禁卒一項，曲阜工食銀一年是九十六兩，實際每年只發錢二十千。其中差額自然進入了孔毓琚的腰包。

　　第三，孔毓琚將當地逃戶的田畝擅自變價出售，將賣地銀兩占為己有。

以上三條罪狀，孔毓琚涉嫌的還都是貪汙錢財，後面六條記錄了他如何敗壞制度、荒唐無恥，內容一條比一條勁爆。

第四，孔毓琚違規任用親信家人薛大興、呂彭齡、李江等人擔任曲阜縣編制內的書吏，作為爪牙心腹。他還替這些人改名換姓，進一步冒考官員職銜。

第五，曲阜知縣和其他地方官一樣，不得置買本縣田產。孔毓琚在承辦變賣原大學士張鵬翮在曲阜的入官產業時，有一套城隍廟街的房產，原本是孔毓琚家的產業，之前以五百餘兩銀子的價錢賣給了張家。如今，孔毓琚把此處房產只估價三百兩銀子，讓子弟出名強行買回。孔毓琚又將張鵬翮在曲阜苗孔莊、防上莊兩處的田地託子弟出名廉價強買，以致賠項不敷。

第六，孔毓琚縱容刑房總吏陳輔公家人呂彭齡等人包攬娼妓，他自己也包養土娼溫李氏，在縣衙門同居，還生了子女，竟然還與陽谷縣知縣梁坦結為姻親。梁坦得知兒媳婦（或女婿）是土娼所生後，揚言要悔婚退婚，不過因子女夭折，事情才沒有鬧大。此外，孔毓琚還勾搭本縣百姓孟黑的妻子，也在縣衙門同居。孔毓琚為此還委派孟黑管理自家在苗孔莊的地畝，作為封口的差使。

第七，孔毓琚嗜賭成性，每當有鄰近州縣官吏到曲阜洽公，都強留在衙門內聚賭，令家人輪流放頭，暗中分肥。每次輸贏都有數百兩不等。

第八，孔毓琚勒令書吏偽造契約，將城西官地占為己有，建造花園，為了灌水需要還擅改河道。

第九，孔毓琚承修少昊陵工程，將應該變價銷售的舊石料拉回自家，供私家修造之用。沒有用完的石料，現在還存在城隍廟街私宅旁邊。

孔廣棨揭發的各款罪狀，窩娼聚賭，貪腐盤剝，事事都嚴重違法。孔毓琚事先勾結兗州知府（已革職）沈斯厚，送錢送禮。

孔門互訐：道德在人心不在人

沈知府包庇孔毓琚，替他周旋遮擋，孔毓琚有了保護傘，更加肆無忌憚，日甚一日。孔廣棨總結孔毓琚就是「利慾薰心，營私枉法，納交府縣，朋比為奸」，奏請將他革職，由自己暫時處理曲阜政務，再在族中選賢任能，任命新的合格的知縣。

為了有助於了解孔毓琚案的前因後果，這裡需要插敘一下曲阜孔門的特殊制度。曲阜知縣孔毓琚與衍聖公孔廣棨到底是什麼關係？衍聖公又有什麼樣的權利與義務，為什麼能左右曲阜知縣的去留？

生活在春秋時代的孔子，是個偉大的教育家、思想家，終生致力於改進社會、提升福祉。他的思想被後人整理成儒家學說，影響深遠。儒家學說深入人心，孔子本人隨之被後世尊為孔聖人、至聖先師、大成至聖文宣王、萬世師表等等，地位越來越顯赫。兩千多年來享受尊崇的同時，孔子的思想也成了統治工具。這種看似矛盾的角色，集中體現在了衍聖公制度上。

孔氏家族原本是魯國曲阜的普通民戶，隨著孔子地位的提升，嫡系後裔的待遇也水漲船高，直至被視為「聖裔」。全社會似乎都迷信孔子後裔擁有超凡的素養和道德水準。統治者則把尊崇孔子後裔作為強化儒家意識形態宣傳，彰顯自身意識形態合法性的重要舉措。說白了，歷朝歷代都舉起孔家的旗幟，替自家王朝搖旗吶喊。西漢初年，劉邦封孔子的九代嫡孫孔騰為「奉祀君」，這是孔門貴族化的開始。北宋至和二年（一〇五五年），宋仁宗取「聖裔繁衍」之意正式冊封孔子嫡系長孫為「衍聖公」。從此，孔門世襲衍聖公爵位直到民國二十四年（一九三五年），長達八百八十年。如果從奉祀君算起，曲阜孔家保有爵位超過二千一百年，是世界上延續時間最長的世襲貴族。

衍聖公爵位，有一整套制度相配合。首先，衍聖公嚴格由孔子嫡長子襲爵，明確大小宗之別。宗法制度是儒家學說的重要內容，也是歷朝

歷代的統治基礎之一。它為君君臣臣父父子子的統治結構提供理論依據。身為孔子聖裔，曲阜孔門自然要是宗法表率。孔氏嫡裔嚴格執行嫡長子繼承制，維護大宗的獨尊地位，防止小宗覬覦、竊奪大宗權益。即便是聖裔長子先死，也堅持由長孫繼承，不給其他兒子繼承機會。一九一九年底衍聖公孔令貽早逝，其妾王氏已經懷有身孕。第二年春，王氏臨產。為防偷換嬰兒或出現意外，北洋政府派軍隊包圍了產房，山東省省長，一位將軍和孟、顏、曾三氏的奉祀官坐鎮孔府監督；孔府還把血緣最近的十二府的長輩老太太全部請來，在產房外靜坐監產。生下的小嬰兒就是末代衍聖公孔德成。從中可以看出歷代對孔府嫡庶長幼的重視。孔門是皇家的映射。對孔門宗法如此費心，推而廣之，對皇權更要全力維護了。

除了允許孔門嫡長子襲封衍聖公外，朝廷還會撥款修繕孔府（衍聖公府）、孔廟、孔林，免除孔門嫡裔賦稅徭役，還頻繁賜予祭田、金銀、隆典等；此外，朝廷授予孔門子弟諸多的世襲官職。清朝，衍聖公次子世襲翰林院五經博士，三子世襲太常寺博士。如果沒有次子或三子，衍聖公可以在近支侄子中選人充任。此外，與孔門相關的尼山書院、洙泗書院主管各一人，授予國子監學錄職銜；聖廟主管一人，授予國子監學正職銜，都由衍聖公保舉族人擔任。孔、顏、曾、孟四氏學的學官，也由衍聖公保舉。

在諸多的世襲官職中，親民行政的就是曲阜知縣。知縣身為朝廷命官，本應迴避，不得在家鄉任職。「天下州縣皆用流官，獨曲阜用孔氏世職以宰此邑者，蓋以大人之子孫，不使他人統攝之也」。考慮到曲阜當地孔氏家族的意識形態色彩和強大的勢力，朝廷在孔氏族人中挑選曲阜知縣，實際由衍聖公選派。知縣為七品官，清朝升曲阜知縣為六品，以示尊崇。在實踐中，衍聖公選任的曲阜知縣，大多是自己的堂兄弟。衍

孔門互訐：道德在人心不在人

聖公在選任中扮演決定性角色，同時兼任家族的族長，曲阜知縣幾乎唯衍聖公馬首是瞻。衍聖公府給曲阜知縣的「移文」完全是下行公文的命令語氣。

孔家享受的世職還有聖廟執事官、林廟舉事、司樂、奎文閣典籍、屯田管勾、守衛林廟百戶、知印、掌書、書寫、奏差等等，都有固定的品級和俸祿。曲阜孔家逐漸發展成貴族世家，衍聖公府也官府化了。紀曉嵐曾為衍聖公府題寫了一副對聯，上聯是「與國咸休安富尊榮公府第」，下聯是「同天並老文章道德聖人家」，稱得上是實至名歸。如此尊貴地位的背後是歷朝歷代的強力扶持。

事實上，朝廷對儒家聖賢的尊崇並非只體現在孔氏一族。清朝還授予復聖顏氏、宗聖曾氏、亞聖孟氏、子路仲氏的嫡裔各一人五經博士職銜；授予建安、婺源的朱熹後代各一人五經博士銜。這種意識形態尊崇，還擴展到武聖人關羽的後裔。清朝授予洛陽、解州、江陵關羽後裔各一人世職。

孔廣棨參劾孔毓琚的奏摺石破天驚。朝廷尊崇聖裔的本意，是為了發揮他們的模範和榜樣作用，強化意識形態。想不到，聖裔竟然也有壞人。榜樣沒有發揮正面作用，壞人的負面影響反而被放大了！乾隆皇帝將孔廣棨的奏摺交給戶部侍郎周學健審理。周學健的工作還沒開展，孔毓琚於九月初八封發用印揭帖，反告衍聖公孔廣棨貪婪受贓營私等罪狀！奏摺一併交由周學健辦理。原本的彈劾事件，變成了衍聖公孔廣棨和曲阜知縣孔毓琚互訐事件。

在孔毓琚的筆下，孔廣棨同樣是一個骯髒不堪的醜角，「鬻爵賣官。亂宗剝民」。孔毓琚先陳述了曲阜知縣的「艱難」。曲阜知縣世職，例由衍聖公保題授職。因為衍聖公操生殺予奪實權，所以歷任曲阜知縣對他莫不曲意逢迎、言聽計從。曲阜民間一切戶婚田產等事，都是衍聖公派

家人指示縣令執行。孔毓琚形容，曲阜縣是非倒置，遭受衍聖公荼毒多年，流傳著「曲阜無天」的民謠。孔毓琚於雍正三年上任後，認為自己雖然是衍聖公保舉，而畢竟是朝廷命官，恩典出自皇帝，下決心不聽一情，不受一囑。雍正四年，衍聖公家人胡嗣信因說情被孔毓琚拒絕，咆哮公堂。孔毓琚稟告山東巡撫，將胡嗣信罰銀三千兩。經此一事，衍聖公府知道孔毓琚是個異類，從此不再枉法相求，對他恨之入骨。孔毓琚也在歷任山東巡撫蒞任時，就把衍聖公的劣跡羅列稟報。巡撫忌憚衍聖公是聖裔世爵，從來沒有處分，繼續曲為優容。九月初五，孔廣棨朝賀返鄉，公開揚言已經參劾孔毓琚。孔毓琚不得不據理力爭，揭發檢舉孔廣棨五大罪狀：

第一，雍正時朝廷設置孔廟執事官，從九品到三品，人數共達三十人，由衍聖公在孔氏子孫內挑選人品端方、威儀嫻雅的人，報朝廷任命。衍聖公視為奇貨可居，三品及四品執事官都授予近親，五品及以下則明碼標價出售，價格從一百兩到四百兩不等。十二年來，衍聖公府僅出賣執事官職，就侵貪數萬兩銀子。

第二，孔廟設有管勾、典籍、司樂等官，負責管理田租、書籍、音律等，也由衍聖公掌握人事實權。衍聖公不僅受賄出售官員，甚至竭澤而漁，藉候補的名義廣收捐納，連候補資格都提前賣出去了。結果市井小人都蟒服冠蓋，躋身官員行列。衍聖公府是可以行文各省督、撫、府、縣衙門的，出賣蓋章的空白公文就成了公府的另一條生財之道。每一札公文售價白銀四五十兩至一二百兩不等。

第三，四氏學教授由衍聖公保舉貢生、舉人授職。現任衍聖公孔廣棨保舉親堂弟孔廣棣擔任教授，而孔廣棣年未二十，本身還在學習階段，談何為人師表？

第四，孔府設有門官，因曾欺壓百姓，經前任兩廣總督孔毓珣參革

撤銷。孔廣棨巧立名目，新設「啟事官」一職，由家丁趙發苞擔任。雍正十三年，孔廣棨入京。旗人趙六、趙七得知五品執事官孔毓俒是衍聖公的近親，行賄白銀六百兩、馬四匹求衍聖公咨部辦理兩人出旗事宜。孔毓俒沒答應。趙六、趙七轉而聯繫趙發苞，賄賂孔廣棨，改姓孔氏，冒名申請出旗，被官府駁回。趙六等人於乾隆五年十一月潛住曲邑，與趙發苞朝夕往來。孔毓俒斥責三人胡作非為，趙發苞反而毆打侮辱孔毓俒，稟告孔廣棨將孔毓俒革去執事官官職。孔毓琚得知後，支持孔毓俒申訴，最後將趙六等人遞解回旗。

　　第五，清朝自康熙朝規定攤丁入畝、永不加賦。衍聖公卻不遵守朝廷律令，依然在曲阜攤派丁銀。曲阜儼然是法外之地，百姓每人還需繳納一百二三十文不等的丁銀。並且，孔府藉機編審戶籍，挑選面容姣好的殷實人家子弟，逼令為奴，進府當差；不幸被選中的百姓不得不花四五百兩銀子賄求免禍。孔府藉由這種戶籍編審行為，大肆索賄，以致家家戶戶怨聲載道。孔毓琚統計，衍聖公戶口名下有人丁不下數萬口，都享受免稅優待，還每年逼索百姓，欲壑難平。

　　若真如孔毓琚所言，則說明衍聖公府毫無仁義道德可言，魚肉百姓、橫行鄉里，連最低的做人標準都沒有達到，孔廣棨等人完全辱沒了孔夫子的名號。孔毓琚信誓旦旦地列出五大罪狀，還稱「所親知灼見者，如一字涉虛，願甘反坐」。那麼，他說的是否屬實呢？

衍聖公府那些事

　　受命查案的周學健是乾隆時代的一名幹吏，日後在治河領域頗有建樹。當時，他接到互訐案，頗有凡人看神仙吵架的感覺。且不論事實真偽，本應道德無瑕、高高在上受人瞻仰的聖裔曝出醜聞，而且還相互控

告，就已經在道德上破產了。涉案的還是占據主流意識形態頂端的孔子嫡系後裔孔廣棨，周學健在震驚之餘，不得不面對棘手難題。

事實上，周學健可以自由裁量的空間非常小。儒家學說和孔老夫子早已經深入人心、歷朝歷代對孔子的尊崇使得孔子的地位已經無可撼動。朝廷尊儒的國策不會變，衍聖公制度也沒有變更的跡象。那麼，時年二十九歲且是曲阜孔氏嫡系唯一後裔的孔廣棨就不能受到懲處。朝廷已經把孔廣棨和孔氏、儒家捆綁在了一起，不能動搖。周學健剩下的選擇，就是如何有理有據地維護孔廣棨。

孔氏族人狀告衍聖公事件之前也曾發生。明朝正德年間，族人孔承章上書彈劾衍聖公孔聞紹以權謀私。朝廷不問是非，將孔承章以「以下犯上」罪謫戍廣西，目的是維護衍聖公，也是維護朝廷的形象和權威。也在孔廣棨時期，清朝同樣處理了一起「威脅」衍聖公的事件。據說，雍正年間孔廟大成殿前的柏樹正枝不長而側枝茂盛，術士就解釋是有人唸咒所致，還推算出是孔繼涑所為。孔繼涑是時任衍聖公孔傳鐸的次子。其兄長孔繼濩未等襲爵就病逝了，衍聖公孔傳鐸就將爵位傳給了嫡長孫孔廣棨。祖孫交接、叔父強悍、孔廣棨地位不穩的敏感時期，恰巧出了孔繼涑唸咒篡位的「陰謀」，結果他被開除族籍，死後不許葬入孔林。孔繼涑下葬時還在棺材上鎖了三道鐵鏈。官府在此事上，也是站在孔廣棨的一邊，維護他的嫡裔地位。

周學健從律例中翻出一款：「官員將特伊列款糾參之後，乃將上司列款首告者，將所告之處不准行，仍交部治罪。」周學健認為孔毓琚是遭到孔廣棨彈劾之後再行控告，控訴無效。而且，孔毓琚翻出雍正四年衍聖公家人胡嗣信咆哮公堂的情況說事，查孔廣棨是雍正九年才襲爵的，雍正四年間還是其祖父孔傳鐸時期，事隔兩代，談何「懷恨在心」一說。反而暴露出孔毓琚本人心胸狹窄。周學健建議將孔毓琚依法處理。

孔門互訐：道德在人心不在人

　　孔廣棨地位崇高，非周學健可以議處。而且，皇帝極可能對孔廣棨的黑暗嫌疑選擇性無視。不過，周學健依然委婉地提出：「物必先腐也，而後蟲生之。」孔毓琚與衍聖公府近在咫尺，且為官多年，揭發衍聖公府的罪狀「亦未必全屬子虛，臣實不能保其必無此事」。如果衍聖公孔廣棨平時能夠潔身自好、嚴以律下，孔毓琚即便想揭發，也會無法措辭？周學健建議，孔毓琚彈劾奏摺參照律例，不予追查，但是請求乾隆皇帝嚴詞訓飭可能存在營私擾民行為的孔廣棨，飭令他有則改之無則加勉。至於孔毓琚揭發出來的曲阜縣違法徵收丁銀等現實問題，建議由相關部門查明禁革。

　　應該說，周學健的意見為穩妥之策。也許考慮到事關孔子，關係大局，乾隆皇帝沒有直接批覆，而是下令「大學士等密議具奏」。於是，看似簡單的孔門互訐案成為了供公卿大臣公議的公共性事件。

　　乾隆六年九月二十四日，大學士鄂爾泰領銜回奏了內閣對此事的意見。首先，大學士們認可周學健的處理意見。認為孔毓琚在明知遭到彈劾的情況下，挾仇反噬，「此風斷不可長」。孔毓琚狀告孔廣棨一事不予處置，他本人交部處置。其次，關於處理孔廣棨的敏感問題，內閣大學士們也認為孔廣棨在挑選執事官、四氏學教授及私設啟事官等事情上「違例營私」未必子虛烏有，請皇上對他嚴加訓飭，督促他讀書修身、遵守禮法，秉公處理衍聖公府事務。至於具體意見：第一，朝廷取消衍聖公府挑選候補官員、向各衙門無端行文的權力；第二，四氏學教授負有訓士之責，如果孔廣棣真的過於年輕、學問未優，應令孔廣棨會同山東巡撫、學政另選合適人選；第三，攤丁入畝是國策，應嚴禁孔廣棨向曲阜各戶攤派丁銀。如有私徵加派，立即查禁。總之，內閣認為孔廣棨的理想角色應該是「整躬率下、教導族人，以乘先聖詩書之澤，無負皇上教誨成全之意」。乾隆皇帝當天就批准了這道奏摺。

　　本案的行政流程算是走完了，但孔廣棨涉嫌賣官鬻爵、營私舞弊的消息已經傳開。在京官員紛紛發表意見。監察御史衛廷璞上奏，建議裁撤曲阜知縣世襲制度，可以為曲阜孔家增加一個世襲虛銜，或者增加孔氏子弟的科舉功名，來交換他們手中的曲阜知縣世職。衛廷璞認為如此才是平衡「慎重器」和「保全聖裔」的良策。

　　鴻臚寺卿林令旭則建議以衢州孔氏子孫為曲阜知縣。「衢州孔氏」又是什麼體系？為什麼要以衢州孔氏取代曲阜孔氏繼承知縣世職呢？北宋末年，金人即將攻占曲阜，第四十八代嫡孫孔端友承襲了衍聖公，他不願落入夷狄之手，攜近親族人隨宋高宗南渡，後定居浙江衢州，形成衢州孔氏家族。南宋朝廷冊封衢州孔氏襲封衍聖公。北方的金朝為了爭奪民心，在留守曲阜孔廟的孔氏子弟中挑選孔端友的堂弟為衍聖公，此後，曲阜這支孔氏世襲金朝的衍聖公。孔子後裔分裂為南方衢州孔氏和北方曲阜孔氏兩家，分別世襲衍聖公。元朝統一後，忽必烈宣孔端友之孫孔洙進京，商議衍聖公襲爵問題。忽必烈很可能屬意由孔洙回歸曲阜，世襲元朝的衍聖公。不想，孔洙因本支幾代墳塋都在衢州，難以棄離，況且曲阜的親戚守護祖塋有功，自願將衍聖公爵位讓與族弟孔治。此後，孔治一支代表嫡系聖裔世襲元明清的衍聖公，而衢州孔氏歸於平靜。如今，曲阜孔門曝出醜聞，有人建議引入衢州孔氏來分割曲阜孔氏的職權，也在情理之中。

　　周學健也贊同將曲阜世襲知縣授予衢州孔氏：孔氏源出曲阜，曲阜知縣由孔氏世襲，不僅是為了方便孔門自治，還有「尊崇至聖」之意。如果將曲阜知縣改為流官，由吏部選任，未必能找到合適人選。外族人出任曲阜知縣，極可能同樣懾於衍聖公的權勢，攀附阿諛，徇私枉法。所以，曲阜知縣還是要從孔氏門人中挑選。但是，孔氏支庶世居曲阜，親戚黨羽遍布內外，如果讓曲阜孔氏子弟出任家鄉知縣，為親則廢法，

孔門互訐：道德在人心不在人

為法則廢親，確實是兩難。而衢州孔氏則是正本清源的孔子嫡系大宗。如果曲阜世職知縣改歸衢州孔氏承襲，新知縣既是孔子後裔，又在曲阜沒有朋友、沒有田園產業，能夠秉公處理政務。曲阜世職知縣今後不得在當地購置產業、締結姻親。周學健認為，此舉可以讓南北方孔氏相互制約，同時曲阜孔氏世襲公爵、博士、學正、執事等爵位、官位有數十個名額，而衢州孔氏現在只有五經博士一個世襲職位，增加曲阜世襲知縣一職，也算公平，可謂一舉兩得。

與主張變革的官員相比，許多官員則堅持維持現狀。有些大臣認為「我皇上崇儒重道之誠超越千古，尊禮先師，恩施孔氏，規制輝煌」。而孔氏完全當得起這樣的尊崇，「萬世之師，餘慶何盡，非常食報不嫌過優」。如果以孔毓琚一個人的違法行徑，否認整個曲阜孔氏，進而改革整個衍聖公制度，可能威脅到整個尊孔崇儒的國策。況且，現有制度是由衍聖公與山東巡撫共同保舉、考核曲阜知縣，並非由衍聖公獨斷。這些大臣認為現行制度的設計是好的，只是沒有執行好。需要規範制度執行，而不是變革制度。

這場孔門互訐案引發的公卿大討論最終由乾隆裁定：「曲阜知縣空缺，令衍聖公在孔氏族中的進士、舉人、貢生中挑選讀書立品、素為族人推重的人，不拘人數，咨送山東巡撫。有山東巡撫加以考試，再遴選正陪兩人，保送引見，由皇帝挑人授職。曲阜世職知縣接受山東巡撫、兗州知府的考核、稽查，如不稱職立即參處。」最終，朝廷對衍聖公任免曲阜知縣的權力做了限制，但衍聖公的大權和尊位幾乎沒變。

衍聖公制度的底層邏輯是聖賢後裔的道德素養高於常人，而尊崇聖裔可以進一步提升他們的道德素養，發揮樹立好榜樣的作用。這種邏輯本身值得商榷。

這種將血緣與權位緊密捆綁的制度，導致家族中人日益看重血緣。

曲阜孔氏極為注重嫡庶之分，極端排斥冒宗行為，定期修訂族譜發給族人明確身分。曲阜孔氏不僅和衢州孔氏暗暗較勁，還製造了「內外孔之爭」。內孔自然是孔子核心後裔，外孔則是漢代以來陸續改姓孔姓、服役孔廟的其他姓氏百姓。他們雖然住在曲阜，卻非孔子後裔，而且本質上是廟戶、僕戶。五代十國亂世中，廟戶出身的孔末積蓄力量大肆屠殺孔子嫡系後裔，試圖取而代之。孔子嫡裔撥亂反正後，定內孔與外孔永為世仇。為了強化血緣傳承，曲阜孔氏花在族譜上的精力比在道德學問上多得多。這算不算本末倒置呢？

孔子當年，一心匡正道德，推廣平民教育，向諸侯遊說仁義道德，唯獨沒有花心思在經營產業上。歷朝歷代恩賜孔氏巨額財富，也是為了減少他們的生計煩惱，讓他們把心思花在道德文章上。清朝賜予的田地本質是祭祀孔聖人的，不允許轉賣。可是，衍聖公府在順治時有 2,157.5 大頃祭田，到乾隆朝還剩 1,256.78 大頃，減少了約 42%，乾隆年間，孔氏一個地畝清冊記載：「查例載，凡民間祖遺祀產，子孫不許典賣，有犯者即照盜賣例問擬，何獨將數百年恩賜之祭田，反聽民佃買賣乎？」那麼，有能力盜賣祭田的，會是一般族人嗎？祭田雖然變賣了，孔氏在各地購置的私產田地，卻不斷增加。康熙年間，山東巨野知縣移文衍聖公府，請求明示衍聖公府在巨野縣境內的十六頃十六畝田地是否應該免差？由此看來，孔府存在逃糧逃差的情況。

曲阜孔氏內部不時發生內訌內鬥，鬧得雞飛狗跳。比如，雍正年間孔毓銘狀告衍聖公，說自己祖上將南戶、羊廠莊田賣給衍聖公，如今籌集三千一百一十七兩銀子申請贖回。衍聖公收下了銀兩，卻不肯退田。孔毓銘請衍聖公念大家都是同族同宗，把田地或銀子退給自己。但衍聖公說孔毓銘藉此隱匿田產以逃稅，還讓官府把孔毓銘抓了起來。孔毓銘哭訴：「衍聖公是我們的宗主，今說我們隱匿，實是衍聖公因為我們出首

孔門互訐：道德在人心不在人

了他，他要賴債，反以隱匿誣陷我們的。」曲阜孔氏的族人並不比尋常百姓道德更高尚、修養更好，他們同樣會為金銀田土而爭得頭破血流，同樣會不擇手段，令人瞠目結舌。比如，現存資料有不少曲阜孔氏族人搶奪寡婦家產的記載。乾隆二十五年，孔繼康病故，其弟孔繼寧見嫂子孔郭氏孀居、侄子年幼，屢次欺凌孤兒寡母，不僅夜間將亡兄家的牛牽去，還聲稱家產不清，要侵吞亡兄家產。又有孔毓書狀告叔叔，案情是：叔叔去世，寡居的嬸嬸窮得揭不開鍋，孔毓書已定將嬸嬸改嫁，理應異姓成婚，不料小叔孔興柱竟將嬸嬸、也就是他的嫂嫂娶為妻子。孔毓書憤怒地控告叔叔以弟欺嫂、敗壞人倫。其實，孔毓書要將嬸嬸改嫁，何嘗不是貪圖叔父家產，結果嬸母被小叔捷足先登，自己繼承家產無望，才憤而上告。

曲阜孔氏不見得是當時社會道德的底線，但肯定不是道德的上限，離優待尊崇他們的朝廷的期望更是相差甚遠。可見，衍聖公制度的底層邏輯是錯誤的。乾隆六年的孔門互訐案，雖然限制了部分衍聖公權限。但之後，曲阜知縣還是奉承攀附衍聖公，枉法營私。知縣想做點什麼實事，往往遭到衍聖公百般阻撓。衍聖公隱匿人口、兼併土地等種種不法行為依然存在。乾隆二十一年，山東巡撫白鐘山上奏，重提曲阜知縣不必局限在孔氏族人中選拔，如此才是真正「玉成聖裔」。白鐘山不是發現了衍聖公府新的不法行為，就是實在看不慣曲阜獨特的治理體制，才會舊事重提。

這一回，乾隆皇帝同意了，將曲阜知縣改為流官，為孔府加設一個「世襲六品官」作為補償。於是，吏部定曲阜知縣為「衝繁疲難」的要缺。現任曲阜世職知縣孔傳松改任世襲六品官；新城知縣張若本調任曲阜知縣，和其他官員一樣調補升轉。但不久，曲阜知縣又恢復為孔氏的世職。原因竟然是外姓人出任曲阜知縣官，仍是七品，拜見衍聖公不經

允許不能進二門，要先到門房等候，請傳奏官傳話。而傳奏官為六品，比知縣品級還高。外姓知縣依然事事受到掣肘，必須仰衍聖公的鼻息才能行政。如此一來，曲阜知縣還是要落入衍聖公府的囊中。

　　曲阜知縣的弊端，是衍聖公制度的一個折射。道德在人心，不在榮華富貴。意識形態的宣揚、維護不是靠制度和物質能夠完成的。對一個家族最好的尊崇，是提供寬鬆自由的環境，而不是請進金絲籠供養起來。衍聖公制度的發展就說明了過分的尊崇，往往產生不了理想的結果。

陳輝祖案：
總督與消失的貢品

消失的貢品

　　本講是一樁因為偶然事件暴露出來的貪腐案件。而這個偶然事件，和乾隆皇帝的「藝術愛好」有關。乾隆是一位「藝術愛好者」，據說他是中國歷史上創作詩歌最多的詩人。在書畫創作上，乾隆並沒有留下多少書畫作品，但卻是一位活躍的書畫鑑賞家。紫禁城收藏的諸多書畫作品，都留下了乾隆鑑賞的印跡，甚至乾隆的題詞。乾隆皇帝對書畫鑑賞愛到什麼程度呢？他連查抄大臣家產中的書畫作品都要過目。

　　乾隆四十七年（西元一七八二年）夏日的一天，紫禁城來了一份內務府呈送給乾隆皇帝御覽的清單，記錄的是查抄前浙江巡撫王亶望的家貲。乾隆皇帝對著清單裡的書畫作品，認真研究起來。看著看著，乾隆皺起了眉頭。王亶望出身於官宦家庭，且身為封疆大吏，應該屬於既有文化涵養又有經濟實力的書畫收藏家。而且，乾隆知道王亶望平日裡對收藏古玩字畫頗為上心，家裡不乏傳世精品，往年節慶時日，王亶望都有字畫進貢給乾隆。可是，乾隆發現進呈的王亶望資產都很平常，並沒有太多的珍寶。更讓他起疑心的是，清單裡的書畫作品都稀鬆平常。精品去哪兒了呢？

　　乾隆皇帝記得，王亶望之前進獻的貢品中就有不少書畫作品。對於貢品的態度，乾隆很糾結。一方面，他很中意許多貢品；可另一方面，他不能給臣民貪戀財富、玩物喪志的印象，而要營造勤政清廉的光輝形象，所以乾隆不僅申斥臣屬頻繁向他進貢，而且還會退還其中的珍品、精品。貢品退還的比例相當高，慣例一般是敬九退三。乾隆皇帝雖然很想要王亶望進貢的字畫，但還是把許多字畫退還給了王家，那些退還的字畫，乾隆皇帝心中大致有數，其中讓他念念不忘的是宋代大書法家米芾的一塊米帖石刻。那種忍痛割愛的感覺，讓乾隆非常難受。

如今，進呈的查抄家產的清單當中，不僅乏善可陳，而且乾隆皇帝記憶中退還的字畫無一在列，其中就包括米帖石刻。乾隆認真複查了書畫清單，確實沒有他記得的字畫，也沒有那塊米帖石刻，那麼，這些精品都去哪兒了呢？

會不會是王亶望把字畫精品出售了？王亶望之前官運亨通，又在甘肅冒賑案中侵吞了千百萬兩白銀，王家屬於處於權勢上升期的家族，只會到處收購字畫，怎麼會出賣自家的藝術收藏品呢？那麼就只有一種可能了：有人對王亶望抄家的字畫動了手腳。

也就是說，有人私吞了從王家抄出來的米帖石刻。但是米帖石刻是皇帝退還的貢品，還有人膽大妄為到據為己有嗎？

這得從進貢制度說起。秦漢以降，進貢成為中央與藩屬國、地方，君主與諸侯、臣下關係的體現與紐帶。進貢主要有三種形式：第一是朝貢，發生在中國與周邊藩屬國之間；第二是地方向朝廷進貢，這兩種都屬於官府行為，看過貢品清單的人很多，而且貢品往往在大庭廣眾展示；第三是個人向皇帝的進貢，屬於私人行為。臣工向皇帝進獻書畫就屬於第三種形式。私人進貢的貢品不會出現在大庭廣眾之中。它類似於奏摺，原則上只有進貢者和皇帝兩個人知道，在過程中可能還有內務府經手的官吏和皇帝親近的軍機大臣等極少數人見過。知道乾隆皇帝把米帖石刻退還給王亶望這件事，除了兩個當事人，只有屈指可數的內務府經手人和當時在場的幾位中樞重臣。其他人都不知道這事。所以，完全有可能是貪財的官吏，以身試法，偷走了米帖石刻。

如果王亶望家抄出的精品字畫不見了，那麼其他抄沒財物是否存在短缺呢？乾隆皇帝的心裡打了一個大大的問號。他先隱忍不發。當年七月，浙江鹽道陳淮升任安徽按察使，在熱河行宮接受了乾隆皇帝的面詢。乾隆皇帝詢問了正常工作之餘，突然問起了前任浙江巡撫王亶望的

家產情況。陳淮閃爍其詞，推說查抄王家的時候自己已經赴京，並不清楚查抄情況。此後，浙江按察使李封升任湖南布政使，和新任浙江按察使王杲一道前往熱河行宮請訓。乾隆皇帝又問起了王亶望家產問題，兩個人都回答說，未曾經辦此事，不知具體詳情。表面上看，陳淮三個人的回答並沒有硬傷。但三人眾口一詞，立場一致地和王亶望抄家一事劃清界限，反而讓乾隆更加懷疑其中的問題。皇帝決定啟動調查工作。一樁貪腐大案就此拉開了序幕！

在案子的開始，乾隆皇帝僅僅是懷疑，並沒有真憑實據，甚至連嫌疑人都沒有。調查只能祕密進行。他懷疑浙江的官員黑了王亶望的家產，可又不能不委託浙江官員暗中調查。好在，時任浙江布政使兼杭州織造盛住出身內務府包衣，是皇帝的身邊人，是乾隆可以信賴的官員。於是，乾隆皇帝給盛住寫了一道密旨，指示他祕密查訪王亶望家產底細；八月初一，盛住接到密旨，不敢怠慢，立刻啟動了調查。

布政使掌握一省的藩庫。而王亶望抄家後，家產就暫存在浙江藩庫。盛住從浙江藩庫查到了查抄王亶望家產的原始資料，將王亶望抄家的原始底冊和解送到內務府官庫的冊頁經過對比核查，赫然發現內容嚴重不符。很顯然，有人在其中抽換挪移，存在不法情形。八月二十八日，盛住回奏乾隆，指出在現場實際負責查抄王亶望寓所的是道臺王站住。此人在查抄王亶望寓所時，負責登記造冊。王站住抄出的原始底冊記錄有金葉、金條、金錠等四千七百四十八兩，送給內務府物品中並沒有這些黃金，反而多了白銀七萬三千五百九十四兩。有人按照 15.5：1 的比例，用白銀替換了黃金。同時，盛住查到原始底冊中有一批玉山子、玉瓶等珍寶器玩，進呈冊中也沒有，反而多了朝珠、玉器等尋常之物。皇帝的懷疑得到了證實，不僅是查抄的字畫被貪沒，整個查抄過程都存在調換侵貪的問題。到底是誰這麼大膽，敢以身試法？

　　盛住的調查把嫌疑指向去年具體負責查抄王亶望家產的官員王站住。王站住時任浙江道臺，查抄後將王家家產登記造冊，送往了浙江藩庫。事後，王站住升任河南布政使，如今正在辦理黃河河工。

　　接到調查結果後，乾隆皇帝完全沒有懷疑得到驗證的喜悅，有的只是深深的震驚。因為查到了明確的問題，乾隆可以進行公開調查了。首先，他在九月初以六百里加急傳諭閩浙總督兼浙江巡撫陳輝祖，命令他和盛住查辦此案。乾隆在諭旨中說，王亶望家是去年查抄的，財物當時就應該押送來京，可是遲至今年夏天才押解到京城。拖延這麼久，事情就很可疑。乾隆認為閩浙總督陳輝祖「世受深恩，且係封疆大吏」，並沒有懷疑他會參與其中。他覺得最大的可能是陳輝祖一時不察，或有人偷換印封、捏改冊檔，偷換了大批財富。所以乾隆想嚴查根究，務必查個水落石出。

　　同時，乾隆派出戶部右侍郎福長安擔任欽差大臣，前往河南押解王站住，到浙江接受審訊。幾天後，乾隆又以六百里加急傳諭正在河南督辦河工的大學士阿桂，令其會同福長安迅速審查案情。於是，九月十三日河南的黃河工地就出現了下面的一幕：

　　當天，阿桂、福長安以督察黃河河務工地的名義前來視察。

　　河南布政使王站住得到消息，率領工地官員謁見欽差大臣，恭請聖安。阿桂突然大喝一聲：「奉旨，將王站住拿下！」兵丁立刻上前將王站住扭住扣押。王站住不解地問道：「為什麼拿我？」福長安質問他：「去年查抄罪臣王亶望家產時，你偷換侵吞財物，欺君罔上。你還有什麼話說？」

　　王站住矢口否認侵吞財物。他交代，去年查抄王亶望家產時，手續嚴密，分工明確，布政使國棟、按察使李封和他一起，率領衢州知府王士浣、金華知府張思振、署理嚴州知府高樸詳加清查。自閏五月二十日

陳輝祖案：總督與消失的貢品

查起，至六月初九日查畢，登記後由布政司書辦和糧道書辦分抄一式三份底冊，分別送交閩浙總督衙門、布政司衙門、糧道衙門。所有查抄金銀器物均逐件登記、歸箱、編號後，加貼布政司封條，大門鐵鎖的鑰匙由仁和縣知縣楊先儀、錢塘縣知縣張鸞收管。王站住本人在五月已經升任河南布政使，所以在六月初九查抄完畢後，在六月十三日動身進京陛見，以後的事情無從知曉。

福長安就質問王站住，既然整個過程如你所交代的那樣合理合規，那為什麼查抄底冊和進呈御覽的清單不符呢？

王站住解釋說，底冊是經過眾多官員驗點的。他本人不可能在眾目睽睽之下偷換財物。不過，王站住提供了一個新情況：閩浙總督陳輝祖曾調看過查抄物品。當時有佐雜官員將貼有布政司封條的物件送入總督衙門，陳輝祖拆封查閱後，貼上總督封條交給佐雜官員帶回，由高模查收。

阿桂、福長安一面將王站住的供詞快馬奏報乾隆皇帝，一面遵照諭旨，押解王站住前往浙江，進行深入調查。乾隆收到奏報後，覺得王站住的嫌疑基本可以排除。那麼，種種疑問指向了一個更大的嫌疑人：閩浙總督兼浙江巡撫陳輝祖。陳輝祖會是那個偷換米帖石刻的人嗎？

陳輝祖是當時帝國最顯赫的封疆大吏之一。乾隆皇帝一直很器重他。陳輝祖歷任廣西、湖北、河南等省巡撫，及河道總督、兩江總督，乾隆四十六年，也就是案發前一年剛剛調任閩浙總督。陳輝祖在閩浙總督的任上，發生了兩件事情，讓乾隆對他的印象開始打了折扣。第一件事情是陳輝祖的弟弟陳嚴祖，擔任甘肅環縣知縣，參與甘肅冒賑案，涉案數千兩白銀。乾隆認為陳輝祖治家不嚴，下詔質問。陳輝祖不敢回覆，遭到了乾隆的嚴詞申斥。乾隆認為他對弟弟的貪贓行為不可能不知情，擔心傷害弟弟而隱匿不報。陳輝祖不得不自請處分，乾隆皇帝給了他一個降級留任的處分。雖然是處分，乾隆皇帝對陳輝祖這個人還是肯

定的。他發布的上諭稱「陳輝祖尚屬能事，著加恩免治其罪」，降為三品頂戴，所有應得職俸養廉，永行停支。

第二件事情是陳輝祖在處理王亶望問題上，效率低下，引起了乾隆的不滿。乾隆四十六年七月，乾隆命令浙江省查抄王亶望家產，一直拖延到十二月軍機處多次發文催辦，陳輝祖才下令將查抄的王亶望家產置辦齊整，一共裝了五百六十箱，於當年十二月二十日起程，陸續解送京城，一直拖到第二年夏天才全部納入內務府官庫。王亶望案涉案金額超過千萬，是百年不遇的大案，乾隆皇帝高度重視、親自過問，陳輝祖在此事上效率確實不高，難免讓皇帝不高興。

陳輝祖雖然近年來有讓乾隆皇帝不滿的地方，但乾隆不太相信他會偷換罪臣家產。他為什麼要這麼做呢？陳輝祖受乾隆栽培幾十年，顯赫一方，不至於監守自盜、見利忘義吧？可是，就在乾隆自己還在犯嘀咕的時候，陳輝祖主動上奏「坦白」了犯罪，又一次震驚了乾隆皇帝。

九月十五日，陳輝祖上奏承認自己將王亶望家產以銀換金。他的奏摺是這麼說的：抄家前，王亶望交給前任仁和縣知縣楊先儀黃金二千七百七十四兩，以 1：15.5 的比例兌換成白銀，繳納自己的罰銀；案發後，楊先儀取回這筆黃金，上繳了布政司倉庫。布政使國棟和陳輝祖商量如何處置，並說到王家查抄後還有金葉、金錠一千九百七十八兩，金色低潮，擔心在解送京城後難以使用，不如按照之前的比例兌換白銀。陳輝祖承認自己一時愚昧，認為楊先儀上繳的黃金是不是就是王亶望原來的金子，沒有辦法查證，加上這批黃金的成色確實不好，不如換成白銀比較實際和穩妥，就同意了。於是，王亶望查抄的這些金子都由布政司倉庫發出，由國棟、楊先儀以及錢塘知縣張翥經手兌換白銀。陳輝祖說自己在王亶望一案中不能實力實心，無地自容，自請照數賠銀，並自請交部治罪，「以為辦事不實者戒」。

為什麼是陳輝祖

陳輝祖遮遮掩掩地承認了自己的偷換行為，著實震驚了乾隆。

乾隆皇帝起初完全沒有懷疑陳輝祖，還一度授權陳輝祖會同浙江布政使盛住共同調查王亶望抄沒家產不符的原因。想不到，幕後黑手竟然是陳輝祖本人！對於陳輝祖這種遮遮掩掩、欲蓋彌彰的行為，乾隆皇帝不僅非常震驚，而且出離憤怒！他在奏摺上批道「何用汝言」、「遲了」等語。

「遲了」兩個字透露了乾隆對陳輝祖深深的失望。要知道，陳輝祖是乾隆皇帝重點栽培、寄予厚望的高官，之前仕途坦蕩，前途光明。

首先，陳輝祖是內閣大學士、軍機大臣、兩廣總督陳大受的長子，出身官宦家。朝廷對高官顯貴子弟提供了恩蔭入仕的便利。乾隆二十年，陳輝祖就以蔭生身分出任了戶部員外郎。起點就高於絕大多數的官員。之後，陳輝祖歷任戶部郎中、軍機處行走，外放陳州知府、安徽布政使，乾隆三十四年升任廣西巡撫，躋身封疆大吏行列。陳輝祖只用了十四年就躍升為封疆大吏，創造了文官晉升的奇蹟。這個奇蹟的背後，是乾隆皇帝的破格提拔、特別器重，還有殷切的期望。

在清朝中期，陳輝祖不是唯一一個特例。官宦家庭的子弟，升遷的速度普遍快於普通家庭的子弟。為了比較普通家庭子弟和官宦家庭子弟的升遷快慢，筆者查閱了《清史稿》、《清史列傳》中乾隆年間封疆大吏的履歷。筆者選取其中有進士出身、履歷有明確年份的十三名高官，統計他們從考中進士到出任巡撫一級實職所用時間如下：王士俊十一年，劉統勛十四年，楊錫紱十四年，尹會十四年，陳宏謀十九年，戴衢亨二十年，徐嗣曾二十二年，畢沅二十三年，浦霖二十四年，方世俊二十五年，田鳳儀二十六年，陳步瀛二十八年，閔鶚元三十一年。他們

十三人升遷到封疆大吏的平均年限是二十一年。需要注意的是，能夠升遷到巡撫、侍郎的官員都是文官集團的菁英分子，是超強的個人素養和種種機緣巧合綜合作用的結果。絕大多數的進士，終其一生都輾轉在知縣、知府這個層級上，能夠升遷為道臺、按察使、布政使的都是少數。

那麼，官宦子弟的升遷速度如何呢？查閱史料，筆者發現官宦子弟往往缺乏清晰的履歷。筆者沒有查到乾隆年間出身官宦世家的封疆大吏的確切升遷速度。可以拿雍正至乾隆年間的尹繼善作為參照。尹繼善出身滿族官宦家庭，從踏入仕途到升遷為江蘇巡撫只用了六年時間，當時年僅三十二歲，江南人稱「小尹巡撫」。破格任用之快，令人咋舌。

為什麼官宦子弟缺乏清晰明確的履歷資料呢？大致有兩個原因。第一，皇帝對官宦子弟往往破格提拔、超常任用，造成履歷過於簡略；第二，朝廷對官宦子弟有「蔭子」制度，官宦子弟可以憑藉父輩、祖輩的品級或功績直接當官。這是朝廷對官宦家庭的照顧。其中漢族官員擔任四品官，就能讓子孫獲得監生資格，從三品及以上可直接授予子孫官職。正一品漢族官員的子孫，可授予部院員外郎、地方官授予同知的實職。陳輝祖就是憑藉父親的一品官職，直接出任戶部員外郎的。乾隆年間三位著名大臣，李侍堯、阿桂、和珅，都是憑藉蔭子制度直接入仕的。其中，李侍堯在乾隆初年出任印務章京，阿桂在乾隆元年授大理寺丞職務，和珅則是在乾隆三十七年出任正五品的三等侍衛。他們三位仕途的起點，是無數貧寒書生奮鬥一輩子所追求的終點。

雖然無法統計官宦子弟升遷的確切年限，但從和珅等人的經歷倒推，他們升遷到封疆大吏的年限平均在十年出頭，比普通家庭子弟快了差不多十年。可別小看了十年，按照「三年准調，五年准升」的人事制度，這十年相當於兩三個任期。更何況，官宦子弟二十幾歲蒙蔭入仕之時，正好是奮發有為、銳意進取的好時光，而貧寒子弟尚在為了一紙功

名，埋首苦讀。李侍堯等三人都沒有進士功名，而之前提及的十三位普通家庭子弟都有進士功名，其中畢沅、戴衢亨都是狀元及第。道光年間的大臣陳繼昌，是中國歷史上最後一位「三元及第」的狀元公，他從入仕到出任主政一方的江蘇巡撫，花費了二十五年時間。

為什麼官宦家庭子弟升遷得快呢？或者說，皇帝為什麼重用官宦子弟呢？其中的原因很複雜。比如，家庭背景會對子弟產生潛移默化的影響，官宦家庭的政治閱歷、政壇人脈和行政經驗，多多少少會成為子弟的政治資本，且官宦子弟的政治素養普遍比貧寒子弟要高，這也是客觀事實。又比如，皇帝任用官宦子弟，是對高官顯貴的籠絡手段。清朝皇帝接見高官，常常會問家裡有幾個兒子、在何處當差？這既是對高官顯貴的恩寵，也是把官宦家族更緊密地綁定在皇權上。幾代人的前途和地位都拜皇帝所賜，就越來越難以切割乾淨了。再比如，皇帝對官宦家族上一輩人的良好印象，會不自覺地轉移到下一輩人身上。有其父必有其子，客觀上也是有道理的。各種原因相互疊加、綜合作用，造成了官宦子弟當官如有神助，升遷明顯快於普通子弟。

雍正元年，皇帝引見新科進士，雍正皇帝對其中一名進士尹繼善的才識風采讚不絕口，說：「你就是尹泰的兒子吧？果然大器！」尹泰曾任國子監祭酒，是雍正皇帝熟悉的大臣。乾隆時期，乾隆皇帝要任命李侍堯為滿洲副都統。吏部認為這違反祖制，因為李侍堯出身漢軍八旗，而滿洲副都統一直由滿洲八旗擔任，反對這項任命。乾隆皇帝說：「李永芳的玄孫，怎能與其他漢軍相提並論？」李永芳是第一個率領部隊、成建制地投降滿族人的明朝將領，而李侍堯是他的玄孫，祖輩留給皇家的良好印象，對玄孫都還管用。官宦子弟有了較高起點後，皇帝使用起來又不拘資格，一旦有空缺或者有機會時，遷擢獎揚紛至沓來。表現出來就是官宦子弟青雲直上，一騎絕塵。

　　回到案子的主角陳輝祖。陳輝祖在乾隆年間平步青雲，很重要的原因就是他的父親陳大受留給乾隆皇帝極好的印象。朝廷對於作為後備幹部的翰林，定期考評。乾隆登基的第一年，親自考試翰林，第一名就是陳大受。翰林本來就是高官後備人選，陳大受又是剛剛當皇帝、心氣正高的乾隆主持考試的第一名人才。於是，陳大受彷彿坐上了直升機，從翰林編修擢升侍讀，歷任兵部、戶部、吏部尚書，十三年後就升任協辦大學士、軍機大臣，加太子太保、太子太傅，很快又外放直隸總督、兩廣總督。

　　陳大受也沒有辜負乾隆的期待與重用，任勞任怨，乾隆十六年積勞成疾，死在了兩廣總督的任上。而且，陳大受品德高尚，位極人臣之後還保持貧寒時期的生活作風，清廉自守。《清史稿》說陳大受「清節推四海」，他是朝野公認的清官、好官。乾隆皇帝為他定諡號為「文肅」。愛屋及烏，乾隆很自然把對陳大受的信任和器重轉移到了陳輝祖身上。陳輝祖外放後，平均兩三年就調整一次職務，雖然談不上有特別突出的政績，可也沒有差池。乾隆認為他「能事」，多少繼承了其父遺風。當他知道陳輝祖涉嫌偷換抄家財物，震驚之餘，只有深深的失望！

　　乾隆對抄查之書畫甚為關心，在瀏覽王亶望解京書畫時，乾隆帝諭曰：「王亶望平日收藏古玩字畫最為留心，其從前呈進各件未經賞收者尚較他人為優，乃昨歲查抄王亶望家產內，多係不堪入目之物。」於是命大臣阿桂等嚴查，結果發現閩浙總督兼浙江巡撫陳輝祖，抄查王亶望時抽換過所收繳之字畫，其中不乏精品，以及侵吞了其他一些貴重寶物。之後，乾隆下令將陳輝祖革職拿問，並抄沒家產。

　　之前，乾隆皇帝剛起疑心的時候，詢問過從浙江外調的三名官員陳淮、李封、王杲。他們三人都對案情諱莫如深，推托不知。如今案情有重大進展，乾隆傳諭，再給他們一次機會，命令他們據實奏報，如果知

陳輝祖案：總督與消失的貢品

情不報，要嚴懲不貸。三人感到驚恐不安，紛紛把握機會，主動交代細節。陳淮上報，仁和知縣楊先儀和錢塘知縣張翥、知府王士浣曾經以銀換金，據稱兌換後留作浙江海塘工程使用。李封上報，陳輝祖曾經以孫女置辦嫁妝的名義，向張翥兌換過五十兩金子，並且還要為內務府置辦上等的朝珠。王杲則解釋說，查抄王亶望家產的時候，自己任職溫處道道臺，人在溫州，確實對查抄詳情一無所知。

從三人的報告來看，王亶望家產一案，果然不只以銀換金這麼簡單。而且也不止陳輝祖一個人貪腐。案子不查則已，一查就是集體犯案，多麼殘酷的事實！乾隆下令以「欺飾徇隱」之罪將陳淮、李封革職，發配河南黃河工地效力。涉案的相關官員，嘉興知府楊仁譽、衢州知府王士浣、已經調任安徽寧國知府的高模等一併解任，接受調查。由杭州將軍暫時署理閩浙總督，對案犯進行嚴審。

在皇帝的雷霆盛怒之下，浙江方面很快調查清楚案情。盛住對比查抄的底冊和呈送內務府的進呈冊，發現底冊中載明的物品在內務府進呈冊中沒有載入的有一百宗，底冊中沒有載明的物品而內務府進呈冊中列名的有八十九宗，兩冊中名實不符的物品有二宗。看來，貪汙者沒有來得及更改原始底冊。這有兩個原因：

一是貪汙者根本沒有想到會東窗事發，會有人來調閱原始底冊；二是可能貪汙者不止一個人，涉案的任何一個人都不知道其他人偷換貪汙了什麼物品，沒辦法更改原始底冊。從案情發展來看，第二個原因更接近真相。這就是一個集體貪汙案。

乾隆皇帝對大宗集體貪汙案一貫秉承從嚴、從重、從快處理的原則。十月初，乾隆下旨將王士浣、楊仁譽、楊先儀、張翥等涉案官員一律革職拿問，並查抄家產，嚴查是否有隱匿抽換財產。因為陳輝祖詭辯中牽涉出布政使國棟，說以銀換金是他們兩個人商量的。國棟已經調任

安徽布政使，也被革職，交安徽巡撫就近審訊。國棟很快交代，陳輝祖說查抄王亶望家貲時，王亶望曾對他說，金子太多了，恐怕招致礙眼，不如換成白銀，辦理起來比較順利容易。至於在進呈冊中多載出來的朝珠等，國棟供稱，陳輝祖以為查抄的朝珠質地平常，難以進呈，所以命人購買了數盤好朝珠添入，其中有陳輝祖本人擁有的朝珠，也有屬員添入的。安徽巡撫逼問國棟，王亶望家的朝珠，真的都是質地平常的劣質品嗎？國棟這才坦白，王亶望家抄出的朝珠中，確實有品質上佳者，都被陳輝祖私自藏匿了。陳輝祖添入的都是平常不堪之物。

乾隆皇帝看到國棟的口供，大為震怒，批了一句話：「陳輝祖取死之道，實在於此。」

貪臣與盜臣

欽差大臣阿桂、福長安等抵達杭州後，立即有條不紊地開始審理陳輝祖案。透過翻閱查抄王亶望家產的案卷，阿桂發現所有清單都是由陳輝祖和當時一同奉旨抄家的署理福建巡撫楊魁聯名具奏的。阿桂懷疑楊魁參與了陳輝祖的貪汙舞弊案，或是知情不報，於是上奏乾隆申請查辦楊魁，查抄楊魁家產。因為楊魁已經去世，加上當時楊家願意主動上交五萬兩白銀，來承擔楊魁的失察之錯，乾隆皇帝便表示不再追究。

接著就是審訊涉案官員，大多數人都閃爍其詞。關鍵人物陳輝祖藉口時間倉促，來不及逐件親自檢驗，導致呈送御覽的清單和原始底冊不符。然而，查抄驗點工作持續半年之久，幾經內務府催辦才把查抄的資產陸續解京。時間倉促根本就是陳輝祖的藉口。阿桂嚴審陳輝祖，逼問查抄王亶望家產中的米帖石刻去向。陳輝祖供稱，三百餘塊石刻被存在學宮。為什麼不把米帖石刻解送京城呢？陳輝祖的解釋是，王亶望獲罪

後央求自己，將家裡的黃金和部分字畫，變賣為白銀，充抵部分自己該繳的議罪銀。

應該說，陳輝祖私自兌換黃金、藏匿米帖石刻的行為，是明白無疑的。陳輝祖的辯解，顯然是為了減輕自己的罪責。關鍵是，欽差大臣阿桂等人採納了他的辯解。阿桂等人上奏乾隆，認為陳輝祖是聽從王亶望的囑託，用白銀替換了黃金，但黃金並沒有短少，尚不構成抽換。現在問題就來了：在陳輝祖明顯有罪的情況下阿桂等人為什麼要這麼公開站在陳輝祖這一邊呢？阿桂、福長安不怕忤逆了乾隆皇帝嗎？

阿桂、福長安恰恰是揣摩了乾隆的心思，才幫著陳輝祖說話的。眾所周知，陳輝祖是乾隆的大力栽培對象，之前一直是皇帝眼前的紅人。阿桂等人不清楚乾隆皇帝是真的要拿陳輝祖開刀問斬，還是一時氣憤，在氣頭上做出的臨時決定。但是，從之前乾隆對大力栽培對象的處置上判斷，第二種可能性更大。

舉兩個例子。第一，大臣莊有恭是乾隆四年的狀元，是乾隆前期主要栽培的對象。後來，莊有恭在由江蘇巡撫調任河道總督的時候，被查出來沒有上報朝廷，就私自同意了殺人的某官員花錢贖罪。乾隆皇帝很生氣，下令將莊有恭革職，發往軍臺效力，不准捐贖。可是，等莊有恭剛抵達謫所，乾隆就讓他「戴罪效力」，署理湖北巡撫。莊有恭最終還升任了內閣協辦大學士。

第二個例子就是阿桂、福長安等人在乾隆四十七年看到的真事兒。之前筆者提到過一個深受乾隆器重得以青雲直上的官宦子弟，李侍堯。兩年前，李侍堯在雲貴總督任上，貪贓枉法、營私舞弊。他在任上時雲南道府以下賄賂公行，政治風氣惡劣。乾隆皇帝震驚得無語了。大學士九卿集體商議後，定李侍堯斬立決。大家都以為李侍堯死定了。乾隆前腳還盛怒，後腳卻下令各部重新商議，並親自改李侍堯為斬監候。一年

前，甘肅發生叛亂，乾隆特旨授予李侍堯三品頂戴，前去甘肅效力。李侍堯到甘肅後，甘肅冒賑案東窗事發，甘肅官員集體淪陷，李侍堯就地代理陝甘總督。今年，乾隆皇帝又恢復了李侍堯的頭品頂戴，而且還加了太子太保銜。一個貪縱營私的貪官，不僅毫髮無傷、逃脫了懲罰，還官復原職、權勢依舊，還是政壇上的紅人。這就是活生生的例子。

阿桂、福長安等人綜合各方面情況判斷，陳輝祖會是第二個李侍堯。如果陳輝祖能在雷聲大雨點小之後，照樣縱橫政壇，阿桂等人為什麼要得罪同僚呢？更何況，阿桂也好，福長安也好，都和陳輝祖一樣，出身官宦家庭。說不定雙方的父輩還有交情。所以，得饒人處且饒人，能幫陳輝祖一把就幫他一把吧！所以，阿桂等人把陳輝祖的辯解原封不動地奏報了乾隆。

這一次，阿桂、福長安等人揣摩錯了乾隆的心思。乾隆認為，陳輝祖監守自盜，不是一般的貪得無厭，而是毫無道德底線。甘肅冒賑案持續多年、涉案超過千萬兩白銀，王亶望罪不可赦，想不到陳輝祖還敢來個案中案，連抄家滅門的錢財都敢下手！乾隆覺得不懲治他，不足以樹正氣、平民憤。

清朝對陳輝祖這樣的大案要案，一旦皇帝認準了，歷來是從嚴、從重、從快處理。有一組數據，能夠非常清楚地說明：清朝自一六四四年至一九一一年，因貪汙受賄、走私等各種經濟犯罪案件而受到刑事處分的一品和二品官員，據統計有一百六十五人。其中被判處死刑立即執行的七十一人；判處死緩（斬監候、絞監候）的五十二人；判處其他刑事處分的四十二人。據統計，清代一品和二品官員經濟犯罪案件，其中有明確案發時間記載的有五十三案。其中一百天內判處結案的二十六案；一百天以上至兩百天判處結案的十七案；兩百天以上至三百六十天判處的六案；一年以上判決結案的四案。而乾隆時期就是腐敗案件頻發時

期，乾隆處理起這些案件也毫不手軟。而陳輝祖案就是乾隆認準了要從快、從嚴處理。

乾隆拿到阿桂等人的奏報，是不滿意的。他覺得阿桂、福長安等人轉述的陳輝祖的辯解「此事大奇」。王亶望罪惡至極，陳輝祖奉旨查抄時還敢聽他求情囑託，幫他掩飾？如果陳輝祖真這麼做了，那就是昧著良心欺君罔上！況且王亶望是抄家的罪臣，豈有向抄家大臣求情的道理？乾隆把這些話都批在阿桂等人的奏摺上，原折發還給阿桂、福長安，讓他們看著辦。如果欽差大臣辦不好，乾隆就要把陳輝祖押解到北京，親自審訊了。

阿桂等人拿到發回來的奏摺後，不敢懈怠。他們原本確實想幫陳輝祖開脫，大事化小。現在發現這個想法和乾隆的意圖背道而馳。他們立刻決定嚴審，之前雖然審訊了相關的官員，但審訊雙方還是比較客氣的，基本算是談話，根本沒有用刑。現在，阿桂決定對涉案官員用刑拷打。既然皇帝決定從嚴處理陳輝祖案，欽差大臣也就不用對嫌疑人客氣了。其次，阿桂等人決定擴大審訊範圍，對涉案的下級官員嚴刑審訊。

天下無難案，就怕有心人。欽差大臣一心嚴審，案件很快水落石出。首先，當時負責查抄的王站住仔細辨認從陳輝祖家抄出的家產，發現了與王亶望家產中名色相同的玉銅瓷器共二十六件，其中一件玉蕉葉花斛，一件玉梅瓶，能確定是王亶望家裡的原物。對此，陳輝祖無從狡辯，供認自己抽換了王亶望被查抄的物品。其次，在對王士浣、楊仁譽的刑訊過程中，二人交代了經過陳輝祖的同意，侵占了變賣的查抄王亶望家產中的衣物等。

看守王亶望查抄物品的官員中，有一個人叫劉大呂，阿桂擴大刑訊範圍，劉大呂在嚴刑拷打、窮追審訊之下，開口吐露了更多內幕。劉大呂供認，陳輝祖多次以抽調驗看的名義，拿走自己看中的玉器、古玩、

字畫等，私自更換為其他物品，或者乾脆據為己有，根本沒有還回來。劉大呂看在眼裡，因為位卑職小，不敢吱聲。根據劉大呂的線索，經過核查，陳輝祖先後藏匿、抵換的物品有：玉松梅瓶、白玉梅瓶、玉太平有象、玉方龍觥等十餘件玉器，自鳴鐘兩架，蘇東坡、劉松年、唐伯虎、董其昌、王蒙等名家字畫捲軸十餘件，此外還有蘇東坡墨跡佛經一本、明人泥金佛經一冊等等。

此外，原浙江布政使國棟不僅聽任陳輝祖營私枉法，還迎合陳輝祖的行為，導致陳輝祖將抄沒的黃金擅自兌換八百兩，利用市場槓桿，從中侵吞了一千六百兩銀子。楊先儀、張熹也供認，陳輝祖利用兌換黃金的機會，捏造帳本牟利。陳輝祖抽換藏匿抄沒入官的玉器、朝珠、古玩、字畫，並以金易銀、挪動庫印掩飾、帳簿倒題年月等罪行，陸續敗露。在確鑿的人證物證面前，陳輝祖承認自己添換朝珠等，並佯稱受王亶望的囑託以金易銀。

此外，陳輝祖還交代下屬逢迎巴結，多次賄賂自己：河南布政使李承鄴，湖北道臺張廷化、周日瑞、巴國柱，湖北知縣何光晟等行賄自己黃金數十兩到數百兩不等。

在審訊期間，署河東河道總督也報告乾隆帝，陳輝祖曾給其妻舅白銀三萬兩，讓他開當鋪生息，又在去年十月份送來雜色金子一千餘兩，要其妻舅兌換銀子，並叮囑他「勿向人言」。要知道，陳輝祖去年剛受到降級留任處分，永遠停發了俸祿和養廉銀。他沒有了正當收入，哪來這麼多的黃金、白銀？總之，所有的人證、物證、口供，各條案情，都證明陳輝祖是一個大貪官。

十一月初三，阿桂、福長安奏報了陳輝祖案的案情，並對相關人犯擬訂罪名。其中，陳輝祖因交結朋黨、矇蔽皇上、貪汙受賄等罪，擬斬監候，且他受恩深重，不思報效反而罪行累累，請旨即行正法。國棟、

陳輝祖案：總督與消失的貢品

王士浣、楊仁譽擬斬監候，秋後處決。楊先儀、張翯發配新疆，充當苦差。高模杖一百，流放三千里。劉大呂坐視陳輝祖監守自盜，不檢舉揭發，擬革職，免於其他處罰。

乾隆皇帝下令押解陳輝祖、國棟及其他人犯來京，交大學士會同軍機大臣、刑部堂官等人會審。十二月初，大學士九卿等人認為陳輝祖在查辦王亶望抄家事件中，以金易銀、私藏玉器、抽換朝珠，抽換字畫，且平時收受賄賂，擬斬立決。

就在朝野都覺得陳輝祖死定了的時候，乾隆皇帝的心思活動了起來。真的是「聖心難測」，乾隆又要留陳輝祖一條命。他下旨將陳輝祖從寬改為斬監候，秋後處決。所謂的「秋後處決」往往今年拖明年，明年拖後年，大事化小，小事化無，死罪慢慢改為活罪，另行處罰了。那麼，乾隆為什麼這麼做呢？

乾隆皇帝的解釋是：「（陳輝祖）於查抄入宮之物，又復侵吞抽換，行同屬竊，其昧良喪恥，固屬罪無可逭，但細核所犯情節，與王亶望之捏災冒賑、侵帑殃民者，究有不同……所云與其有聚斂之臣，寧有盜臣。陳輝祖，祇一盜臣耳。」在這裡，乾隆提出了「聚斂之臣」和「盜臣」的概念。聚斂之臣，就是貪婪斂財的官員，就是大貪官，他們橫徵暴斂、魚肉百姓；而盜臣側重於監守自盜。兩者雖然都貪財，都是犯罪，但前者雙手伸向了百姓，加重了百姓的負擔，比如王亶望，容易引發民怨；後者雙手伸向官府的倉庫，把朝廷的糧餉錢財據為己有，比如陳輝祖。對於統治者來說，盜臣的危害更小一點。所以，乾隆覺得和王亶望相比，他寧願保陳輝祖。其實，這只是乾隆的藉口和托詞。盜臣監守自盜，難道竊取的不是民膏民脂嗎？只不過盜臣是間接增加百姓負擔而已。盜臣和貪官並沒有本質區別。

既然乾隆有意留陳輝祖一條生路，他被判處斬監候，其他涉案官員

由阿桂等人擬定的外罰。行賄的官員全部革職，另外處以杖一百、徒刑三年的處罰，同時按照行賄的數額與官職的大小，加以十倍罰銀。

幾乎所有的貪汙者，都不是只有簡單的某項問題。這就類似蟑螂絕不會單獨行動，你看到了一隻蟑螂，暗處肯定藏著一窩蟑螂。陳輝祖因為監守自盜、貪汙受賄被判死緩後，很快暴露出來更多的問題。乾隆四十八年二月，閩浙總督上奏閩浙兩省虧空嚴重，前任總督陳輝祖因循貽誤，需要承擔重要責任。福建水師提督也上奏彈劾陳輝祖，說他任內武備廢弛。之前，筆者提過陳輝祖平均兩三年調整一次職務，乾隆認為他「能事」，是一個能臣幹吏。試想，頻繁調整職務，怎麼可能在一個崗位上好好耕耘做出實實在在的成績來？而同僚們知道陳輝祖是皇帝大力栽培對象，難免千方百計讓著他護著他，有功勞分享給他，有過錯幫著掩蓋。這幾乎成了官二代飛黃騰達過程中的「通病」。長年累月下來，陳輝祖的問題越積越多，就只缺爆發的時機了。陳輝祖胡作非為久了，膽子越來越大，竟敢把手伸向查抄的罪臣家產！

如今，乾隆新帳舊帳一起算，認為陳輝祖在總督任內只知道營私牟利，對政務民情漠不關心，不僅是一個盜臣，而且是庸官昏官，賜令自盡。乾隆五十三年，湖北省暴露出來吏治混亂、政治黑暗，乾隆認為湖北政治生態的惡化始於陳輝祖擔任巡撫之時，就株連他的子孫，將陳輝祖當官的兒子革職，發配新疆伊犁。至此，陳輝祖不僅辱沒了家門，而且罪及子孫，不知道他在九泉之下如何向父親陳大受交代？

騷擾驛站：

官威引發收益疑團

好大的官威

乾隆六十年（西元一七九五年）五月二十二日，山東巡撫玉德密摺彈劾屬下道員德明。

玉德奏報，他接到泰安知縣張晉稟報，兗沂曹道道員德明自兗州駐地前往省城濟南。途經的泰安縣，接到前途「傳單」，通知泰安縣預備好馬匹二十二匹，轎伕、馬伕等十九名，大車三輛，迎送德明過境。五月十六日晚上，德明一行抵達泰安縣的夏張驛。當日，夏張驛正在接待京城兵部官差，未能如數供應物資。德明家人及隨從大為不滿，對驛站人員辱罵撒氣。管理驛站的徐元為知縣張晉的家人，略作辯解。德明家人就把徐元扭送到公館。家人陳錦稟明了德明，對徐元嚴加杖責。徐元被打後傷勢沉重，起立不能；而德明一行人揚長而去。知縣張晉嚥不下這口氣，請求巡撫玉德嚴查核辦此事。

此事雖說是知縣狀告道臺，但是非曲直一目了然。首先，德明如到省城濟南執行公務，應該自備車馬，不能傳單驛站，讓沿途各縣供應。德明住進驛站就已經是違例了。其次，他更不能因為驛站人員伺候不周，就縱容家人肆意辱罵、毆打驛站人員；更不能偏聽家人一面之詞把當地知縣的家人打得重傷不起。所以，玉德接到稟報後，很快密摺彈劾德明，認為「必須嚴刑究辦」。玉德奏稱，已經派濟南知府前往泰安縣驗傷和了解情況，同時命令按察使迅速提集相關人等到濟南審訊。最後，玉德奏請先將德明革職。

為了加深對案情的理解，筆者有必要介紹一下中國古代的驛傳制度。古代沒有通訊產業，也沒有物流公司，官府的消息與物資傳遞就透過驛傳系統進行。驛傳制度是中國古代重要的通訊方式，始於春秋戰國。秦統一中國後，為了加強中央和各地區之間的聯繫，就以京城咸陽

為中心，在全國大修馳道，驛傳制度正式成為延續千年的官府制度。用馬傳送稱「驛」，用車傳送稱「傳」。歷朝歷代都在主要交通線沿線設置館舍、驛站，配備人員、車馬，傳遞公文消息，運送人員物資。遇到重要公文，通常採取「馬上飛遞」辦法，一般日行三百至八百里。緊急公文則標明四百里、五百里或者六百里字樣，沿途驛站要限時送達。現代人在影視劇中看到的「六百里加急」指的就是這個細節。當然了，「六百里加急」字樣不得濫填。驛傳系統的優勢不一定在於迅速，而在於保證交流順暢。一條條驛傳線路像蛛網一樣，將全國各地連接在一起。

驛站就是網路中的節點，是古代供傳遞工作人員或來往官員途中食宿、換馬的場所。只要各級官員手持勘合、票據等官方憑證 —— 上面通常註明來者的官職、任務與目的地等，驛站就必須無償接待來者。驛站接待官員，類似於後世的政府接待制度，既是為官員出差赴任、迎來送往等日常行政活動提供必要的物質供應，也是官員的一種特權。只要達到接待標準，理論上官員可以免費暢遊神州大地，接受免費招待。當然，驛站接待標準也是公開透明的。官員身分品級不同，飲食、住宿、車馬的接待標準不同；官員洽公事務不同，接待的優先順序也不同。

可現實和規定總有巨大的差異：官員往往肆意使用驛站，享受超規則接待，通常是一個官員帶著一大幫人趾高氣揚而來，呼來喝去一番後揚長而去。接待泛濫成災，不僅干擾了正常的公文和物資傳送，還造成了驛站巨大的經濟負擔。考慮到驛站一般由周邊地區供應，勞力從周圍地區徵調，驛站的超負荷使用讓百姓苦不堪言，引發衝突。所以，歷朝歷代都嚴禁官員享受驛站的特權接待。明太祖朱元璋為限制官員騷擾驛站，規定：「非軍國重器不許給驛。」萬曆年間，內閣首輔張居正推行郵驛改革，提出了六條對官員的限制，如規定非公務任何官員不得騷擾驛傳；官員只許按規定享受驛站接待，不能超規格享受食宿，不許提出額

騷擾驛站：官威引發收益疑團

外需索；除驛站供應外，任何官員不許擅派普通民戶服役；還規定政府官員非公務不得動用驛站交通工具等。清朝沿襲明制，嚴格管理驛站。但超範圍、超標準接待，擅自乘驛，給驛泛濫現象依然普遍存在，靡費公帑。就在乾隆二年，朝廷明令禁止驛站為地方官安置公館，嚴禁為官員呈送酒席，預備夫馬、車船等一切供應；官員出差費用自理，地方官員或下級不得宴請饋贈。違例迎送者，以擅離職守論處，罰俸九個月；如果藉機奉承鑽營或送禮行賄，革職。

朝廷律法俱在，且三令五申，德明竟然還如此高調地騷擾驛站，乾隆皇帝在奏摺上硃筆御批：「可惡，豈止如此！」

玉德奏請將德明革職，已經算是很嚴厲的處置了，乾隆皇帝還是不滿意，認為德明作為道臺，即便有公事到省城辦理也應當自備車馬，違例下令屬縣預備車馬，又聽信家人的話毆打重責驛站人員，罪行累累。「上司家人長隨，雖嚴加約束，猶難保其不向屬員私行勒索；若再明知縱容，益復無所忌憚，何事不可為耶！」乾隆從德明騷擾驛站一事，推斷德明縱容家人作惡，驕橫跋扈，可惡可恨，豈止革職就能了事的？要立刻革職拿問，交給巡撫提同相關人等嚴審究辦。如果被打的徐元傷情平復，則按照相關的法律將德明定罪；如果徐元傷重身亡，就拿德明抵命。

乾隆皇帝藉機重申了驛站制度的重要性，指出當時外省中高級官員經過基層州縣，私下命令驛站預備車馬轎伕，供應酒食，肯定屢見不鮮。如果州縣官員因為是上司來到，隱忍不報，而地方大員也暗中遮掩，沒有被披露的情況應該也不在少數。為此，乾隆特別表彰了泰安知縣張晉的持正敢言。

乾隆皇帝如此重視騷擾驛站一事，玉德接到聖旨之後自然不敢怠慢。查明德明正在曹縣的黃河工地後，玉德立刻派人趕赴曹縣工地，宣布諭旨，將德明革職，押回省城審問。涉案的德明家人被悉數押解濟南。徐

元和夏張驛的伕役等人也被押解濟南作證。德明騷擾驛站一案，全面展開問訊。那麼，此案的詳細情況到底如何，其中又有什麼有趣的細節呢？

兗沂曹道管轄山東南部，轄有兗州、沂州、曹州三府及濟寧直隸州，兼管山東境內黃河河工（當時黃河經過山東西南的曹州府奪淮入海），地域廣闊。道員官署駐紮兗州。德明是去年剛剛到任的道員，本次計劃先到濟南辦事，然後折向曹縣督辦河工，因此隨帶的家人、跟班比較多。時值五月端午節，德明也置辦了一些禮物，準備到省城饋送各位上司。出行之前，德明交代心腹家人陳錦料理相關事宜。他還寫了一張條子，遞給出發地的滋陽縣，要求提供馬十二匹，轎伕、馬伕十一名。滋陽縣知縣陳時看到條子後，不敢違抗，一面迅速提供伕役、馬匹，一面按照德明要求如數填寫驛站傳單，發給下一站的寧陽縣。

再說那德明，出身滿洲世家，歷任府道地方官職。清朝的「道」介於府和省之間，道員既可以和布政使、按察使合稱「司道」，也可以和知府並稱「道府」。一個道員通常管轄三到四個府，同時負責河工、糧餉、鹽務等某個專項事務，是正四品官，俗稱道臺。德明道臺官品不高，架子卻不小，自帶了家人、馬匹，加上跟隨的書吏、差役若干，以及道員官署的轎伕二十餘人、大車三輛，再加上滋陽縣提供的人馬，組成龐大的一行人馬，從兗州啟程浩浩蕩蕩出發了。第二站為寧陽縣。寧陽知縣看到上司蒞臨，忙不迭地安排公館飲食，恭敬有加，並且及時地將傳單發給了第三站泰安縣的夏張驛。

泰安是一個大縣，迎來送往的任務較重。德明抵達之日，泰安夏張驛同時接待了兵部的官差。驛站恭恭敬敬地把德明迎進公館安頓好後，難以如數提供傳單上的人馬。出面料理的陳錦等人大為惱怒，開始對驛站人員罵罵咧咧。

驛站有朝廷設置的驛丞等官吏，但當地長官往往加派親信家人來實

騷擾驛站：官威引發收益疑團

際負責驛站運轉──這也反證了驛站的重要性。泰安縣委派在夏張驛實際負責的是知縣張晉的親信家人徐元。徐元閱人不少，也算是見多識廣，見狀慌忙過來賠著笑臉解釋，同時趕緊安排送來了草二百二十斤、麩三斗、料三斗餵馬。陳錦認為遠遠不夠，又自個兒掏腰包添買了一些。事後，陳錦越想越氣，再次辱罵徐元。徐元不服，上前爭辯。陳錦惱羞成怒，隨即揮拳猛擊徐元。旁人趕緊拉開兩人後，陳錦仍不解氣，令隨行的差役張勇清等人將徐元拉到公館毆打。徐元大嚷大叫起來。德明聽見後，把徐元喚進來查問，可又不聽其解釋，下令暫時鎖押，明早送到泰安縣處理。「我已經盡心盡職，你為什麼罵我打我？」徐元更加不服，爭辯了一句，「泰安不歸兗沂曹道管轄。」徐元說的是實情，德明聞聽，卻覺得是下人在挑戰自己的威嚴，大怒，喝令杖責。手下本就和徐元有仇，聞言立馬將徐元拖翻在地。他們杖責不打屁股，專挑徐元的腿骨猛擊，杖杖落在骨頭上。德明擔心鬧出人命，打到第七板就令釋放。此時，徐元痛得呼號慘叫，已經站不起來了。

早有人跑去稟告了泰安知縣張晉。張晉氣憤難平，又不便和德明當面理論，選擇公事公辦，將前因後果報告巡撫大人，要求查辦。德明和告狀信前後腳到達省城，他在濟南待了幾天，就趕到曹縣處理河工去了。離開濟南前，德明也聽說了張晉告狀，有一些擔心，跑了幾個地方打聽，但沒有太在意。畢竟，騷擾驛站的並非他德明一人，而且知縣狀告道臺，勝算本來就不大。

可是，德明這一次遇到了「公事公辦」，接著又撞到了乾隆的槍口上。玉德奉旨查案，很快就問清楚了事情的來龍去脈。接著，審訊的重點就落在追查為何擅自傳驛，究竟是誰的主意，又是誰具體操辦的？

張晉提交了泰安縣接到的傳單，傳單用朱標判，由寧陽縣發往泰安縣。證據俱在，德明推說自己並不知情，都是下面的人辦理的。家人陳

錦供稱是滋陽知縣自行發單，自己也不知情。責任推到了倒楣的滋陽知縣陳時身上。玉德就急調陳時來濟南詢問。

滋陽知縣陳時，雲南人，乾隆五十九年也就是去年剛剛以舉人身分署理滋陽縣知縣。他以舉人之身，榮膺知縣實職，殊為不易，任職後謹小慎微。而滋陽縣又是兗州府、兗沂曹道的附郭縣。附郭，簡單說就是上級衙門在轄區內，下級和土司同處一城。附郭的行政區通常冠以「首」字。比如，杭州府附郭浙江省，是浙江的首府；錢塘縣又附郭杭州府，是杭州府乃至浙江省的首縣，清朝有句俗語，叫作：「前生不幸，今生知縣；前生作惡，知縣附郭；惡貫滿盈，附郭省城。」說的是清朝地方官員事務繁重，怨聲載道，抱怨是前生作惡，遭到報應，今生才做地方官的，其中附郭的官員上輩子更是惡貫滿盈，今生才被懲罰來給各級上司做牛做馬。各種招待、供應、差使，讓附郭的知縣疲於奔命，苦不堪言。

陳時就是這麼一個倒楣角色。滋陽縣衙門和兗沂曹道衙門近在咫尺。接到道臺德明起程需要夫馬的指令，陳時明知違反制度，身為屬下也立即照辦，填寫了驛站傳單，啟動了驛傳系統。

那麼，陳時是否需要承擔德明騷擾驛站的責任？

知縣自盡與送禮疑雲

出事後，最煎熬的可能就是滋陽知縣陳時了。違規啟用驛站責任重大，陳時越想越覺得不妙，在奉調前往濟南的一路上唉聲嘆氣。走到歷城鐵塔寺，因為夜深不能進城，陳時只好暫時住下。一同前來的還有陳時的弟弟和兒子，當天晚上兩人不斷勸解寬慰。親人寬慰他，你是奉命行事，主要過錯不在於你。沒想到，陳時還是想不開，竟然於當夜自縊身亡。

騷擾驛站：官威引發收益疑團

一樁騷擾驛站案，竟然死了一位朝廷命官，玉德大為意外，當即委派官員調查陳時之死。

陳時之子供述：「五月十五日，德明去濟南前派了一名差役任文炳，送來夫馬單，上面寫著需要用的人手、馬匹數目，叫縣裡發傳單。我父親立刻叫書吏照寫了一張，親自蓋印，發寧陽縣轉遞前途預備。後來聽到德明被彈劾拿問，解送濟南審辦，我父親立即感到恐懼，終日憂慮不安，不巧剛剛得了痢疾，病情日益加重。六月十九日，省裡來文調我父親去濟南。他越發害怕，又不敢耽擱，第二天就帶病起身。我叔叔陳明，因為看到我父親神情恍惚，飯也不吃、覺也不睡，放心不下，也就跟著一同到濟南來照應。父親在路上說：『傳單是我簽發傳遞的，如何能抵賴？如果承認了，不但要去官，還要問罪。原籍雲南距此地八九千里，你們如何回去？』他終日憂愁落淚，我同叔叔早晚勸解。我們一路慢慢行走，至二十五日行至距濟南附近的鐵塔寺，投宿歇店。不料，父親趁我們睡熟時自縊身死。」

陳時之子將德明當天交辦的夫馬、車輛需索底單呈出，與泰安縣提供的傳單數目完全一致。這可以證明，驛站傳單雖然是陳時簽發，卻是德明明確要求的。

騷擾驛站案疊加人命案後，審訊力度驟然加大，陳錦和任文炳面對人證、物證抵賴不過，交代所發傳單請示過主人德明。再提訊德明，德明也承認了下來。至此，案情基本明朗。玉德認為可以結案了，奏請乾隆皇帝擬將德明發往伊犁軍臺效力贖罪，將陳錦、任文炳發往黑龍江給披甲人為奴。

乾隆皇帝在前一個請求處硃批：「錯了。」在後一個請求處硃批：「更錯了。」

乾隆皇帝認為德明因公事到省城，擅自使用驛站，一開始就錯了，

接著縱容家人騷擾地方，是錯上加錯，最後拖累當地知縣，導致陳時自縊，情節尤為嚴重。乾隆斥責玉德擬罪不當，僅將德明革職發配，有輕縱的嫌疑。他要將此案作為整頓吏治的典型示範，將德明改為絞監候，先在省城濟南重責四十大板，再關押在按察司監獄等候發落。陳錦自恃是官員家人，依仗主人的聲勢任意騷擾，滋陽縣陳時所發的傳單就是陳錦轉給他的。陳時畏罪自縊，也是陳錦釀成的。乾隆著重指出，外省陋習，督撫司道的家人在所屬的地方藉主人官威滋事、欺壓官民。此事恰巧由泰安知縣張晉揭發，山東巡撫玉德不得不據實參辦。而其他的督撫隱忍欺瞞不報，對地方弊病置若罔聞，想必也不少。因此，乾隆要求將陳錦從重懲處，殺一儆百。陳錦立即在濟南被絞死，抵陳時一命，作為各省督撫司道家人為非作歹的負面教材。尋常案子，至此可以完結了，但此案已經成為乾隆皇帝盯緊之案，又在敏感時期爆發，因此尚未完結。乾隆的諭旨，筆鋒一轉，提及明年正月就要舉行禪讓大典。乾隆彼時在位已有六十週年，本人則是八十五歲高齡。為了向在位六十一年的祖父康熙致敬，也求得一個圓滿結局，乾隆公開宣布禪位。此時的案子未能如其所願處理，乾隆便訓斥玉德以為自己即將退位，對屬下有意寬鬆處置。禪讓大典即將舉行，這是一個非常敏感的時期，老皇帝乾隆親口說出來，應該是有切身的感受。權力所有者在即將失去權力的時候（哪怕是形式上），心裡百感交集。乾隆一方面意在功成身退、頤養天年，另一方面又擔心自己的權威在朝野下降，實權旁落。他藉訓斥玉德強調「嗣後唯當倍加謹慎」，即便禪位以後遇到此等事件，「必當加倍治罪」，暗示即便自己當了太上皇，也還是「關心」天下大事的太上皇。乾隆命令將此道諭旨交給在京的官員傳閱，宣示的意味就更加明顯了。

德明騷擾驛站，乾隆有意把此案辦成宣示自己整頓吏治，顯示權力依舊鞏固的範本案件！皇權再一次影響司法，刻意拔高案件，塑造案件形象。

騷擾驛站：官威引發收益疑團

那麼，乾隆還要處置德明案的其他什麼內容嗎？乾隆的另一大關注點是德明前往濟南攜帶的三輛大車。直覺告訴他，裡面裝滿了禮物。那麼，德明有沒有饋贈給包括山東巡撫玉德在內的上司？玉德僅到任五個月（乾隆六十年正月到任），德明與頂頭上司並不熟悉，難道不是趁機去濟南結交玉德？德明的問題，僅僅就只是騷擾驛站這麼簡單嗎？

乾隆有意藉此整飭官場風氣。山東省官員在審訊德明時，遵旨反覆詢問三輛大車當中裝了什麼，有何意圖。德明供認：「本年五月，我因要稟報地方公務及黃河情形，前往濟南，吩咐家人姚六攜帶三鑲玉如意三柄、繡蟒袍三件、蜜蠟朝珠一串、繡畫三軸、扇子三木匣等九樣禮品，並用箱子裝馱，帶往省城送人。這些禮物原預備著送給巡撫、司道、同寅。後來，我打聽到山東端午節沒有送禮習俗，也就沒有打開包裹。」

那麼，德明去趟省城，一定要攜帶那麼多禮物嗎？必須要！

中國自古有禮尚往來的傳統，清朝官場將之發揚光大到極致。當時官場形成了一整套送禮規矩和文化。清朝官員送禮，首推「三節兩壽」禮：「三節」是春節、端午和中秋；「兩壽」是官員和他夫人的生日。遇到這五個日子，平常人家也要相互送禮，官場中人更是逮住機會，大張旗鼓地操辦起來了。同時，迎來送往、人情應酬成為官員日常工作之一，與百姓不同的是，官員們的禮尚往來與金銀密不可分，而且金額大得驚人。尋常人家，三四兩銀子足可度過一個小康月份。而官場饋贈，往往以數十起步，成百上千兩銀子往來也是常事。比如，清朝中期陝西糧道給西安將軍「三節兩壽」禮，每次是八百兩白銀；給八旗都統的禮物，每節是二百兩白銀。這些人是有業務往來的。而陝西巡撫是糧道的直接上司，「三節」擴展到了「四季」，糧道每個季度要送巡撫一千三百兩白銀。陝甘總督是糧道上司的上司，但因為管理關係隔了一層，只要送「三節」禮就行了，每次金額降為一千兩白銀。

金錢往來，難道不會觸犯律法嗎？直接送錢，當然違法。但官員們金錢往來頻繁，早已發明各種學問，沾錢卻不帶錢字，反而透著一股親切和雅緻。官員離境，地主要送「別敬」；同僚啟程，官員要送「程儀」；官員題字，求者要送「潤筆」。地方官和朝廷袞袞諸公及相關部院官員聯絡感情，夏天送禮稱「冰敬」，意思是讓收禮方買冰降溫；冬天送「炭敬」，意思是買炭保暖；有事沒事還送「瓜敬」、「果敬」，逢年過節要送「節敬」。這些名字聽著就透著一股人情味，讓人不好反駁，更不便嚴格按照律法來查辦。禮金往來在清朝中後期已經普遍化、制度化，官場中人絲毫不用擔心送禮的途徑問題、安全問題。大家俱在其中、各得其樂。

如果有官員不參與禮尚往來，會怎麼樣呢？畢竟明清官員俸祿微薄，基層官員年俸才三四十兩，宰輔重臣年俸也不到二百兩。官員法定收入，遠遠承擔不起高標準的禮金。可是，如果不參與應酬送禮，官員連正常行政都會寸步難行。正是由於官俸低微、行政資金匱乏，加之種種財權限制，豐厚的禮金儼然成了官員們生活品質的保障、行政事務的潤滑劑和官場關係的催化劑。沒有錢怎麼辦？挪用公帑、稅外加徵、攤派多報等等，只要官位職權在手，官員們總會想出辦法來。通常地方衙門都有明暗兩套帳目，明面的帳目是承受核查，可以公開的，官員私底下記錄職分肥瘦、外快多寡、禮金標準等的暗帳，不便公開，卻是官員安身立命的指南。新舊官員交接之時，一大內容就是傳遞暗帳。通常後來者要掏錢購買，俗稱買帳。買帳代表新任官員認可既有的禮金往來系統。不買帳的結果，不是上司勒令接收，就是黯然去職。禮尚往來最終褪去了溫情脈脈的面紗，變成了強制性的赤裸裸的金錢往來。

本案主角德明，於案發前一年才赴任兗沂曹道，在山東官場算是「人地兩生」。禮尚往來便是他盡快融入同僚的必要手段。從審訊可知，德明赴濟南並沒有任何公事可辦。五月份是水患時節，他完全可以從兗

騷擾驛站：官威引發收益疑團

州駐地直接趕去曹縣工地，中途折去濟南純粹是為了餽贈。道臺在地方官序列中，已經達到了相當高的層級，一省之內僅次於督撫藩臬，也要四處餽贈。德明攜帶有一批扇子，顯然想作為遍贈底層官吏、幕僚乃至部分官員家人的伴手禮。基層州縣官員的送禮壓力自然更大。他們不像德明那樣有能力操辦三輛大車的禮物，更不能動員驛傳系統，所以濟南也不是想去就去得了的。據說，清末張之洞出任山西巡撫，發現當地官員不願意跑北京城。細問之下，張之洞得知進京的成本太高，部院衙門的官吏們需索餽贈水漲船高，嚇得山西官員都不敢進京了。德明顯然比一般官員財大氣粗，安排了一場送禮之行，誰料因為管束家人不當、自身又驕橫粗暴，鬧出一場大亂子。

德明一口咬定，得知山東省沒有端午節送禮的習慣後，自己並沒有把禮物送出去。乾隆活了八十多年，皇帝就當了六十年，閱人無數，隨即命令逼問德明：就算端午沒有送禮，過年過節必然是要禮尚往來的，之前有無送禮？都送給了誰？這個問題，令人尷尬。其實，詢問的人和受審的人，雙方心裡都明白。審訊的場面頗為弔詭，大家都揣著明白裝糊塗，還要一本正經地把事情從頭進行一遍。德明咬緊牙關，堅持沒有送過禮。

現在的問題是如何讓乾隆皇帝相信。玉德的任務很重。他先在回奏中引用德明的話說：「以前所帶的東西，如果真的送給了巡撫司道官員，如今我已經身犯重罪，難道我還要替巡撫等人隱瞞嗎？」同時，玉德自掏一千兩銀子將陳時的家屬送歸雲南，並主動繳納了兩萬兩銀子的議罪銀給內務府。更重要的是，玉德的認錯態度非常好。他受到訓斥後一遍又一遍地表達惶恐和對乾隆皇帝的敬佩之情；又表示皇上慧眼如炬，經審三輛大車果有裝載禮物。乾隆皇帝像所有專制君主一樣，喜歡奉承，且本性自負，在玉德的幾番馬屁攻勢面前毫無招架之力，很快忘記了追

究送禮陋習，沉浸在揚揚得意之中。德明到底有無送禮，不了了之。玉德等人跟著僥倖過關。

臨時起心，隨意延伸，是皇帝掌握司法特權的表現，這一點在涉及官員的司法案件中尤其明顯。國家名器本就為皇帝授予，官員自然不比尋常百姓。但官員因一事犯罪，導致抄家清算、株連親族的情況並不少見。筆者不否認這是官員咎由自取，但皇帝的隨意司法，難免有案件擴大化乃至傷及無辜的危險。案件的處理，也更多取決於皇帝情緒的變化，法無常法，律無同律。這是古代涉官司法案件的一大特徵。

德明騷擾驛站一案，至此案情基本釐清，相關人等從嚴從重懲處。乾隆皇帝本想細查德明送禮詳情，最終也不了了之。

官員高收入之謎

對於貪腐事件，乾隆皇帝歷來是從嚴從重處置，雷厲風行、貪腐官員往往有來源不明的巨額財產。抄家清算就成了查辦的固定項目。早在訓斥玉德擬罪不當的同時，乾隆就下旨由定親王綿恩率步軍統領衙門查抄德明在京家產。綿恩奉旨後，迅即帶人趕往正陽門內中街德明的宅院，查封德明住所一處，連同馬圈等附屬建築一共六十九間半。這處空閒的宅院由德明的一個朋友借住，並代為看家。綿恩下令打開所有房間的櫥櫃箱籠，查獲了一些朝珠、如意和字畫，以及房契地契四十餘宗，財產並不算太多。

綿恩懷疑德明隱藏、轉移了財產，嚴厲審訊借住的朋友和在京的德明管家弟弟姚七。這兩個人都堅稱絕無隱藏。

乾隆年間查抄犯事官員的家產是步軍統領衙門的職責之一，衙門裡的官吏差役們對抄家早已經駕輕就熟，德明的這點情況完全難不住他

們。步軍統領衙門很快在嚴密查訪之餘，查出德明轉移財產的蛛絲馬跡。再次審訊姚七，姚七在刑夾拷打之下很快就撐不住，他交代說：

去年主人德明赴山東任職時，交給我木匣子三只，存放在家中。本年二月內，主人又差家人楊四帶回銀子三千兩，五月主人差家人呂四送回銀子九千八百七十兩，共計帶回一萬兩千八百七十兩銀子。六月間，我們聽說主人遭彈劾，唯恐抄家，就將存銀九千七百五十兩陸續送到了後泥窪胡同朋友的家裡收存，又把主人之前交的木匣子三只送到了宣武門外劉氏的家中寄存。

綿恩當即下令前往各處搜查，查獲三個木匣子裡裝著的都是黃金，每個匣子十二包，每包五十兩，共計一千八百兩黃金。

姚七還供出了德明在一些鋪面銀號裡的資產，也被一一起獲。

綿恩上奏乾隆查德明名下銀子二萬七千三百餘兩，錢二萬一千七百餘貫，財產總數約為四萬兩白銀；後來又查出了隱藏的資產，計有銀子一萬三千三百餘兩、錢四百五十貫、金一千八百兩，財產總數約計又有四萬餘兩。前前後後查出來德明的家產在北京就有八萬兩白銀，而房屋、家具以及他在山東的任所的財產還不計算在內。德明之前曾經賠付陝西潼關工程銀六萬七千餘兩，已經繳清。加上如今查出來的巨額財產，總計他的身家不會低於二十萬兩白銀。那麼道臺的年俸是多少呢？一百零五兩白銀，德明的財富情況顯然屬於巨額財產來源不明。

乾隆接到報告，感到震驚。檔案顯示，德明出身於下五旗包衣家庭，家裡並不富裕，談不上有什麼家底。就算他長期擔任地方官而且就算他負責過稅收，有多年的合法收入，他的俸祿和養廉銀等積攢下來也不會有這麼多錢。更何況德明任兗沂曹道道員才一年多，所得的合法收入就更少了。一個原本貧窮的八旗子弟，怎麼就在幾年之間，積攢了如此巨額的財富呢？因此，乾隆皇帝明確指出這個德明在任內肯定有貪

汙、索賄、腐敗的情節，不可不嚴查根究。

　　與此同時，山東省官員也在審訊德明。德明知道自己在京城的家產已經被起獲，也解釋了財富來源。他是這麼說的：「我於乾隆四十九年擔任潞安知府，又管理鐵廠稅務。鐵廠可是一個肥缺，我管的那一年產鐵特別旺盛，除繳納正稅外剩下銀子五萬餘兩。乾隆五十年，我升任陝西省潼關道，又經管潼關的稅務，每年完稅之外約得銀二萬餘兩，我做了六年，約得銀十三萬餘兩。」再加上正常的俸祿和養廉銀，德明供述的收入與現有的家產基本吻合。

　　山東按察使奉命趕往兗州查抄德明的任所財產，嚴密查抄後逐一登記造冊。又審問了德明的管家姚六。姚六為主人算了一筆帳：「老主人福祿從前當護軍校，家中原本只有老圈地六十畝，住屋六七間。」這個老圈地指的是清朝入關時，從龍入關的八旗軍民每人都分得的京畿地區的土地。可見，德明家一開始是普通的旗人，真正發家是從德明擔任地方官開始的。

　　「乾隆四十九年，主人升任了潞安府知府，每年有養廉銀四千兩，主人做了一年零四個月，得養廉五千餘兩。同時管理鐵廠，當年產鐵正旺，在任一年零四個月盈虧鐵廠收入是五萬餘兩。乾隆五十年。主人升任了潼關道，每年養廉銀兩千兩，在任七年共得養廉銀一萬七千餘兩。又管理潼關稅務，每年正額外約剩二萬餘兩，主人做了六年，約剩銀子十三萬餘兩。乾隆五十六年，主人丁憂回京，因為銀兩難以攜帶，主人就陸續換成黃金，有二千多兩金子帶回家中，將一千八百兩金子交我兄弟收存。此外，乾隆四十九年主人出了本錢一萬兩，在前門外的珠市口大街開了一家協泰號布店，邀了幾個掌櫃，也生了一些利息；主人又在涿州買了十二頃地。」

　　對於德明個人財富的累積，德明及其管家的供述基本上是可信的。

也就是說，德明的巨額財富並不是敲骨吸髓壓榨百姓而得來的，也不是「來源不明」，而是清朝中期一個地方官的正常收入。

那麼，清朝官員的正常收入怎麼會那麼高呢？他們的收入到底是由哪些部分構成的呢？合法收入和真實收入之間又存在哪些差別呢？

清朝官員的俸祿很低，即便是正一品的內閣大學士年俸也只有一百八十兩銀子。九品官員的年俸只有三十三兩五錢。這筆收入維持官員的基本生活是足夠的。但是，清朝官員責任重、壓力大，工作任務繁多。正式官員屈指可數，每個衙門或地方政區通常只有三五個職官。比如，地方知縣一個人就要承擔徵收賦稅、司法刑獄、文教科舉，乃至造橋鋪路等地方建設的重任。如此重的責任必然要求他們僱用大批幕僚、長隨、家人等輔助人員協助。這些人員的開支是由官員自己承擔的。此外，衙門只有極少的行政開支，完全不足以維持日常行政。官員要自費貼補官府的行政。最後，奉養親屬、官場應酬等開支也是官員的沉重負擔。

清朝設置官員低薪制的本意，是為了減輕百姓負擔，輕徭薄賦。然而在實行中，過低的待遇和繁重的職責嚴重不成比例，迫使官員抑制不住地擴張財政實權，想方設法滿足個人工作和部門運轉的需求，反而使老百姓陷入曖昧不明、糾纏不清的稅收困境之中。老百姓並沒有減輕賦稅，官員們的負擔也非常沉重。

這些沉重的負擔如何解決呢？它們因官而異，官員也只能利用權力來解決。最普遍的做法就是額外徵收賦稅。清朝官員以銀兩熔鑄有折損、糧食儲運有損耗等名目，加徵正稅之外的耗羨，或者乾脆明說加徵，加徵比例高達正稅的三四成甚至更高，這些火耗是由官員自由支配的小金庫。雍正年間推行「火耗歸公」，就是為了限制額外加徵稅賦的規模，統一由省級政府管理。朝廷從上繳的火耗當中撥款向官員發放養廉

銀，因地因官而異，每年從數百兩到兩三萬兩不等。不過，官員在「火耗歸公」之後，繼續徵收新的額外稅賦，老百姓的負擔非但沒有降低，反而增加了。這種非正式的財政稅賦，規模與正稅相當，徵收卻更加頻繁，形成了一套並不亞於正式財政制度的經濟系統，是官員的主要財權。

對於部分地方官員來說，如果轄區內有官辦事業，或者本身監管某項專門業務，就會有額外的收入。比如，雲貴地區的州縣有朝廷開辦的銅礦、汞礦等官辦企業，按例是由轄區的地方官監管；還有很多道臺監管海關稅收、糧餉收支等，這些就成了他們的利源。清朝對官辦事業、海關稅收等機械地採取等額管理，每年下達任務指標。官員對指標完成之外的部分收益是掌握支配權的。如果管理得當，這會是一筆巨大的收益。本案的德明，其主要收入就來自專轄的事業。

綜上，清朝官員的正常收入主要是由四部分構成：俸祿、養廉銀、火耗、專轄事業。這四部分呈現逐漸遞增的關係。京官的收入則調整為：俸祿、養廉銀、地方官的孝敬、專管業務的灰色分潤四大部分。

此外，地方官員還有一些並不普遍的補充收入。比如，商家的奉獻。在許多城市，當鋪、樂坊、錢莊等行業為了求得官府的支持或者默許，會向地方官奉獻銀兩。地方衙門財政周轉困難的時候，也會暗示這些行業貢獻資金。這在部分城市幾乎成了慣例。又比如，買賣特許資格。清朝社會的商業仲介組織、行會組織等，統稱為「牙行」。開設牙行需要官府的特許，也就是需要獲得「牙牌」。牙牌的獲得，在多數地方簡化為買賣交易，儘管朝廷對牙牌有總量和區域性控制，但是地方官府往往裝聾作啞、視而不見，積極出售牙牌，這也是財政壓力使然。在經濟發達的江南，鹽商的奉獻則是當地官員的另一項重要收入補充。還有一些頗具經濟頭腦的地方官，則打起了官銀流轉週期的主意。

他們會將暫時不用的官銀，放到資本市場上去生息，用利息收入來

補貼財政。不用說，這種行為不僅有違朝廷規章，而且存在經營風險。總之，為了緩解財政壓力，官員們是八仙過海，各顯神通。

具體印證到德明個人的經濟帳，他對俸祿隻字不提，可見俸祿低微，在他的收入構成當中完全可以忽略不計；養廉銀每年在兩千到五千兩之間，收入並不高；因為火耗收入是非法的，所以德明也就避而不談；德明收入最高的項目來自擔任西潞安知府時候管轄的潞安鐵礦，一年就超過了五萬兩銀子；德明收入最大的來源是擔任陝西潼關道臺時候管轄的潼關稅務，每年有超過兩萬兩銀子，任職六年則超過了十三萬兩。這些收入，扣除掉迎來送往的應酬和幕僚團隊、家屬的開支，在抄家的時候還剩下大約二十萬兩，應該說這是可以理解的。

德明並不是一個大貪大惡之人，實在是因為「三年清知府，十萬雪花銀」。從經濟角度看，地方官員類似於朝廷的稅收承包商。他在完成朝廷的稅收任務、不激發地方衝突的前提下，有相當自由的經濟裁量權。地方官員運作得當，確實能夠累積巨額的個人財富；運作不當或者頻繁遭遇災荒事故，同樣會背負巨大虧損，貼錢賠補，苦不堪言。錢糧賦稅是地方官的第一大要務，是對官員情商智商、進退取捨的巨大考驗，自然也是官場考核的重頭戲。

德明騷擾驛站案引發出來的饋贈禮品和巨額財產調查，都是處於灰色地帶的清朝官員實際的做派。為了維持日常行政和自身的生活，官員們的收入來源多樣，相互饋贈成風等。

高居紫禁城的乾隆皇帝不太了解官員的實際狀況，不免有驚詫震撼之感。他下令調查，便遭到了山東官員集體的暗中抵制。

這不是某個官員貪贓枉法或者橫徵暴斂的問題，而是整體大環境促使個體做出的客觀選擇。環境不變，處理某個官員的灰色收入，其他官員難免有物傷其類之感，不會配合深挖。德明案暴露出來的諸多問題，

調查問責卻難以深入。

　　乾隆六十年八月初七，乾隆皇帝決定完結德明騷擾驛站一案。他降諭旨指出，地方督撫等官員應該潔身自好以身作則，不能私受饋送，相習成風。可是，各省饋贈之風並未禁絕。德明的禮物，可能是因為端午節無送禮的先例而作罷，玉德等人免予處罰。但是，皇帝重申要整飭官場風氣，禁絕饋贈之風。

　　乾隆皇帝同時又發出了一道諭旨，瞄準的是地方官員不正常的巨額收入問題。

　　德明在潞安府管理鐵廠，只用了一年多就得到了銀子五萬多兩，如果再任職十年不就有五十萬兩了嗎？這些錢理論上都是剝削商人百姓而來。可見各地類似的職位都是肥缺，如果遇到了不能潔身自好的人，危害巨大。而督撫平時又不知道稽查，聽任下面的官員中飽私囊，或者乾脆就任用私人，把親信調任這些肥缺，分肥沾潤。

　　乾隆下令山西巡撫查辦潞安府鐵廠的收益，要求制定稅則，削減額外私收稅費；制定章程削減主管官員的超高收入。乾隆同時要求各省督撫普遍核查有無類似的情況。乾隆認為，官辦事業正常發展，管理官員略有利潤，商民可以承擔又有收益，這才是最理想的狀態。但是，「超高收入」與「略有利潤」之間的分寸，如何掌握？在保證官員公正廉潔和激發市場積極性之間，如何搭建合適的激勵機制？是否需要對清朝原有固定計畫的經濟體制，以及機械僵化的管理考核制度進行變革？這些問題，乾隆皇帝不知是視而不見，還是壓根沒有想過。

　　應該說，乾隆皇帝的想法是好的，至於各省的督撫有沒有認真地貫徹落實，地方官員有沒有貫徹執行，就不得而知了。但是，之後還是發生了地方官辦事業的主管官員貪腐的案件，官員們還是對地方的肥缺趨之若鶩。

騷擾驛站：官威引發收益疑團

就在皇上發布諭旨的同一天，玉德奏報審訊德明的報告，同時又處理了一名官員：曹單同知吳晙華。曹單同知隸屬曹州府，是德明的下屬，大概在黃河河工事務上吳晙華與德明兩個人交集較多，進而發展出了密切的個人關係，且多有金錢往來。吳晙華曾代德明變賣過二百兩金子，又因為母親治病借過德明一千三百兩銀子。玉德擬將德明改為斬監候，以逢迎交結上司之名將吳晙華革職，發往軍臺效力贖罪。吳晙華的行為，放在平時斷然不會遭到如此嚴重的懲處。很可能是因為乾隆皇帝盛怒，高度重視此案，山東方面不得不隨之株連，處理一兩名與德明關係密切的人塞責。

乾隆皇帝懷疑德明原本要交結新上任的玉德，玉德就推出了一個交結德明的吳晙華，反而顯得自己風清氣正。涉官案件，法無明文、皇權橫加干涉的特徵在此處暴露無遺。玉德於嘉慶元年六月調任浙江巡撫，後任閩浙總督。他的兒子桂良，入閣拜相權重一時，遠比其父要著名得多。

由於德明出身內務府包衣，其家產以及禮物變賣所得的銀兩都上交了內務府。

金鄉冒考：

階層躍升的大風波

濟寧罷考事件

　　嘉慶六年（西元一八〇一年）的冬天，又到了山東省濟寧直隸州的府試時節。所謂府試，是最基礎的科舉考試之一，沒有功名的讀書人（童生）需要通過縣、府、院三級考試才能獲得最低級別的秀才功名。縣考由知縣主持，府試則要趕到家鄉所屬的府或直隸州考試，兩試通過後再接受本省的學政巡迴各地舉辦的院試，三試通過方能成為秀才，有功名在身。縣考和府試一般安排在冬季，時間鄰近，來年開春後各地再陸續進行院試。如今，濟寧州下屬各縣通過縣考的童生們都會聚到州裡，等待接受濟寧知州王彬的考試。

　　本年的府試注定不同尋常。來自金鄉縣的考生們帶來了爆炸性消息：金鄉縣的考生張敬禮是賤民出身，竟然也躋身考場！金鄉縣的秀才李玉璨實名揭發張敬禮的先人是本縣的皁隸。消息傳開後，考生們都反彈了，都恥於與賤民為伍。有人說，賤民自甘墮落，悖逆名教，甚至違背綱常倫理，有什麼資格書寫孔孟之道、指點江山社稷？有人擔心，萬一賤民子孫考中了，豈不是成了老爺，以賤為尊，我們該如何自處？考生們一致反對張敬禮考試，很多態度激烈的考生還擺出有我無他、有他無我，誓不與張敬禮一同進考場的姿態。

　　十一月二十七日是府試時間。當日，知州王彬在考場外牌示：「張敬禮等暫行扣除。」王彬只是取消了張敬禮本次考試的資格，對於這種暫時性的做法，濟寧童生們並不買帳。他們堅決要求「永行扣除」張敬禮的科舉資格。大家在態度堅決的主要抗議者的主張之下，集體拒絕入場考試，不滿足訴求絕不妥協。結果，十一月二十七日的府試沒有考成。

　　王彬並沒有答應考生們的要求，公告府試推遲到十二月初四日舉行，沒有剝奪張敬禮永遠參考的資格。童生們和知州大人僵持了好幾

天，拖延到十二月初四，部分考生進場考試，大多數考生四散而去，拒絕考試。事後統計，當年濟寧各縣選送參考的童生有五百九十多人，實際參考的只有一百六十多人。濟寧罷考事件，就此發生了，

一個考生十年寒窗，本人和整個家庭都付出了巨大的財力和心血，為什麼幾百名考生因為一個人的身世問題就放棄了考試，放棄了功名呢？考生們為什麼固執地要求「永遠」剝奪張敬禮的科舉資格呢？張敬禮到底招誰惹誰了？所有問題的背後都指向「賤民」這個關鍵詞，筆者需要先來介紹一下傳統社會的身分良賤問題。

中國傳統社會重視身分的尊卑。從先秦的禮法到明清的居室車馬，都是為了明定人群的尊卑貴賤。尊卑有序、貴賤有別，是傳統社會秩序的重要組成內容，也是維持社會秩序的利器。不同身分的群體擁有不同的權利義務，扮演不同的社會角色。比如，士、農、工、商四大主要群體，從搖籃到墳墓都有各自的衣食住行標準，不能踰越。他們要發揮不同的社會功能，共同維護傳統社會的運轉，同樣不能踰越。這便是傳統社會的「身分」問題。

「身分」和「家庭」一起，組成了中國傳統社會兩個基本支柱，框定了祖先的人生軌跡。混淆了尊卑貴賤，就是亂了身分，進而威脅到社會秩序。

歷朝歷代都重視身分問題。《大清會典》的一大原則是「區其良賤」，註明了「四民為良，奴僕及倡優為賤」。賤民從事邊緣職業，被社會認為是品性、道德有問題。比如，奴僕放棄自己的姓氏，以主人家的姓氏為姓，典型的有違孝道，數典忘祖；妓女強顏歡笑，甚至出賣肉體，典型的沒有廉恥，自甘墮落；衙役舞刀弄槍、刑訊他人，不僅置自身於危險境地，而且以殘害他人為業（尤其是獄卒、劊子手），都是德行有虧的行為，所以都被歸入「賤民」行列。傳統社會對他們是排斥的，體現在政

治權力上就是不准賤民群體當官，限制賤民群體的晉升機會。

表現在科舉制度上，賤民不能參考。賤民混入考場就是冒考。為了防止冒考，官府規定參考者要書寫三代直系長輩行狀，自證身家清白。清朝還進一步要求童生參加縣考要由當地鄉紳出具印結，證明他身家清白，可以考試。傳統社會的複雜之處，在於社會的高流動性。職業是可以更換的，身分是可以轉變的。傳統中國是身分社會，個人可以奮鬥到尊貴的身分，而權勢人家的子弟也會墮落到社會底層。「鯉魚躍龍門」和「富不過三代」，同時存在這一片大地之上。同樣，賤民群體也不是一成不變的，有人流入也有人流出。為了應對社會流動，官府對賤民改業自新等情況與科舉的關係，也有詳細規定。乾隆、嘉慶年間，清朝規定：官府僱用的轎伕、廚子等人在改業十年之後子孫可以報捐、報考；樂戶、乞丐、奴僕、長隨等群體三代清白之後，子孫可以捐考；而倡優、皂隸、馬快、步快、仵作等家庭，子孫永遠不准捐考，限制最死。濟寧罷考事件涉及的金鄉縣考生張敬禮，就有「皂隸子孫」的嫌疑，屬於永遠不准考試的群體。

科舉是傳統中國社會階級流動的主要渠道，也是官府強化意識形態、選拔統治人才的主要途徑。科舉運行的好壞，直接關係到政治體制的優劣。從宋朝開始，朝廷設置專門的學官系統，負責教導儒家學說、管理官辦學校和主持科舉考試。清朝的學官系統包括中央的國子監，地方省府縣的學政、教授、教諭以及訓導等。其中學政是一省學官的最高首長，監管地方科舉考試，管理全省士人的功名。濟寧罷考事件爆發時，負有監管責任的山東學政是江西省萍鄉人劉鳳誥。

劉鳳誥是乾隆五十四年的探花，是科舉考試的佼佼者，從科舉制度中受益甚多。嘉慶六年，劉風誥出任國子監祭酒，負責管理國家最高學府，統率天下士人。也就是在這一年，劉鳳誥出任山東學政，並在第二

年升為內閣學士兼禮部侍郎，仍留任山東學政。一個從科舉考試的千軍萬馬中殺出來的勝利者，一個以天下讀書人表率自居的管理者，遇到一椿涉嫌破壞名教、侮辱士林的案件，會怎麼處理呢？

濟寧知州王彬、金鄉知縣汪廷楷在罷考事件發生後分別向劉鳳誥提交了報告。其中，汪廷楷的報告將此事定性為「張姓充皂無憑，李玉璨挾嫌妄攻」。汪知縣一時間找不到張敬禮先人充當皂隸的證據，便認為李玉璨是胡亂揭發。既然是無憑無證的事情，地方官員也就不能剝奪張敬禮的考試資格。

然而，金鄉縣讀書人的看法截然相反。嘉慶七年正月，該縣舉人王朝駒，在籍官員、捐職任州同張福基以及數名秀才來到山東學政衙門，眾口一詞指認張家先人充當過本縣書吏，同時控訴州縣官吏狼狽為奸，欺凌讀書人。其中，告發張敬禮的李玉璨，具有秀才功名，擁有司法豁免權，免受刑訊。地方官府如果要審訊秀才，必須呈文學政，由學政剝奪該人功名之後才能審訊。可是，李玉璨在革除功名之前就受到州縣官的刑訊和拘禁。劉鳳誥始終沒有革去李玉璨的秀才。王朝駒、張福基等人還告發，金鄉縣之前屢次發生過抨擊皂隸子孫考試的事件，但是案卷都被縣衙門的書吏侯圻、孫繼魁等人抽走藏匿了。

王朝駒、張福基等人的控訴，不是個體行為，而是代表著金鄉縣整個讀書人群體的態度。他們的人員組成就包括了當地各個層級的讀書人，揭發的也是金鄉縣整體良賤不分、與歹徒沆瀣一氣的情況。劉鳳誥原本就是讀書人階級的堅定擁護者，面對當地士人群體的控訴，情感上很快就站在當地士人的一邊。他駁斥了王彬、汪廷楷兩名官員的報告，還認為他們在「玩誤考政」。

嘉慶七年四月十六日，劉鳳誥上奏：「濟寧直隸州屬金鄉縣考時，有生員李玉璨等攻擊童生張敬禮、張志謙係皂隸曾孫混考。知縣汪廷楷並

金鄉冒考：階層躍升的大風波

未詳查，率准考送。上年十一月二十七日知州王彬考試，又不按控審明扣除，致全邑童聲恥與皁孫為伍，不肯進場，迨改期十二月初四續考，諸童生已散歸，該州只就所到人數收錄，以致未考者多至四百餘人，概置不問，怨聲沸起，此該州縣種種謬誤之情節也。」劉鳳誥奏請將汪廷楷等人革職，派員查辦張敬禮事件的詳細情形。

劉鳳誥的這道奏摺，將發生在魯西南的一椿地方性罷考事件，助推成了朝堂皆知的大案。

嘉慶皇帝勤於守成，恪守祖宗成法，對事關名教綱常的事情尤其留意。區分良賤自然是他在意的重要內容。北京城步軍統領衙門的番役，工作內容與其他衙門的衙役沒有本質區別。之前，步軍統領衙門往往為拿獲要犯的番役奏請賞給頂戴。不少番役因此獲得了武官頂戴。嘉慶皇帝發現這個現象後，給予嚴厲批評，頒發聖旨重申番役「不准為官，其子孫亦不准應試」。這正好是嘉慶七年的事情。接到劉鳳誥的奏摺後，嘉慶皇帝的基本判斷也是要維護綱常倫理，杜絕賤民冒考，因此准奏，下令將汪廷楷等人革職，命令山東巡撫和寧秉公查明、處理此案。

巡撫和寧是鑲黃旗蒙古人，精於邊疆政務，之前擔任過多年西藏辦事大臣，在嘉慶六年剛剛內調為山東巡撫。和寧是蒙古人，雖然也在乾隆三十六年考中了進士，但顯然不清楚漢族地區社會良賤的複雜性，加上一省長官政務繁重，確實沒有時間和精力親自處理這麼瑣碎的事務。所以，和寧委派濟南知府邱德生等人負責審明濟寧罷考事件。

巡撫大人事務繁忙，邱德生這個濟南知府同樣忙於政務。濟南是山東的首府，全省政務都匯聚於此，省內政務朝廷下發的政令，加上各種迎來送往、突發情況都需要處理。那麼誰來處理呢？自然是濟南知府。邱德生整日埋首各種事務，如今又多了審查冒考案的任務。

大凡出任一省首府知府的人物，都是精通人情世故、諳熟地方政務

的幹吏。邱德生接到任務後，頓時頭疼。他深切地知道，此事絕非表面這般簡單，很可能就是一樁查不清楚的糊塗案。邱德生為什麼會有這樣的感覺呢？因為雖然良賤觀念已經成為社會共識，但是如何區別良賤卻存在巨大的操作難題。

首先，良賤區別的標準，無論是在制度上還是在實行上，都模糊不清、曖昧不明。

對於賤民，清朝人公認的特徵大致有兩點：一，是否依附他人；二，是否自食其力。戲子因取悅他人得食，需揣摩觀眾的好惡，人們認為這是下賤的行業；他們雖然也賣力流汗，但得到的報酬帶有觀眾犒賞、玩弄的意味，不算真正的自食其力；碼頭苦力雖聽人使喚，但來去自由，有選擇雇主的權力，靠流淌的每一滴汗謀生，所以苦力是良民。可是，社會是複雜的，三百六十行，各行有各行的實際情況。而清朝人對「賤」只有原則性的觀念，缺乏明確的標準。這也體現了中國傳統社會的一個特點：多原則性概念，少實做性標準。

比如，「主僕」、「良賤」等關係並沒有整齊劃一的硬性標準，含混不清。賣身為奴的家僕大家都公認是賤民，那麼依附性服役的佃戶、為官員鞍前馬後效勞的長隨，或者流蕩謀生的遊民，算不算賤民呢？妓女和乞丐，大家也公認是賤民，那麼敲花鼓賣唱的歌女、居無定所遊村串巷的泥瓦匠，算不算賤民呢？那麼為官府短期服役的差役、大戶人家放出的奴僕等群體，算不算賤民呢？中華帝國地域遼闊，實際情況也不能一概而論。各地存在名同實異、名異實同的群體。比如，同為地保，在甲地是聽候官府吆喝、協助緝拿盜匪維持治安的角色，類同於差役；在乙地則是純粹的協調官府與居民關係，督促鄰居繳納錢糧的仲介角色；而在丙地，甚至可能是百姓推舉秀才、舉人等鄉紳出任地保，擔任自己的代言人。因此，甲地對地保的限制政策不能照搬到乙地，如果施行於丙

地，更是會出大問題。

　　其次，每個人的職業狀態，往往因為個人際遇、地區差異、偶然事件等原因，變化多端。

　　身分關係是維持傳統中國社會秩序的重要因素，但中國人身分的世襲性不強，社會流動度高。全社會是鼓勵人們透過努力奮鬥改變自己的階層，甚至是鼓勵賤民自新，重新擇業。那麼，中途自新或者從良而更換職業的賤民，他們的子孫算不算良民？長江上游有縴夫、浙江水鄉有墮戶、廣東沿海有船戶，他們都是地域性的職業群體。他們的良賤如何認定？再比如，一個良家少年因為一時失足或者單純因為貧困無依，短時間內從事闖雞鼓吹等職業，能否認定是少年及其子孫都是賤民？

　　朝廷律法是面向全國的、帶有普遍性的條文，不可能面面俱到，不可能對區域性情況、個體偶發情況都一一照顧到。而清朝針對特殊情況的判決往往又帶有法律效力，可以為其他案件所援引，全然不顧中國是如此複雜的龐然大物。這便增加了區別良賤案件的複雜性。

金鄉冒考風波

　　濟南知府邱德生接到審明濟寧罷考的任務，就清楚這是一樁區別良賤的大難題。

　　官員深知地方上的良賤區別十分麻煩，涉及錯綜複雜的社會群體和利益糾葛。他們完成任務的主要方法就是一個字：拖！邱德生等人將相關人等一一調集到濟南府，在大堂之上將驚堂木拍得震天響，隔三岔五就安排審訊，可就是不下結論，更不用說向上次復了。果然是飽受地方政務歷練的老人，應付差事的「套路」深得很。

　　倘若是尋常百姓，邱知府的套路是管用的。但是，罷考牽涉金鄉士

大夫群體。邱知府等人面對的其中一方當事人是整個金鄉的鄉紳。鄉紳們比老百姓有知識、有金錢、有見識，更重要的是他們是一個有組織的成熟群體。

鄉紳群體的利益和科舉制度緊密相關，因此對賤民應試極為敏感，反應也很強烈。一方面，他們是鄉土有代表性的人物，代表鄉親們對外說話；老百姓們覺得鄉紳們知書達理，有知識有能力維護本鄉本土的利益。另一方面，他們是官府的力量延伸，協助公權力施政；官府覺得鄉紳們熟悉朝廷規章制度，熟悉公權力的話語系統，更重要的是鄉紳具備做官資格，是官員的蓄水池和官府天然的同盟。鄉紳是鄉土百姓和朝廷官府溝通的橋梁和仲介。他們能夠獲得如此地位，得益於科舉制度。鄉紳不一定是財富所有者，也不一定是當地的強宗大族，但絕對主體是擁有科舉功名的讀書人。科舉教育賦予了他們相對的知識和道德優勢，科舉考試給予了他們功名，也營造了他們與官府公權力的天然親近感。

科舉是鄉紳的力量之源。當金鄉縣的鄉紳們聽聞竟然有皁隸子孫冒考時，必然將之與科舉的尊嚴、純淨連繫在一起，關注之餘他們也支持出頭者；當他們看到州縣官員判定皁隸子孫因無憑證不能剝奪科舉資格，進而刑訊、關押舉報的讀書人時，鄉紳們認為此事已經威脅到科舉制度本身，間接威脅到自身群體的權威與根本，所以一致支持向更高級的官府申訴。

複查的邱德生等官員直到嘉慶七年七月，依然沒有明確的表態，相反，幾個月來他一直拘傳、關押金鄉縣相關士人。金鄉的鄉紳們坐不住了，他們決心採取集體行動，赴京控訴。因冒考事件受到牽連的舉人尚榮袞，還有多位科舉才子、出仕高位的金鄉望族周家的周雲峰等人出面張羅，他們到各鄉向鄉紳們募集錢財，寫好呈狀，推出既有熱情又身體強壯的武秀才李長清踏上了京控之路。

七月十四日，李長清到都察院呈遞了訴狀。因為事關尊卑貴賤大禮，且涉及山東現任官員，都察院不敢怠慢，隨即向嘉慶皇帝報告。十六日，嘉慶皇帝下令內閣大學士、管理刑部事務的董誥等人查詢情況。十八日，董誥等向嘉慶皇帝報告了李長清京控的基本內容：

第一，張敬禮的家庭情況。

乾隆早期，金鄉縣人張子忠，任職縣衙皁隸一年有餘後退職還鄉，改名張薑臣。乾隆七年，張薑臣的兒子張桐報考武科舉，遭到同鄉秀才李思靖等人的舉報，沒有考成。乾隆二十年，張薑臣的兩個孫子，報考文科舉，又遭到同鄉秀才李文士等人的舉報攻擊，還是沒有考成。嘉慶六年，張敬禮等五名張薑臣的曾孫子又要報考文武科舉，要求金鄉縣教諭黃維殿趁秀才張興甲患病之際，代為保結畫押，終於使張敬禮等進了考場，結果引起秀才李玉璨等人群起攻之。由此可見，張敬禮家族幾代人鍥而不捨地要求參加科舉考試，同時持續引發了金鄉縣的「身分之爭」。

第二，山東官吏違法情況。

李長清控告張敬禮的兄長張冠三，稱他是張家冒考事件的實際主使人。張冠三賄賂金鄉縣衙兵房書吏侯圻、禮房書吏孫繼魁等藏匿有關乾隆七年、二十年張家人的冒考事件案卷。原告李玉璨不得不在當事人李文士的孫子李淶陽家裡翻出李文士當年揭發控告的底稿，作為證據提交給濟南知府邱德生等人。但邱德生等官員還是採信了金鄉縣書吏們的一面之詞，將李玉璨等人提交的底稿認定為捏造的偽證，竟然用掌責、打板、擰耳等方法拷問秀才們，還強迫李淶陽誣認李玉璨捏造文件。

第三，案件牽涉面不斷擴大。

山東官府傳喚舉人尚榮袞等人質詢。尚榮袞不服，官員們將他摘帽凌辱。此案並拖累金鄉紳士張福基、王朝駒等一百餘人。邱德生等人欺凌士大夫的行為不僅侵犯了士大夫階層的司法豁免權，並且極大激化了

官府和士大夫群體的衝突。在冒考案處理過程中，許多士大夫旗幟鮮明地站在李玉璨、尚榮袞的一邊，並不是因為他們了解張敬禮冒考案的真實情況，而是山東官府欺凌、株連士大夫的惡行侵犯了士大夫們的切身利益。這是他們絕對不能容忍的。這其中又有什麼關聯呢？

士大夫為四民之首，尤其是有當官資格的士人，在鄉土中受人尊敬、地位很高。他們的尊貴既來自學問涵養、溫文儒雅，也來自官府對讀書人的尊敬。士大夫可以見官不拜、拘傳不到，沒有革名不受刑訊等。尊嚴和尊敬是傳統社會秩序的支柱之一。可恨的是，邱德生等地方官對士大夫用刑、拘禁，種種侮辱，簡直是辱沒斯文。這就是官府自身「亂了身分」，破壞了社會秩序。

老百姓看到士大夫像自己一樣挨板子受刑，和自己一樣被侮辱責罵，沒有尊嚴。士大夫斯文掃地的同時，鄉土秩序也開始崩潰了。鄉紳們揪住張敬禮的家世不放，就是護著本群體的尊嚴不放；鄉紳們攻擊地方官凌辱士大夫，就是捍衛鄉土秩序。

李長清京控，在朝野產生相當的關注度 —— 金鄉縣鄉紳們集體行動的目的達到了。董誥還在調查的時候，乾隆四十年的榜眼、禮科給事中汪鏞就此上疏，彈劾承審官員將原告刑訊逼供，同情李長清的京控行為。汪鏞和劉鳳誥一樣，既是科舉考試的佼佼者和受益者，又是承擔禮法職責的朝廷命官，他們的行為具有代表性。

嘉慶皇帝綜合各方證據，發出上諭，派遣刑部侍郎祖之望、禮科給事中汪鏞為欽差，取代和寧重審此案。上諭指示祖、汪二人留心查訪和寧平時的為人處事。如果李長清的控訴屬實，那麼山東官吏「朋比為奸」，應當嚴加懲處。嘉慶皇帝的傾向性非常明顯，也站在了士大夫的一邊，認為地方官胡作非為、混淆良賤。

金鄉縣冒考案的處理進一步升級。欽差大臣祖之望是福建蒲城人，

金鄉冒考：階層躍升的大風波

長期在刑部任職，精通律例，又有地方行政經驗，稱得上是能臣幹吏，在嘉慶早期多次出任欽差大臣解決疑難問題。另一個欽差大臣汪鏞則是士林典範，精通仁義道德。嘉慶對兩人的選擇，寄託了穩妥、周到、徹底審明冒考案的期望。

祖之望兩人不負眾望，抵達山東即展開緊湊有效的行動。首先，邱德生等官員羈押、刑訊金鄉縣讀書人的情況很快被查明屬實。監牢裡存在讀書人本身就是鐵證，讀書人身上的傷痕更不會說謊。祖之望奏請將邱德生等承審官員革職，接受查辦。接著，欽差一行馬不停蹄趕往濟寧金鄉縣，力求徹查事件的起源：張敬禮家族到底是不是賤民？

金鄉縣人口繁密，但因地處魯西南平原，且離京杭大運河較近，經濟情況尚可。金鄉縣古屬魯國之地，與儒家聖地曲阜數縣之隔，因此重視文教，士大夫力量強大。抵達金鄉後，相對之前山東官員的拖延低效，祖之望、汪鏞的效率高得多。一個多月後，八月二十二日，兩人就長篇匯報了在金鄉縣實地調查的情況：

第一，張藎臣是否擔任過皂隸，沒有冊籍可查。但張氏居住的村莊至今人稱「皂家莊」，加上從前歷次揭發、攻擊張氏冒考的當事人還有五人存活，他們都指認張家先人擔任過皂隸。張家自然不服，族長張儒剛提交了一份族譜，說張家是從山西省洪洞縣遷徙到山東省金鄉縣的，與金鄉縣別的張姓並非一脈。傳承有序、家世清白。經核查，族譜開列的族人名字與張藎臣、張敬禮等人應試時申報的祖父三代冊有不少出入。祖之望認為張家提交的族譜有諸多可疑之處，因此可以認定張敬禮「身家不清」，冒考一事基本可以坐實。

和身分一樣，家族是傳統中國社會的另一大主幹。兩者一起構成了傳統社會的經緯，每個中國人都能從中找到自己的角色，照著一冊無形的唱本演完人生的悲喜劇。科舉考試、宦海沉浮乃至其他重要場合，都

需要當事人列明祖宗三代，以示莊嚴鄭重。

家族的普及，使得清朝的清白人家都有自己的族譜以凝聚族人、規範言行。張家既然是清白人家，自然也有族譜。遺憾的是，張家人提交的族譜，恰恰成為欽差認為其身家不清的主要依據。因為眼前的族譜，和當事人自述的祖宗三代有出入。這是硬傷。

第二，張敬禮等人曾在嘉慶四年、嘉慶五年兩度赴考，到了嘉慶六年才被揭發，其中另有隱情。據查原告秀才李玉璨家貧無依，到張冠三家教書。李玉璨先向東家借貸，張冠三未允；李玉璨又提出售地給東家，張冠三不肯承買。李玉璨因此與張冠三產生衝突，就出面攻擊張家子弟冒考。原來，李玉璨揭發張敬禮冒考夾雜著個人恩怨。身為秀才，李玉璨雖然落魄到為張家教書，但畢竟功名在身，也是可以自稱「老爺」的人物。他接連放下身段，希望得到張家的經濟支持。為張冠三所拒絕後，經濟上的窘迫還是次要的，尊嚴受辱、顏面盡失更讓李玉璨難以接受。他決定報復，報復的對象就是求取科舉功名的張家後人。

李玉璨先是化名寫帖子，揭發張敬禮等人是賤民子孫，被張冠三一眼看破。張家私塾不再聘用李玉璨了，張冠三還當街辱罵李玉璨。李玉璨更加懷恨在心，進一步報復，刨根究底，誓將張家打入賤民行列。他到李淶陽家找到了乾隆二十年舊案的底稿，又約上同學和鄉里的紳士到金鄉縣學的明倫堂。當時，張冠三闖入縣學，大鬧明倫堂，痛罵李玉璨，引起了闔縣讀書人的公憤。

這裡要插敘一下明倫堂的象徵意義。從宋代開始，文廟、書院、太學、學宮便皆以明倫堂來命名講堂，作為主體建築。明倫堂「明人倫」，士大夫聚在此讀書論政，因而，這在士大夫心中是莊嚴神聖的殿堂。張冠三一介草莽，大鬧明倫堂，自然激起了讀書人公憤。秀才和童生們集體控告於縣學訓導楊價。張冠三和李玉璨兩人，一方是有錢任性，一方

是沒錢心眼小，把衝突越鬧越大。

天下周知的金鄉冒考案，竟然起因於李玉璨與張冠三之間的金錢糾紛，因為身分偏見和層層機緣，釀成了巨案。

第三，和寧接手此案後，委派濟南知府邱德生等人處理。此處便有一個有趣現象：皂隸雖然公認是賤民，但在衙門裡的實際權力卻遠大於一般良民，甚至大於士大夫。畢竟，衙門的實際運轉依賴於書吏差役等人。官吏差役們自然而然地擁綁在一起，立場接近，利益相關。

接到任務後，邱德生等審查官員自然地站在官府和書吏一邊，既沒有發現張薑臣當差的紀錄案卷，又煩惱於金鄉書生揪住縣衙書吏藏匿文書不放，判斷此事是秀才們仗著人多勢眾，意圖挾持官府，禁錮人家子孫，使他們終身不得科舉。在職的書吏們，想必對張家的遭遇是同情的，知道長官們的心思後，不管不顧，對書生們大刑伺候。他們採取擰耳等手段逼迫李淶陽供認乾隆二十年的底稿是偽造的。李淶陽在刑訊之後牙齒脫落、頭部有一寸見方的頭髮被拔掉，受刑明顯。金鄉秀才們也遭到了刑訊，被迫牽連他人，輾轉株連，最終導致上百多金鄉鄉紳受到非禮對待。

祖之望、汪鏞調查後認為邱德生等人要對此負全責。而巡撫和寧和布政使、按察使等人對邱德生等的恣意妄為無動於衷，但沒有授意他們這麼做。同時，張敬禮家族也沒有行賄、囑託官吏的行為。

激烈的社會競爭

祖之望、汪鏞兩位欽差條分縷析後，基本結論是張敬禮冒考、山東官員辱沒斯文都是存在的。他二位建議處置如下：

山東巡撫和寧、濟南知府邱德生等地方官員處理不當，釀成巨案，

分別治罪。其中，山東巡撫和寧、布政使吳俊、按察使陳鐘琛，已經奉旨革職，並交部嚴加議處。事發地知縣汪廷楷和承審時用刑最激烈的同知張繼榮兩人，革職並發往新疆伊犁充當苦差；受委派審明案情的濟南知府邱德生，革職並發往新疆烏魯木齊效力。

張敬禮等人考前曾提交的身家清白的擔保是由當地秀才蘇體訓為張冠三家出具的。蘇體訓平時言行不端，此次被判革去功名，杖責八十；金鄉縣書吏孫繼魁等人接收證明時，並不核查明晰，革去差使，杖責八十。原告秀才李玉璨挾私控告張家冒考，假公濟私，革去功名，杖責八十；張冠三反過來誣告李玉璨，照誣告罪也要治罪。

張家只罪及張冠三一人，張敬禮等人因為年幼不知道家世背景，並非有心冒考，免於刑罰。因為「身家不清」，張敬禮等人以後不准再考。

因此事遭到禁錮的金鄉縣紳士、書生等人，一律釋放。

祖之望、汪鏞報告的傾向性很明顯，基本上是站在金鄉縣紳士一方，滿足了士大夫的全部要求。但是客觀而言，兩人勇敢地否決了嘉慶皇帝對山系官員「朋比為奸」的懷疑，盡量把懲處的人員控制在已經暴露的範圍之內，沒有擴大株連，防止此案發展成更大的詔獄。這是兩人值得肯定的優點。

嘉慶皇帝在派遣祖之望、汪鏞徹查的同時，也讓山東學政劉鳳誥繼續查實再奏。這是皇帝一貫的做法，同時安排多批人馬辦事，有的在明處有的在暗處，或者有時聲東擊西、天女散花，讓被調查對象摸不著頭腦。美其名曰聖心關切、力求周到清晰，其實是對下平衡、相互監視的帝王術。與此同時，劉鳳誥也上奏：

承審官員庇護被告，將原告刑問，並且株連多名讀書人；巡撫和寧對事發地知縣汪廷楷不革職問罪，反而藉口滅蝗，讓汪廷楷繼續回縣辦公，涉嫌對原告打擊報復。

金鄉冒考：階層躍升的大風波

　　綜合兩份調查報告，基本情節相同，嘉慶皇帝採納了祖之望的處理意見。涉案的邱德生、汪廷楷等官員全部革職。從劉鳳誥的奏報中，嘉慶才知道山東發生了蝗災。從康熙時期開始，皇帝要求地方官及時奏報地方自然災害、物價起伏和突發事件等，以便了解民間疾苦，掌握天下狀況。和寧隱瞞蝗災不報，嘉慶皇帝極為不滿，數罪並罰，將和寧革職發往新疆烏魯木齊效力。所遺山東巡撫一職，由欽差大臣祖之望補授。同時，嘉慶對劉鳳誥未及早發現問題，至釀成大案再行奏報也表示不滿，遷劉鳳誥任兵部右侍郎。品級雖然相同，但兵部右侍郎職位遠不如內閣學士兼禮部侍郎重要，實際上是貶職了。

　　金鄉冒考案的幕前戲碼，至此便收場了。案子折射出來的諸多清朝社會深層問題，不過冰山一角。跳出「冒考」的敘事框架，張家幾代人孜孜於考場，何嘗不是一個家族前赴後繼、努力躍升社會階層的勵志故事？從張家子孫能夠獨立成村「皂家莊」來看，張氏宗族人多勢眾且有相當的經濟基礎，算得上是金鄉的大家族。張家的張藎臣有一定的家底且略通文墨，並在乾隆十四年捐納獲得了監生資格。張藎臣可算是張家的傑出代表，在他之後至今已有五代人，偶爾也有捐納監生的後人，但沒有科舉入學的子孫。可見，張藎臣一家不甘心當一個鄉間的殷實富戶，一心要在仕途上有所斬獲。另外，從祖之望認定編造的族譜來看，張家努力粉飾家門，爭取提升社會地位。張藎臣的奮鬥，和整個家族力求上升的行為，是邏輯相通、互為印證的。

　　從乾隆後期開始，各地的冒考事件頻繁發生。背景是清朝中期人口出現爆發式增長，乾隆年間人口連續突破兩億、三億兩道大關，道光年間人口再突破四億。「人口爆炸」帶來的是社會競爭的加劇，原有的社會結構承受了越來越大的壓力。刨除技術進步、物質豐富等因素，人們還是需要付出比前人更多的勞動與心力，才能維持相同的生活水準。人們

活得更辛苦，需要應付的問題更多了。

在人生眾多選擇當中，做官依然是收益最高、最能實現人生價值的選項。做官還能光耀門楣，提升整個家族的社會階層。因此，千軍萬馬湧向科舉的獨木橋。有學者做過統計，明清兩代考中進士的人群中，出身祖先三代沒有功名的家庭的比例分別是 47.5% 和 19.1%。也就是說，非士紳家庭的子弟考中進士的比例，清朝比明朝大大降低。清朝平民家的孩子，要比明朝同階層的人多花一兩代人的努力，才能躋身上流社會。清代進士出身於平民家庭的比例降低，原因並不在於科舉制度本身有什麼變化，而在於人口爆炸、競爭激烈，對於普通家庭的孩子不利。士紳家庭有經濟實力和文教氛圍，更容易培養子弟在科舉上獲得成功。但是，如果把標準從進士降低到秀才，只要考中秀才就算人生成功的話，那麼情況又有不同。清朝南通縣有 53% 的秀才出身於三代平民家庭，海門縣有 48.4%，常熟縣的這一比例則為 54.5%。可見，平民子弟躋身秀才，還是相對容易的。秀才是鄉紳階層的最低門檻。雖然不能當官，但也算脫離了平民，能夠享受特權。透過分析數據，可以得出科舉的競爭在加劇的結論。士大夫階層強化了對科舉的投入，所以他們的子孫在高等級考試中獲勝的比例大幅度增加；平民子弟也不吝對科舉的投入，所以在低等級考試中一般家庭出身的人占據了半壁江山。現有高等級的群體（士大夫）憑藉既有優勢，擴大了在高層的人口比例；社會流動性依然存在，只是現有低等級人群邁入上層社會的數量在增多，但在上層中繼續攀爬的難度也急遽增加。

在全社會競爭加劇的大環境中，清朝「士農工商」的社會等級，面臨著巨大挑戰。各地商人的經濟地位往往躍升前列，甚至超過了士大夫。在商人輩出的山西、徽州、揚州等地，商人群體把持了社會事務的主導權。但是在一般社會觀念裡，士人的社會地位仍然是不可超越的，

尤其是官員身分更是大眾趨之若鶩的對象。即便是富商，也把經營收益花在教導子弟讀書上，希望後代能夠科舉入仕。其中，兩淮和兩浙的鹽商家庭總共不及一千家，而在乾隆末年卻產生了二百八十餘名進士，占全國進士總數的 1.88％，比例不可謂不高。因此可以得出結論：以商人為代表的致富群體，並沒有把財力用在打破現有社會等級、要求結構性變革上，而是投身於在現有社會秩序下改善自身地位。他們把或明或暗，或合法或非法途徑賺來的錢財，投入到兼併土地、讀書考試、交結官府等舊秩序下的「高收益」行為。而富人們最熱衷的尋求改變的舉措，就是參加科舉考試。可見，清朝中期社會的矛盾，不是否決現有的社會秩序，而是各方力量努力在現有秩序的框架下拓展自己的利益。

張敬禮的兄長張冠三就是這樣一個富裕的殷實人家家長。在傳統結構猶存、同時競爭激烈的大環境中，張家雖然有錢，但為士族所不齒，可以想像在很多時候還遭到士大夫的現實打壓。張家採取的對策不是抗爭不公待遇、改變舊有的社會秩序，而是花錢僱老師（比如李玉璨）、編造家族歷史，以便讓子弟科舉上進。經查，張冠三曾於嘉慶四年備下酒席，請本縣秀才蘇體訓、王廷獻等人作保，證明張敬禮等人身家清白，在嘉慶四年、嘉慶五年兩次赴考。

地方官的工作也面臨新情況。新的形勢對州縣官員的管理能力提出了更高的要求。清朝中期開始，民間訴訟日益增多。即便是以「息訟」為能事的地方官們也不得不絞盡腦汁，處理五花八門、層出不窮的糾紛與麻煩。這其中就有與身分相關的諸多案件。良賤問題幾乎都是疑似賤民家庭冒充士大夫甚至更高的階層，尋求特權利益。沒有一個官員會機械僵化地遵照律例制度來行事——事實上也沒有明確的條文可以指導複雜的社會現實。他們需要結合地方實際情況和個人的價值判斷，對朝廷法度做出自由裁量。一個有口皆碑的官員，會在物質和財產方面，照

顧下層的利益；但是在涉及政治權益方面，堅定地維護高層的名譽和權力。而科舉考試夾雜了政治經濟各種問題，堪稱良賤案件最複雜的樣本。

縣考是童生參加的第一場考試，也是科舉最基礎的考試。縣考通過後，府試和院試除非有特別正當的理由，很少對縣裡報送的童生名單進行更改。也就是說，縣考是一個平民躍升到士紳階層最重要的環節。知縣老爺就是這個重要環節的主持人，他的自由裁量決定著一個人能否實現階層躍升。遇到疑似賤民應試，又沒有憑據的情況下，知縣的選擇有三種：第一，斷然拒絕嫌疑人應試，這樣的選擇可以順應大多數考生的要求，但是徹底堵死了一個童生的上進道路；第二，允許嫌疑人應試，但是在縣考環節把他刷下來，如此折中，既滿足了那些攻擊者的核心利益訴求 —— 不能讓賤民躍升到士大夫階層，又保留了一個童生階層上升的希望。希望，是人類最寶貴的財富之一，也是科舉制度的精髓之一。科舉制度讓全社會都相信，讀書能夠改變命運。所以，務實而理性的官員都會採取第二個選擇。而金鄉知縣汪廷楷的處置方法，卻是第三種選擇。他讓有賤民嫌疑、輿論熱議的張敬禮通過了縣考！這就意味著不出意外，張敬禮就要邁入士大夫階層，實現一個疑似皂隸家族的地位躍升。原本就與張家關係惡化的金鄉士大夫階層完全不能接受這一點，他們掀起了更大規模的抗議，反對張敬禮參加濟寧府試，最終爆發了本案開頭的四百多考生罷考事件。

嘉慶皇帝處理相關人員後，事情遠沒結束。筆者還在清朝檔案中發現嘉慶八年四月，金鄉秀才蘇承訓赴北京步軍統領衙門，替被革去功名的弟弟蘇體訓鳴冤的資料。蘇承訓控告：

一、金鄉縣的部分鄉紳秀才仗勢欺人。濟南知府邱德生問訊時，尚榮袞供稱乾隆二十年攻擊張氏冒考的底稿是周雲峰、周噉華私自改寫謄寫的。官府傳喚周雲峰等人，但他們依仗堂叔周廷森是現任浙江道監察

御史並不到案。之後，祖之望等到金鄉縣查案，欽差竟然在周雲峰表兄、原任浙江杭嘉湖道李翩家中住了一晚上。後來審訊時，周雲峰等人依然沒有到案，但祖之望等人斷定張敬禮就是皂隸之孫，說蘇體訓冒昧具保，並且聲稱蘇體訓平時作風不好，革去了功名還杖責八十。蘇承訓認為，周雲峰透過表兄李翩囑託，嫁禍自己的弟弟蘇體訓。

二、為張家人出具保薦的人不少。張藎臣等人都捐納了監生資格，張敬禮等人自嘉慶四年以來頻繁投考，歷代替張家出具證明的秀才一共有三十人，尚榮袞、李玉璨等人也在名單之上；如果張敬禮真的是皂隸，為什麼只指責蘇體訓一個人冒昧具保，而置其他人於不問呢？處罰顯然不公平。

三、勝利的金鄉縣鄉紳們還編造了《攻皂傳》、《芝蘭譜》等劇本，辱罵蘇承訓、蘇體訓兄弟。因此，蘇承訓認為這是當地的士大夫中的強勢群體在欺壓他們這樣的小門小戶。即便士大夫群體也不是同聲共氣，內部存在分化。既有官居顯貴的權勢豪門，也有終身困守鄉間的老秀才，後者甚至不得不四處遊幕、教書為生。不同種類的士大夫之間也存在矛盾與傾軋。如果蘇承訓的訴狀是真的，那麼蘇家顯然受到了更有力之人的打壓。如果再牽涉進來宗族、宗教、經濟等因素，情況就更複雜了。而這一切的背後，很難說沒有日趨激烈的社會競爭的影子。

因為資料的缺失，後人無從得知蘇承訓控訴的處理結果。冒考案相關人員的結果，張冠三、張敬禮等當事人也因史料闕如，無從得知；原山東巡撫和寧擅長處理邊疆事務，發配新疆後繼續發光發熱，東山再起，歷任都統、尚書，在嘉慶後期官至軍機大臣、領侍衛內大臣，道光元年去世。因為要避道光皇帝的名諱，和寧改稱和瑛；原濟南知府邱德生貶戍新疆後，寫作自娛。他的詩作有兩大類，一寫奉佛，二寫愛情，看破紅塵，未再踏入官場；原金鄉知縣汪廷楷被押送到伊犁後，幫辦文

書，編纂了《西陲總統事略》，是伊犁地區重要的官修志書。

清朝中期，白手起家的群體抑制不住上升的衝動，金鄉冒考案只是現有社會結構難以適應新形勢新變化而表現出來的一個事件而已。加上很快出現的東西方碰撞、工業文明和外國勢力進入中國，清朝社會秩序飽受變革壓力，各種問題層出不窮，中國進入多事之秋。

金鄉冒考案表明，身分問題是理解傳統社會的一把鑰匙。可惜，身分、良賤等概念都是典型的「只可意會」的中國式概念。

在社會開始劇烈變化的清朝中期，良賤問題頻發，為我們開啟了觀察傳統社會結構、分析社會變革的一個窗口。

兵部失印：

大印不翼而飛之後

大印不翼而飛

　　嘉慶二十五年（西元一八二〇年）春，嘉慶皇帝要前往東陵祭陵。三月初七，內閣辦理皇帝祭陵的出行準備工作：第二天嘉慶皇帝就要啟鑾前往直隸遵化州的東陵了，為期大約一個月。屆時，大批官員隨行處理政務，保持政令暢通。發號施令就要攜帶官印。因此，內閣大學士派筆帖式前往各部領取官印。

　　內閣筆帖式來到兵部，接待官員不敢怠慢，帶上部堂書吏鮑乾等人，陪伴來人前往兵部庫房取印。走到存放印章的區域，看到兵部各司、廳、所的印信，逐一排開，擺放在案上。這些都是要經常取用的，在它們後面是兩個大木箱子，裡面存有兵部的大印。和朝廷各部院衙門一樣，兵部有兩枚大印，衙門日常使用的稱為「堂印」，隨駕出巡時使用的稱為「行印」，即「行在之印」的意思。行在，指的是天子巡行所到之處。皇帝在外到達哪裡，哪裡就是行在。兵部堂印存放在第一個大木箱子裡面的一個鐵匣之中。第二個大木箱子裡則存放著兵部行印，還有兵部知武舉關防及行在武選司、職方司等官印。這些都是不常用的。一干人等走到第二個大木箱子前面站定。

　　這第二個大木箱子雖然有鎖，但平日並不上鎖。打開箱子，行印就放在裡面的一個木匣之中。可是，幾個人翻看木箱，卻找不到木匣。大家立刻緊張起來，把木箱反覆翻騰了好幾遍，都找不到木匣。難道行印不見了？

　　兵部接待官員大叫起來：「趕緊找，每一寸地方都不能放過！」一群人分頭在倉庫的各個角落翻找起來。空氣都似乎凝固了，安靜得出奇，倉庫裡似乎只剩下人們緊張的呼吸聲。不一會兒，本庫的庫丁康泳寧在屋角堆放得像小山一樣的舊稿案頂上，發現了印匣。打開一看，空空如

也。行印真的不見了！

在場的官員情知不妙，一邊派人去報告兵部堂官，一邊安排人手在倉庫裡翻天覆地地查找。很快，兵部尚書、侍郎等本部長官紛紛趕到倉庫，擴大搜尋範圍，在整個衙門裡外手忙腳亂了一天一夜，還是一無所獲。當夜，分管兵部事務的內閣大學士明亮也來到衙門，和各位長官挑燈夜商。無奈，丟失衙門大印，事情太大、隱患太多，沒人敢隱匿消息。事實上，兵部這一天鬧得天翻地覆，人多眼雜，事情想捂也捂不住了。

三月初八，御駕剛行至湯山，嘉慶皇帝就收到內閣大學士明亮聯合兵部尚書普恭、戴聯奎等人的緊急上奏：兵部大印丟了！一場匪夷所思的鬧劇，拉開了序幕。

印信是國家名器，是大小官員行使職權的憑據。歷朝歷代對印信的使用和管理，都有嚴明的制度。朝廷衙署掌握中樞大權，印信制度更為嚴明。各部之堂印通行天下，各省將軍、督、撫、提、鎮以為憑據，實屬緊要，關係重大。堂印保管在專門的印房，設官吏全天候輪流看護。雍正三年，雍正皇帝下諭規定，中央各部揀選滿漢主事各一人，專門掌管用印事宜。凡用印，必須嚴格執行印鑰印牌制度。使用官員憑批准文書領印牌、印鑰，取印時印牌押在印房，用畢還印後，取回印牌交差。保管官員收回印信檢驗無誤後再行封存，並建立專項帳簿，將用印緣由、次數、日期等記錄清楚。此外，各衙門用印，除必須在衙門公堂使用、主要官員監臨外，往往要求另有監印官，每用一印須加蓋監印官銜名戳。以上所有規定，本意是為防止冒用官印。加上各部原有的倉庫管理制度，各部大印的管理理論上是安全可靠的。誰想到，竟然會發生丟失大印這樣低級的事故。

勘查現場，行印印匣子遺留在倉庫內，明亮等官員據此認為是盜賊

兵部失印：大印不翼而飛之後

在倉庫內行竊後，為了方便而丟棄的。存放兵部大印的大木箱裡面，其他各處印信都完好。但是，其他印信都是銅質的，只有兵部行在印信及鑰匙牌是銀質的，而且是純度極高的白銀。盜賊竊走銀印及銀牌，明亮等人判斷是竊賊貪圖銀子。

此處插敘一下清朝官印的材質。一般是擁有者身分越高，印信材質越好。皇帝之寶是用金、玉、梅檀木雕刻而成。皇族之印也稱寶，用金、玉製成。中央各部、司、將軍、都統等高官用銀印；外派各行省官員隨官職不同而使用銀印和銅印。府、州、縣官使用銅印。而低級官員、佐雜官員則用鈐記，也就是木頭刻製的印信。同樣的材質，官印的用料考究，成色十足，比民間選材品質要好得多。

失印後，明亮等人自請「嚴加議處」，同時考慮到皇帝出巡期間的用印需要，旨以兵部堂印暫代。為查出實情，他們奏請將涉案之人和看庫更夫皁役押交刑部，嚴加審訊。

嘉慶皇帝接到緊急奏報，百感交集。嘉慶皇帝個性溫和、待人寬厚，在位二十多年來勤勤懇懇，卻不斷遭遇莫名其妙的事故。不是在紫禁城門口撞見刺客，就是查賑官員被賑災的地方官勒死；不是各級官員置三令五申於不顧前赴後繼貪腐，就是朝廷千方百計開源節流結果還是到處缺錢，「從來未有事，竟出大清朝」。如今又多了一樁怪事，那便是兵部把大印都給丟了！嘉慶皇帝已經出離憤怒，無言以對了。

兵部掌管天下軍政，職責甚重，而行印有調動軍隊、鈐發火票、批發軍需等大權。先不說政令暢通的問題，萬一行印落入歹人之手，遺患無窮。叛亂分子有了兵部大印，甚至可以起兵造反。事關重大，嘉慶即刻傳諭，命令在京王公大臣會同刑部，緝拿嫌疑人，立即審訊，務必查出失印的詳情；同時開始問責，先將兵部值班官員革職拿問，再追究兵部長官責任。其中，分管兵部的內閣大學士明亮，年已八十六歲，掛名

管理卻不經常到署辦公，他負有領導責任，念其往日功勳，撤職、降五級處理；兵部尚書戴聯奎，左侍郎常福、曹師曾，右侍郎常英，摘去頂戴，降級調離兵部。嘉慶皇帝對失印事件非常生氣，對近年來曾任職兵部的松筠、和世泰等大臣也逐一點名，叫他們聽候調查結果，再接受處理。兵部長官中，只有現任右侍郎吳其彥，因為到任不久，且出差在外，僥倖免於處分。

嘉慶皇帝另調王公大臣負責審案，由莊親王綿課牽頭，內閣大學士曹振鏞、吏部尚書英和協助，刑部堂官參加，組成專案組進駐兵部。

綿課等人勘查現場，發現存放行印的木箱已現腐朽，印匣在屋角舊稿堆頂上，符合竊賊偷印的特徵。再翻看出入庫紀錄，發現嘉慶二十四年秋天皇上去木蘭圍場行圍狩獵的時候，兵部行印隨同前往，秋圍結束時辦理入庫。經辦官員是兵部當月值班的主事何炳彝、筆帖式庚祿。訊問兩人，他們都記得嘉慶二十四年九月初三，行印歸還了兵部，兩人開匣點驗無誤後送回倉庫。何炳彝告訴專案組：「當天行印到司，慶祿說印信關係緊要，必須親自查看。我向慶祿開玩笑說，你堅持要開匣驗看，難道還怕被人換成石頭不成？」慶祿說：「當日是書吏鮑干將印匣打開，取出行印，我用手指彈了幾下，行印發出「噹噹」的聲音，確實是銀子的響聲。」慶祿又信誓旦旦地說：「如果行印入庫時，印匣中無印，我願以頭顱作抵。」同時，當時在場負責聽信傳事的高級差役管幗林也作證，說親眼見到何炳彝、慶祿開匣看印。這多條供述可以證實：行印的失竊時間是在嘉慶二十四年九月初三日至嘉慶二十五年三月初七之間。在這半年時間裡，凡是進出倉庫牽涉之人，包括值班官員、用印人員、辦事書吏、看守兵丁差役等都是嫌疑人。專案組和兵部將這些人員都開列名冊備查，多達數百人，加上嘉慶皇帝下令收押的去年秋圍期間接觸過行印的書吏、差役等數十人，排查的過程繁複、嫌疑人眾口紛紜，案件審

訊的工作量巨大，猶如大海撈針。可是，專案組除此之外也沒有更好的偵破思路，只好硬著頭皮奏報嘉慶皇帝。

嘉慶原本還懷疑大印是否是在庫房失竊，或是在使用時失竊在外，後來接到綿課等人奏報也認為是在庫失竊。竊賊能夠進出兵部衙門且盜印攜出而不被發覺，嘉慶認定是「內賊」所為，極有可能就是兵部的書吏、差役行竊。因此，嘉慶和專案組把審訊重點放在了兵部書吏和差役身上。

專案組進駐後，將取印當日接待書吏鮑干、看守庫門的兵丁、進出倉庫的庫丁和多名雜役最先送交刑部審訊。透過對書吏等的審訊，綿課等人了解到，兵部倉庫的門鑰匙由值班官員保管，用印時派人領取，由官員隨同領印之人一起到達庫房，再將鑰匙交給庫丁入庫取印，庫丁出庫將鑰匙交回。每次開庫都有多人在場，想要偷走一顆高純度的白銀大印，非常人所能做到。但是，兵部庫房都被翻了個底朝天好幾遍了，行印還是不見蹤跡；而登記簿上明明記載嘉慶二十四年九月初三行印查驗入庫無誤，那麼只能是有人在這期間把行印給偷走了。

書吏鮑干，既是發現失印的當事人，也是去年行印入庫的經手人，是最重要的人證，最先受到了密集審訊。鮑干上堂後，綿課等人見他身材不高、體形瘦弱、衣著普通、相貌老成，一副典型的中年刀筆小吏形象。專案組訊問他行印保管情況，鮑干的回答與其他人相同。另外，他還供稱嘉慶二十四年九月三日行印入庫貯箱之後，十三日曾有本部書吏周恩綬請領知武舉關防，十六日送回，當時並未見缺少行印。專案組隨即傳訊周恩綬。他也供稱去年用印時，與鮑干一同入庫交印。鮑干將印交回並裝入鐵匣，陪同的是兵丁張幅受和雜役賀殿臣，張提燈照明，賀揭開箱蓋。張、賀二人隨即被帶來訊問。這兩個人見識有限，受審時緊張加上恐懼導致胡言亂語，一會兒說沒進庫門，一會兒又說是用鑰匙打

開的木箱。綿課見不著邊際，揮揮手帶下堂去。

當日找到印匣的庫丁康泳寧也受到了密集審訊。專案組對他就不怎麼客氣了，連日嚴刑伺候，擰耳朵跪鐵鏈，拷問的重點就是他如何知道印匣在舊稿堆的高處。康泳寧堅持稱是當天臨時找到的，而且是和雜役紀三一起找到的。紀三承認九月初三和康泳寧一同爬上稿堆，找到了空匣。當時康泳寧情緒激動，大喊「有人害我」。專案組問康泳寧「誰要害你」，康供稱是經常送本子進庫的差役何氏父子，數年前曾和自己爭奪庫丁的缺位，積下嫌怨。失印當天，康泳寧自知看守之責難逃，腦海中首先懷疑是何家有意陷害自己。何家父子隨即被抓到刑部大堂拷問，但他們一問三不知。綿課令他們與康泳寧當面對質，結果把雙方家裡雞毛蒜皮的事情問出來一大堆，撕咬得越來越厲害，越來越不像在查案，倒像是在處理社會糾紛。

在訊問過程中，差役任安太也被專案組訊問。任安太是傳信差役，經常出入倉庫，有作案嫌疑，同時有人揭發他與民婦孫氏勾搭成奸，對孫氏出手闊綽。任安太、孫氏迅速歸案嚴訊。孫氏將與任安太通姦夜宿、任安太每月贈予錢糧等事交代得清清楚楚，但一說到行印就茫然無知。綿課等人看這孫氏披頭散髮，那任安太畏畏縮縮，不像是有膽盜竊大印之人，更像是普通的姦夫淫婦，問不出什麼也就放到一邊。

在大海撈針般的審訊初期，專案組多路並進，有疑必查，希望能從大量資訊中篩選出有價值的線索。果然，被密集審訊的鮑干透露出來一條線索。他揭發本部書吏周恩綬覬覦大印、之前多次求情舞弊：

嘉慶二十四年十二月間，兵部武選司江西科書吏金玉林、唐寶善找到鮑干，說有事求他盜用堂印蓋幾個章。鮑干沒有答應。之後，曾經在部堂和鮑干為同事，後來選充武選司江西科書吏的周恩綬親自出面，屢次向鮑干與另一個部堂書吏陳政求情，說有一道假札，須用堂印，承諾

用銀子換取盜用堂印一用。鮑干還是沒有答應。嘉慶二十五年二月十八日，兵部司務廳書吏許垚奎邀請鮑干賭博，鮑干輸了京錢一百吊、白銀五十兩。這是一筆大數目。許垚奎情願只要白銀三十兩，條件是有事求鮑干幫忙。鮑干便問何事，許垚奎說還是周恩綬的事，求盜用大印蓋章。許說，行文手續什麼的都不用他操心，只借大印一用，要求不要聲張。鮑干躊躇再三，還是不敢答應，也沒有舉報揭發，更沒有向周恩綬當面提及此事。本月初九，兵部將他送刑部審問，周恩綬藉機拉住他，叮囑不要供出自己。

兵部的糊塗帳

周恩綬圖謀作弊，疑點很大，專案組認為是一條重要線索。

專案組迅速提來周恩綬等人嚴訊。兵部堂書陳政證實周恩綬確實曾兩次央求他和鮑干盜用印札，許垚奎也供認聚眾賭博，賭贏後利誘鮑干盜印。周恩綬一開始拒絕承認，經與鮑干、陳政、許垚奎三人對質，才交代了緣由：

江西省綠營軍官郭定元尋求升遷，由於已經四十八歲了，怕年齡過大影響升遷，懇求武選司江西科書吏沈文元將檔案年齡改小了五歲，沈文元暗中幫忙做了改動。結果到了兩江總督衙門那裡，發現郭定元年歲不符，咨請兵部核看履歷原件。這就給沈文元出了難題。他當時正要由吏轉為官，機會難得。為了獎勵長期兢兢業業、卓有成績的吏員，清朝為書吏設計了由吏轉為官的入仕途徑。雖然只是從九品小官，但卻是身分本質上的改變。沈文元生怕查出修改檔案一事，便找到鮑干、陳政幫忙偷蓋大印以便回覆兩江總督衙門。二人不同意，沈文元又轉託周恩綬。周恩綬三番兩次都沒能說服鮑干，就用一張空白札付，私自填寫改

換年齡的檔案冒充原件。沈文元給了周恩綬五十兩銀子。這是一椿舞弊案中案，但舞弊者覬覦的是兵部堂印，而非失竊的行印，且最終也沒有得逞。專案組判斷，周恩綬舞弊應該與行印失竊無關。

查案初期，專案組沒有特定偵破方向，沒有特定嫌疑人，審訊多頭並進。受審的書吏差役們口供繁雜，加上隨意指認，議者紛紜，專案組千頭萬緒，核查任務繁重。即便查了，真假難辨，更加雲裡霧裡。承審官員叫苦不迭，而臨近秋審，其中的刑部官員要準備正事，紛紛藉機離開。刑部官員是專案組的主審人員，經驗豐富，審案全靠他們。他們離開後，審訊人手嚴重不足，失印案雖然沒有停止，但實質上已經停頓不前了。

四月三日，嘉慶皇帝謁陵回到大內，仍然沒有見到失印案的審訊報告。龐大的專案組用了將近一個月時間，竟然對案子還毫無頭緒！嘉慶下令將綿課罰俸半年，曹振鏞、英和及刑部堂官各罰俸半年，承審此案的其他官員罰俸一年，嚴令他們從次日起每天赴刑部審案，早去晚散，不可懈怠。

在皇帝嚴令之下，審訊工作迅速升級。所有官員雲集兵部，調集人手把衙門大院和毗鄰民房仔細搜檢，就連房屋內的爐灶及院內浮土都不放過，一一刨開察看。強光照耀之下，任何汙泥濁水都暴露無遺。

專案組首先發現兵部衙門聚眾賭博現象嚴重。每天下班之後或長官不在，該部從大堂到廚房都成為賭場。庫丁在水房賭錢，差役在廚房聚賭，衙門裡喝來喝去，烏煙瘴氣。其次，兵部的官員值班制度並沒有貫徹落實。當月官員夜間並不在署值宿，偶爾有一兩人在署過夜，也是次日一早就回家，沒有做到隨時有人。

本應當由官員掌管的堂印及庫門鑰匙，白天由當班兵役掌管，夜間交值宿書吏收存。鑰匙管理混亂，作弊隱患巨大。再次，專案組發現兵

兵部失印：大印不翼而飛之後

部倉庫後的圍牆有新堵上的門形。經訊問，原來是衙役黃勇興因為兒子要娶媳婦，想將花轎穿衙而過，就在嘉慶二十四年九月十一日鑿開了兵部倉庫的後牆，直通街外。失印案發當日，他才匆忙堵上門洞。專案組要捉拿黃勇興問話，發現其已於嘉慶二十五年四月初一病故。同時，專案組大臣們還發現領班衙役靳起鳳在倉庫後頭居住，他的小院也有後門通往大街，只是加了封條而已。至於專案組問話的兵部官員，很多人一問三不知，對所管工作生疏得很，更不用談對衙門和屬下書吏、差役們的掌控了。

大印丟失杳無音訊，兵部政務廢弛、漏洞百出的問題卻一覽無餘。兵部官吏玩忽懈怠到了極點，種種規章制度形同虛設，在這樣的大環境中丟失大印也就不足為奇了。作為天下最高軍政機關的兵部，不能做到戒備森嚴固若金湯，起碼也得做到工作有序、照章辦事，為什麼會出現如今這般頹廢荒唐的景象呢？

兵部官員們難辭其咎。兵部設官員兩百多名，但日常在署辦公的估計不會超過二十名。客觀而論，傳統政治下的官員所學非所用，加上調轉頻繁，對業務工作很生疏。而兵部事務又是專業性比較強的工作，不是讀聖賢書出身的文官們能輕易駕馭的。所以，絕大多數的兵部官員來了衙門，也沒有多少公務處理能力，只能依靠下面的書吏和差役們。吏役群體長期盤踞衙門，熟悉規章制度，又利用長官們的畏難情緒，上下其手，營私舞弊。主觀而論，評判官員職業生涯成功與否的核心標準或者說唯一標準，便是品級的高低。兵部官員們追求的不是政績出色、業務精湛，而是早日升遷，因而，他們勢必將時間和精力投向攀緣逢迎、交際應酬。平步青雲春風得意之人，多是孜孜以求仕途之人。埋頭工作處理政務的官員，被官場視為異類甚至是笑話。首先，工作越多出錯越多，清朝官員考核嚴格，公務差錯會耽誤升遷，得不償失。工作越多占

用的時間和精力越多，這影響迎來送往謀求升遷。因此，當官和做事漸漸成為對立名詞。在清朝，尋求當官者不做事，認真做事者升不了官。官場傳遞給初入仕途者這樣的訊息：要想升官，就別埋頭做事。其次，清朝衙門辦公環境簡陋。各衙門缺乏辦公經費，官吏需要自籌費用辦公；衙門的冷板凳也不好坐。吏部官員何剛德記載清朝吏部值班的當月處「屋極湫隘」，夜裡「闔署闃無一人」，給值班官員的晚餐菜只一碗兩碟，清苦得很。吏部如此，兵部類似。可是各部又不能沒有值班官員，這項苦差就交給了新分配到部、資歷淺的新任官員了。明了上述情形，兵部官員不在兵部辦公便可以理解了，他們能定期到所管衙門點卯報到就算應付工作了，稍微負責一些的，不時地蜻蜓點水般查問一下書吏們經辦的公文，其實也是一知半解不明所以。

嘉慶皇帝得到報告，降諭痛罵兵部：「各衙門當月司員，在署直宿，庫門印鑰即其官守，乃並不自行監管，全委之吏役人等，聽其取攜自便，啟閉隨時。至官廨為辦事公所，門戶牆垣關防緊要，乃以皁隸賤役，輒敢穿穴圍牆，自闢門徑，其娶媳婦之花轎嫁妝竟穿衙門而走，而堂司官竟毫無見聞，全同木偶，實屬溺職。即此二事，可見該衙門廢弛已極。」

在皇帝看來，整個兵部都爛掉了，完全沒法要了。嘉慶掀起了第二波嚴厲的問責浪潮。以倉庫後牆開洞的日期為節點，涉及官員都遭到處分。直接相關的官員立刻革職，沒有保管鑰匙的官員永遠停升。對兵部堂官的懲罰最能說明嚴厲程度：去年時任兵部尚書松筠是治邊有功的元老重臣，現已調任盛京將軍，年近古稀，因本案降級為山海關副都統；繼任兵部尚書和世泰是皇后的親弟弟、嘉慶的小舅子，且在任不到半年，嘉慶也毫不猶豫將他革職，同時革去御前侍衛、正藍旗滿洲都統等職位，僅保留總管內務府大臣；剛剛來兵部代理尚書的普恭，上任才五

兵部失印：大印不翼而飛之後

天時間，也受到「降三級留任」的處分。在第一波問責浪潮中已經遭到降級的戴聯奎、常福等四位堂官，現在改為革職。可以說，兵部前任和在任官員幾乎清洗了一遍，以為玩忽職守者戒。

嚴懲只是善後，並不能幫助破案。又過了半個月，四月十七日，兵部失印案還是沒有審出實情。專案組由莊親王綿課領銜上奏，自請處分。此舉看似無奈，其實是脫身之計。專案組諸位審訊了一個半月，拷問上百人，連有價值的破案線索都沒有找到，實在無計可施，希望透過處分自己由皇帝另派他人接手這個燙手山芋。

嘉慶皇帝也認為專案組無能，同時認為失印案經過綿課等人多日審訊，嫌疑人口供屢次更改，此時再另委他人審理於事無補，更加拖延時日。嘉慶的態度是，綿課等人既要受處分，也要繼續審出實情。於是下令將綿課等人先行拔去花翎，曹振鏞等人降為二品頂戴，嚴令他們加緊審訊，限定在五月五日之前查出竊賊或起獲行印。如能限期前破案，予以開復；否則，將於六日另行降旨治罪。

專案組脫身不成，只能硬著頭皮繼續「磨」案子。壓力有時候真的能激發破案的潛力。綿課等人重新梳理案情，發現口供之中存在疑點。兵部衙門形同賭場，書吏差役們聚賭成風，那麼賭資從何而來呢？其中，賭資玩得最大的是書吏們。兵部書吏膽大妄為到在辦公區域及各書吏家中輪流聚賭，輸贏高達數十兩甚至上百兩。而他們的合法收入每月才區區幾兩飯食銀。其中輸得最慘的就是最早的主要審查對象鮑干。鮑干於本年二月間曾在許垚奎家中輸了一百吊京錢和五十兩銀子，輸紅了眼要一注押二百吊，其他賭徒不許。鮑干當場翻臉嚷罵，為多人所證實。鮑干這個中年書吏，看似老實，想不到隱藏著亡命賭徒的一面。

進一步調查發現，行印的入庫和請用，鮑干都是主要經辦者；發現失印時，鮑干毫不慌張，在其他人四處查找的時候提出以車駕司的行印

充抵；受審時，鮑干多次揭發別人，提供了多條辦案線索，都查而無用。鮑干充當兵部書吏多年，凡事肯幫忙、有擔當，在書吏中有威望，看似不起眼，其實是書吏群體的關鍵人物。承審的刑部辦案老手們的直覺判斷，這個人身上有故事！

專案組把鮑干定為重點嫌疑人，嚴刑拷打。鮑干確實「有故事」，咬牙硬撐，頂住了刑部的刑訊拷問。不管刑部用什麼方法，鮑干繼續東拉西扯或者堅決否認，就是不吐露有價值的資訊。刑部官員經驗豐富，對鮑干使出了審案的「大招」──熬審。

所謂「熬審」，就是審案者輪番上陣，嫌疑人晝夜無休，連續不斷受審。熬審之下，嫌疑人不是突破生理和心理極限，如實招供，就是難免精神恍惚，露出破綻。審案者根據嫌疑人供述細節上的疑點，或者利用供述前後矛盾衝突之處，找出漏洞，深挖下去。刑部官員也不再拷打鮑干，而是不讓鮑干睡覺，反反覆覆訊問行印出入細節。鮑干起初供述還很正常，好幾天沒有睡覺後，反應開始遲緩、回答的內容開始游離，在說到去年行印入庫情形時提到何炳彝等人只於印囊外加封，並未開啟印匣。

然而，之前何炳彝與慶祿兩人可是明確說過親手打開了印匣，目睹大印無誤後再辦理入庫的。慶祿還信誓旦旦地用腦袋擔保呢！如今，入庫的目擊者鮑干卻說沒有開匣檢查，這可是一個重大紕漏。何炳彝、慶祿迅速被提到刑部接受嚴厲審問。二人起初堅持大印正常入庫。但刑部官員有備而來，存放兵部行印的印匣是有木屜的，同時印囊上有四五個骨扣，而從稿堆上尋出的空匣並沒有木屜，囊上也只有一個銅扣，也就是說失印現場發現的匣子，根本就不是裝載行印的匣子！這是怎麼回事？何炳彝、慶祿兩人在證據面前驚慌失措，胡言亂語幾句之後不得不承認去年秋圍結束以後，兵部行印歸還倉庫，他們兩個人只瞟了一眼就

讓入庫了，根本沒有查看。匣子裡有沒有大印，誰都不知道！三月失印案爆發，兩人為了撇清責任，串供咬定行印正常入庫，嚴重誤導了專案組的思路。

專案組之前是判斷行印於入庫後在倉庫失竊，如今看來查案的重點要提前到去年秋圍期間。大印是否在秋圍期間就已經丟失，又是誰辦理了虛假入庫？

到底誰偷了大印

經查去年秋圍期間，兵部尚書對行印的管理嚴格，大印存放在中堂帳房，鈐用時登記領取鑰匙，就在帳房加蓋。但是，車駕出行期間的大印運輸就疏於管理。兵部安排了四名書吏每日輪流背印，在背印和下宿環節都缺少嚴密的管理制度，聽由書吏攜帶。審訊的重點自然轉移到了去年隨行的書吏身上。

四月二十三日，隨圍書吏王振綱在拷打之下招供：兵部行印有兩個匣子，其中有一個木匣是備用的，平日放在兵部捷報處，防備著正式的印匣損壞後替換。兩個匣子在木屜、鎖扣等細節上存在差異。專案組前往捷報處查看，發現備用木匣也不見蹤影了。捷報處書吏俞輝庭、朱憲臣嫌疑巨大，隨即收押嚴訊。俞朱二人供稱聽說行印失竊後，怕被牽連，私下把備用印匣燒了，事後將匣上銅扣埋在捷報處後院。去後院起獲所埋銅扣後，經過比對，根本就不是印匣原件。如此一來，俞輝庭二人的嫌疑更大了，等待他們的是大刑伺候。俞輝庭的抗壓能力不強，而且案子查到這一步，證據確鑿，辯無可辯，很快便全盤招供：

嘉慶二十四年八月二十八日夜，秋圍大隊伍在歸京途中停歇在靠近金山嶺長城的巴克什營。隨圍背印的書吏到了晚上把行印交給捷報處保

管。當晚值班的捷報處郎中是五福喜。五福喜將行印交給書吏他爾圖，隨即帶領幾個人趕往前站。他爾圖將行印拴在營帳中間的桿上，拜託書吏俞輝庭照看，自己去吃飯玩耍了。俞輝庭也是倒楣，一路倦乏了，不知不覺在帳房中睡過去了，等醒來發現大印不見了！

俞輝庭嚇得四下尋找，印匣就是不見了蹤跡，他知道丟失大印，罪責很重，萬分恐慌之下不是向長官匯報，而是想到如何去遮蓋掩飾。書吏群體把持政務隱私舞弊的行為慣性，使他們遇到問題不是按照規章制度解決，而是粉飾平安、掩蓋撒謊。問題越大，掩蓋的本領就越大。俞輝庭首先想到捷報處有行印的備匣，隨即取出來；又用黃布包裹金錢試驗重量，直到裝入金錢一吊五百文最接近行印的重量，俞輝庭便將這些錢裝入匣內鎖好，使得匣子端起來手感最像真的；再偽造封條，將匣子封妥，仍舊拴在原處。書吏他爾圖回來，不知情況有變，背上印囊就趕往下一程。

暫時矇混過去後，俞輝庭不能心安。第二天向朱憲臣透露此事，囑咐他不要聲張。抵京後，俞輝庭盤算著如何騙過入庫和出庫環節。他發現書吏鮑干是關鍵角色，能夠在出入庫環節經手掩蓋，便邀請鮑干到飯館喝酒，將內情和盤托出，並且央求他設法矇混入庫。鮑干一開始是拒絕的，俞輝庭許諾酬謝白銀五十兩，鮑干就答應了下來。鮑干分析，行印入庫時，值班官員通常不會打開驗看，俞輝庭的假印可以矇混過關，但是第二年請印就很難掩蓋了。俞輝庭哀求他想個辦法，鮑干心中沒底但也暫時應承了下來。

負責保管行印的書吏他爾圖還蒙在鼓裡，於九月初二將行印上繳捷報處。值班郎中還是五福喜。他果然看都不看，就稟報時任兵部尚書松筠，說秋圍已經結束、沒有再用到行印之處，請將印匣鑰匙、鑰匙牌封作一包，連同被調了包的假行印木匣一起交給烏林太。烏林太也沒有查

兵部失印：大印不翼而飛之後

看真偽，就隨同筆帖式中敏於第二天送到兵部倉庫。九月初三當日，烏林太、中敏二人在兵部衙門口會齊，一同進署，將「印匣」及鑰匙、鑰匙牌都交給值班主事何炳彝接收。何炳彝也沒有開匣驗看。一會兒，值班筆帖式慶祿來到，與書吏一起寫好封條，由鮑干黏貼送入倉庫。從始至終，沒有一個官員想到要按照規章制度來查驗真偽。假印，就這樣堂而皇之地進入倉庫。

轉眼到了第二年，又到了用印之季。俞輝庭又找鮑干商量掩蓋。書吏的行為邏輯，除了發現問題一味掩蓋問題之外，在問題實在沒有辦法掩蓋的時候，就習慣於製造新的問題覆蓋舊問題。總之，不能讓問題暴露出來，得過且過，書吏的職業生涯能糊弄過去就算成功。鮑干想出了「製造假案」的主意：他找到倉庫值班差役管幗林，說服他一同偽造行印被竊的現場。管幗林索要錢財，鮑干給了京錢二十吊，管幗林就答應了下來。三月初四夜晚，鮑干讓管幗林打開倉庫，同時在外望風，自己獨自入庫揭開大木箱蓋子，捧出假的印匣，用俞輝庭所給鑰匙開啟小鎖，取出錢包，把空匣子放到舊稿堆之上，偽造了一場「失印案」。

為了應付檢查，鮑干還與管幗林訂立了攻守同盟，約定了幾天後取印的表演。大家按照劇本演出了失印當天的一幕。鮑干或許是對自身演技太過自信，私自「加戲」。原本商量好將印匣的鑰匙、鑰匙牌扔進火爐銷毀，鮑干也許是想留個紀念，也許是見鑰匙和小鎖可愛，竟然帶回家中存放。這就成了鮑干作案的關鍵物證。拿到俞輝庭的供述後，刑部搜查了鮑干家，就起獲了印匣小鎖和鑰匙，經與現場遺留的備用印匣鼻扣試套，正相符合，坐實了鮑干的犯罪。

鮑干確實是經驗老到的朝廷老吏，閱歷豐富，沉著冷靜，即便和俞輝庭當面對質，仍然百般抵賴。直到把在他家中櫃底搜出印匣小鎖和鑰匙擺在面前，鮑干這才低頭認罪。為慎重起見，專案組還取來一千五百

文做實驗，用布包裹放在匣內，手感確實沉甸甸的、很平穩，像捧著真的印匣。

　　沸沸揚揚多日的失印案，竟然是書吏先監管不力丟失行印、繼而集體造假掩飾的鬧劇。案件發生大半年，一切都發生在兵部長官的眼皮子底下，竟然沒有一人察覺。其實，鮑干等人的劇本，掩飾環節不少、涉及人員眾多，官員們稍微掌握本部門的人員和業務情況，就能識破鬧劇。可惜，荒怠昏庸的兵部官員平日對工作並不上心，破案後面臨更加嚴厲的問責。

　　時任兵部尚書松筠，身為兵部堂官，對堂印負有保管之責。他竟然委託給捷報處官員，捷報處官員又推給書吏，書吏也不把管印當一回事，散漫鬆懈，導致大印被盜。松筠除主動拋棄保管職責之外，又有失察之罪，且對部門管理鬆散導致部門工作風氣不正，罪上加罪，再革去山海關副都統。松筠久歷行伍，歷任軍隊要職，且長期駐守邊疆，稱得上是當世名將。可憐他在古稀之年降為驍騎校。驍騎校是低級八旗軍官，正六品。松筠從宰輔高官因此案一路跌落到小小驍騎校，夾著被緝去印房值宿。有人勸阻，松筠淡然說道：「軍校之職，提鈴值宿而已。余雖曾任大員，敢曠廢厥職者。」時任署理行在兵部侍郎的裕恩，革去侍郎、前鋒統領、副都統官職。當時值班的捷報處郎中五福喜、送印的筆帖式中敏有違職守，革職。值早班的郎中恆泰也沒有發現行印失竊，交部議處。最惡劣的是兵部倉庫值班官員何炳彝、慶祿，沒有按照制度開匣驗看在先，推卸責任編造謊話在後，錯誤引導辦案方向，革職發往邊疆效力。因為慶祿誇下「願以頭顱作抵」的海口，形同光棍無賴，附加枷號一個月，期滿後再押解邊疆。該案的主要責任者，俞輝庭枷號一月，然後發往伊犁給兵丁為奴；鮑干則枷號兩月，期滿後發黑龍江給兵丁為奴。綿課、曹振鏞等專案組官員最終破案成功，撤銷之前的處罰，

兵部失印：大印不翼而飛之後

官復原職。

兵部失印案的臺前表演結束了，演員們都遭到懲處了。然而，案子遠沒結束，幕後的真相依然隱藏在黑暗之中。那就是：兵部行印究竟去了哪兒？偷印的人又是誰，偷了印想要幹什麼？案子迅速進入了第二階段，也是更重要的階段：抓賊尋印。

去年秋天丟失行印的巴克什營地方，在案發不久後遭遇嚴重山洪，街道房屋遭到清洗，居民星散。如今在當地清查竊賊，非常困難。嘉慶皇帝命令直隸總督方受疇、直隸提督徐錕廣撒網密搜查，暗中派遣探員在長城口內、口外各店鋪、歇腳處查訪行印盜賊，同時在當鋪錢肆中查訪從去年秋天至今有沒有拿熔鑄的高純度白銀換錢的人。方徐二人選派了精明強幹之人，喬裝打扮，分頭查訪。那一段時間，秋圍沿途的村鎮關隘、河道碼頭、溝壑溪流、旅舍店鋪，都出現了一批批密探，反覆查問可疑人員。直隸省還派出探案菁英，化裝成商人，專門到當鋪打聽有沒有高成色的銀餅。直隸官府同時希望在盤查兵部往來公文上找到線索，試圖發現失竊日期之後加蓋行印的文書。一旦找到這樣的「假公文」，就可以透過使用者倒查來源。可惜，兵部行印失竊後就沒有留下任何印記，沒有一紙加蓋行印的公文。

直隸提督徐錕對查案盡心盡職，將從巴克什營到密雲的百里長途，分作三段，每段三十餘里，派二名軍官、六名官兵專職負責，穿梭巡視。徐錕還在內部設立賞格，尋找線索。但是費了許多力氣，竊案還是茫然無緒。徐錕不氣餒，把眼線撒往周邊偏遠地區。可是嘉慶皇帝先放棄了，批示道：「此印大約難得！」

丟失的大印確實難得，之後再也沒有出現過。沒人知道盜賊到底是誰，他為什麼沒有使用此印。按說，兵部行印威力巨大，加蓋一個公文就能謀取巨大的利益。可是，假冒兵部公文的風險非常大。尤其是行印

只能在皇帝出巡時才能使用，生效時間很短。那麼，能否交易行印變現呢？也不行。盜賊不可能拿著行印在黑市吆喝：「兵部大印，新鮮出爐，欲購從速！」黑市從業者也講究安全第一，接手大印的危險太大，估計除非江湖宗師不敢交易？誰拿著大印，就會惹禍上身。所以，兵部行印失竊後，就如石沉大海，再沒有現身了。此案最大的可能是某個小毛賊因為偶然，從酣睡的書吏身邊竊得了大印，發現贓物身分後嚇壞了，始終捂在手裡，或者乾脆又丟棄到荒郊野外了。

行印不可復得，嘉慶皇帝命令禮部重鑄了新的行印。為了與舊印有所區別，防止舊印「重出江湖」，新印的印文和印式略有改動。新印所需的銀兩及工錢，勒令時任兵部尚書松筠和署理兵部侍郎裕恩繳納。嘉慶還通令朝廷各部院堂官到任時要瞻拜堂印和行印，皇帝出巡時各衙門行印必須存放在鑰堂官的帳房內。堂官必須親自保管鑰匙，且在行印返京歸還時，必須親自驗收。嘉慶皇帝亡羊補牢，務求杜絕印信丟失的低級事故。

嘉慶皇帝希望透過嚴格制度來堵塞漏洞，殊不知任何制度都要落實到執行者頭上。沒有人認真踏實的貫徹落實，任何制度都是空中樓閣，一紙空文。人是大環境中最活躍、最關鍵的因素。兵部行印失竊案充分說明，完備的制度在鬆鬆垮垮的執行者面前，變得形同虛設，導致嚴重後果。從另一個角度來講，擁有制度執行權的官員們，不作為或者胡作為，也是濫用職權。他們比簡單的執行不到位，危害更大。規章制度如此，法律也是如此；兵部官員們如此，所有掌握公權力的人群亦是如此。不改變清朝官制的主體框架，就不能鍛造出埋頭實幹、認真負責的官員組織，嘉慶皇帝的亡羊補牢還是逃不出「頭痛醫頭，腳痛醫腳」的窠臼。事發之後清朝雖然沒再發生大印丟失的鬧劇，但書吏們盜印蓋章、買賣公文的現象一直存在，至於文過飾非的交易就更普遍了。

兵部失印：大印不翼而飛之後

　　兵部失印案幾位主要官員，則繼續活躍在政壇上。嘉慶皇帝去世、道光皇帝繼位後，綿課、曹振鏞延續高位，尤其是曹振鏞從政超過半個世紀，歷經乾隆、嘉慶、道光三朝，最後官至內閣大學士、軍機大臣。因為丟失大印遭到重罰的原兵部尚書松筠，在晚年也得以東山再起。嘉慶皇帝逝世後，繼位的道光皇帝在葬禮上看見年邁的松筠，不勝悲憐，扶住他哭了起來，第二天就任命他為都察院左副都御史。松筠此後歷任左都御史、都統，道光元年再次出任兵部尚書，後調任吏部尚書、軍機大臣。巧合的是，松筠和曹振鏞兩人都病逝於道光十五年，前者享年八十三歲，諡號文清；後者享年八十歲，諡號文正，都是清朝後期歷史上從政時間長、留痕眾多的人物。

　　行印憑空消失，從盜竊案開始，以舞弊案結束。一個低級錯誤引發了匪夷所思的情節，原本以為是一個精彩的盜竊與偵破的故事，結果，朝廷花了九牛二虎之力僅僅是揭開了兵部政務廢弛、舞弊成風的蓋子，再也無力深入整頓，也沒能夠查清案情真相。

捐納造假：
假官銷售產業調查

假官竟然可以買賣

　　捐納是個歷史名詞，在清朝特指買官賣官。捐，是捐出財物的意思；納，是收納錢財的意思，一進一出兩個中性詞似乎就掩蓋了賣官鬻爵的骯髒本質。那麼，捐納本來就是上不了臺面的事情，竟然還能造假？買官賣官又如何造假呢？本講的故事要從一起發生在北京城裡的「自首事件」說起。

　　清朝在北京城裡設立東、南、西、北、中五城兵馬司，維持京城治安、管理市政市容，同時也能接收百姓的訴狀。道光九年（西元一八二九年）八月，烈日當空照的一天，一個名叫周載的人向南城兵馬司「自首」。

　　周載犯了什麼事呢？他又為什麼要自首呢？只聽周載說，自己串通直隸山海關通判承瑞，在京城裡作弊。同時，周載舉報戶部捐納房辦假照。原來，周載曾任刑部書吏，服役期滿後留在北京，利用自己在官府工作的經驗和累積的人脈，做些仲介工作。

　　這年正月，宗人府書吏楊文祥介紹來京城報銷的山海關通判承瑞認識了周載。承瑞希望能在報銷蘆殿工程費用時得到關照，許諾給周載一成「部費」作為答謝。當時，地方官員到京城各部院報銷工程或者政務款項，為了減少困難、加快進度，都要向相關部院的辦事官吏送禮乃至行賄，這筆費用稱為「部費」。金額少則幾十兩，多則數萬兩。承瑞這個在山海關任職的地方官，顯然沒有過硬的官場人脈，就輾轉找到了周載這個役滿書吏。

　　周載早已經役滿解職，可是仍然和官府維繫著緊密的關係，他很快答應了下來，開始為承瑞四處鋪路。周載輾轉請託，找到了負責這項工程的工部營繕司書吏幫忙。原本這事應該以雙方皆大歡喜的結局收場，

想不到，周載和介紹人楊文祥就「仲介費」分成問題產生巨大分歧，誰都不願意吃虧，進而新帳舊帳一起清算，發生了激烈的衝突。楊文祥大概是自恃在職書吏的身分，事事欺壓周載，擺出一副你能把我怎麼樣的姿態，深深刺激到了周載。周載就以「自首」的形式向南城兵馬司投案，不僅坦白了承瑞報銷請託的內情，還揭發了楊文祥參與的更嚴重的問題：辦理戶部捐納假照！也就是買賣假官。為了證明自己並非空口無憑，周載列舉了好幾位平時相熟的中間人作為證人。

在這裡，相信很多人都會感嘆北京城裡竟然存在像周載這樣的官府仲介群體。這個群體以各部院寺監的書吏為主，這些書吏熟悉朝廷典章律法，知道各部門辦事程序和漏洞。關鍵是官員三五年一換，但是書吏們長年累月在一個部門從事特定的專業工作，形成了專門的圈子。只要想辦成某件事情，書吏們就能找到熟人，或熟人的熟人。可惜的是，他們不用專業知識和人脈關係來辦好事，而是藉機尋租，以公謀私，甚至敲詐勒索，無孔不入，成了天子腳下首善之區一道獨特的風景。

「自首事件」的主角周載，就長期在刑部做事，知曉刑律。他雖然說是自首，實際上是提起控訴。他心中有數，自己那點事兒實在算不得什麼，最多就是挨幾下板子。他所揭發的楊文祥買賣假官則是大罪，難逃重罰。可以把周載此舉理解為以退為進，訛詐對方？

接下來的進展，也都在周載意料之中。先是有好幾個人，不是熟人，就是老同事，紛紛找周載說情。他們勸周載，大家都是吃這碗飯的，抬頭不見低頭見，楊文祥願意賠你三千兩銀子，你就撤回控訴吧！來勸周載的人中，來頭最大的是兩個姓愛新覺羅的宗室，一個是宗人府筆帖式額哲本，一個是宗人府主事桂倫。兩人也是仲介群體的一員，屈尊來勸周載息事寧人。面對威逼利誘，周載都堅絕不接受，堅持自首到底。南城兵馬司就把案子上交到了刑部。

捐納造假：假官銷售產業調查

刑部審訊開始後，戲劇性的一幕發生了：周載提供的證人全都改口，不是否認自己參與過任何仲介行為，就是否認自己認識叫周載或者楊文祥的人。周載馬上明白自己被對方陷害了。因為周載堅絕不同意私下和解撤訴，所以楊文祥一方買通了相關人等，裝聾賣傻乃至反咬一口，將周載陷於極為被動的局面。

周載畢竟是遊走過官場、見過世面的人，面對逆境不至於輕易舉手投降。周載之前就是刑部的書吏，他知道只要沒有自己的認罪口供，這案子就完不了。他咬牙硬撐，運用自己所有的法律認知和知識，將報銷舞弊和捐納造假的種種情況一一列舉，對嫌疑人指名道姓。周載直言戶部捐納房的書吏蔡繩祖、任松宇、龐瑛等人公然買賣官銜執照，同時引經據典，堅決要求和相關人等對質。這本來是一場假自首真訛詐的戲，現在變成了周載自衛反擊的戰鬥，變成了滑吏之間的對決。周載一方堅決舉報報銷舞弊行為，同時著重揭發戶部捐納房造假，躲在暗處的一方則把這一切都歸結為周載的胡言亂語。

案子僵持不下，成為一個相對勁爆的談資流出了刑部，流傳在四九城的勾欄瓦肆。御史姜梅知道了這個案子，又上奏給了道光皇帝。也許是訊息掌握不全的緣故，姜御史以周載案子為源頭，揭發服役滿的書吏串通舞弊、朋比為奸的現象。書吏並不是官員，他們是官府徵調的有一定知識水準的老百姓，本質上是一種役。書吏服役期限一般是五年，期滿後不得再次充役。然而，這項規定並沒有充分落實，部分書吏會改名換姓再次服役，他們常年服役、終身服役，甚至父業子承。少數沒有機會繼續服役的書吏，則充當了權力尋租的仲介。役滿書吏寄食京城，做的就是仲介的工作。在京城各部院服役的書吏，來自五湖四海，朝廷特別規定京城書吏役滿後，要返回原籍。姜御史在奏摺中指出，中央各部院衙門的書吏役滿回到原籍的不到十分之一二，大多數千方百計留在北

京內外串通，或者說事過錢，或者招搖撞騙，或者造假舞弊，或者設局
訛詐，無所不為。奏摺也提到了戶部捐納房：

即如現在已革刑書周載呈控宗人府供事楊文祥一案內，有要證任松
宇、龐瑛、蔡繩祖三名，皆戶部捐納房役滿吏也。任松宇等因被控匿不
到案，現經刑部奏奉諭旨嚴緝，臣思伊等若非自知罪戾，何致無故潛
逃？是其被控假照一節，未必盡屬無因。

應該說，姜梅御史的這道奏摺點面結合，揭示了京城書吏狼狽為奸
的醜態。道光皇帝接到奏摺後，也是相當震驚。他沒有想到眼皮子底下
竟然有這麼一群人，敗壞社會風氣，破壞政治生態。如果朝廷律例森
嚴，各衙門政治清明，照章辦事，哪裡還有書吏們操作的空間。而書吏
們等權力仲介能夠生存下來，而且活得有聲有色，恰恰說明朝廷律例廢
弛、政治混沌，同時他們的存在又進一步加劇了政治黑暗。這是道光皇
帝完全接受不了的。他命令步軍都統衙門和順天府、五城兵馬司盡快查
清役滿在京書吏的惡行，將這些書吏通通逐出京城；同時，命令刑部抓
緊審訊周載案。

得知皇帝接到御史奏摺後下令清查役滿書吏問題，周載高興得手舞
足蹈。周載雖然役滿，但他早就有所準備。周載在京期間於順天府大興
縣娶了個媳婦張氏，安家落戶，將籍貫落在了大興縣，所以不屬於沒有
回籍的役滿書吏。加上皇帝都關注了自己的案子，周載以為勝券在握。
那麼，周載能笑到最後嗎？道光皇帝的一紙命令，能將役滿書吏問題清
理乾淨嗎？

周載太小看自己所屬的京城權力仲介群體的勢力了。這個群體的人數
難以確數，關係盤根錯節，對於揭露黑幕、與群體為敵的「叛徒」毫不手
軟。周載就是京城權力仲介群體的叛徒，而且是驚動了皇帝，眼看要置整
個群體於死地的「大叛徒」。所以，他們更是要把周載置之死地而後快。

　　審訊開始了，刑部官員根本不和周載講道理，甚至不聽他多說話。官員只抓住他違法舞弊之處死死追問：「你有沒有招攬地方官員辦理報銷事宜？」「你有沒有聯絡各部書吏為他人提供方便？」周載做過，就可以定罪。周載不服，張口想揭發其他黑幕，差役就上前掌嘴；周載再不服，引用律條申辯，差役就摁住他跪鏈，一跪就是連續五天。而且，刑部沒日沒夜地提審周載，根本不讓他休息。最後，周載精神崩潰，承認了敲詐勒索、誣告他人等罪名，被打入大獄。

　　估計楊文祥和額哲本、桂倫等人聽到消息，會鬆一口氣，認為周載惹的麻煩差不多就過去了。可他們也太小看周載了。周載在刑部混跡多年，又背水一戰，迸發出了驚人的能量。他以妻子張氏的口吻，書寫了一份狀紙。狀紙描述周載被屈打成招的過程，著重揭發戶部捐納房售賣假照一事，列舉了蔡繩祖、任松宇、龐瑛等「圈內」享有盛名的售假者名字，同時控訴刑部審問官包庇假照團夥。偷偷寫完後，周載想方設法把狀紙送出監牢，送到了張氏手上。張氏隨即上書代夫訴冤。周載大約同時指點張氏，拿著狀紙找誰、透過哪個衙門傳送等，雖然過程比較曲折，中間經歷了幾個月的時間，但最後成功地送到了道光皇帝的案頭。

　　道光皇帝看到狀紙，作何感想？役滿書吏舞弊的情況就讓他大開眼界了，如今曝出了書吏買賣假官的情況，則讓道光皇帝目瞪口呆。賣官鬻爵一事，自古有之，清朝並非第一個這麼做的王朝。道光朝也不是最早啟動捐納的時期。早在康熙前期，因為平定三藩、治理河工等的需求，朝廷就放開了捐納的口子，允許百姓花錢買官。但是，反對捐納的聲音始終非常強烈，清朝的捐納工作也就時斷時續，顯得遮遮掩掩。大抵上，朝廷財政情況略為好轉，就收緊乃至停止捐納。道光皇帝心底是反對捐納的。他曾經對大臣表示，捐納為官者總不令人放心。道光不信任買官的人的能力、品性，擔心他們上任後胡作非為，魚肉百姓。所

以，他登基伊始，就下令停止捐納。無奈道光朝財政吃緊，捐納後來依舊被當作權宜之計而施行。

買官賣官本來就不是什麼見得了光的事，想不到這還能造假？周載狀紙揭發的捐納黑幕，刺激到了道光皇帝。周載在狀紙上，一是將造假主犯都列在了名單上，有名有姓，清清楚楚；二是指明了安徽人林德先就是靠假捐獲得的官職。為了弄清真相，道光皇帝下令審訊相關嫌疑人，同時調查林德先的捐納詳情。清朝捐納黑幕，徐徐開啟……

蔡繩祖，任松宇、龐瑛等人都是役滿的捐納房書吏。刑部隨即派人拘傳，任松宇、蔡繩祖已經聞風而逃，不知蹤跡。龐瑛掙了錢以後，於幾年前給自己捐了一個縣丞官職，已經到陝西上任去了。刑部行文捉拿時才知道他已經丁憂回籍。而在龐瑛的祖籍浙江山陰、寄籍順天府宛平縣，也沒有發現他的蹤跡。道光十年（一八三〇年）二月，道光帝諭令逮捕在外地任職的要犯龐瑛，迅速解部嚴訊。命步軍統領衙門嚴拿聞風潛逃的任松宇、蔡繩祖等人，歸案審判。

道光十年閏四月，安徽省將林德先捐官檔案資料送到戶部核查，發現所送資料與戶部咨文版式不同，且文內並無該捐生身家清白冊結字樣。戶部也查不到辦捐的底檔，林德先明顯屬於「造假得官」。

種種情況表明周載的控告是實情！道光皇帝覺得案情重大，派大學士托津、長齡，協辦大學士盧蔭溥，軍機大臣曹振鏞、文孚、穆彰阿等重臣會同刑部堂官嚴審此案。同時命令戶部將道光八年以來辦理執照的所有書吏一併審訊。道光皇帝由安徽聯想到其他省份，命令各地督撫徹查本地有沒有假捐執照。與此同時，刑部與步軍統領衙門、順天府等密集追捕犯人。軍機處行文相關地方和部門，命令迅速緝拿犯人送到京師會審。

這是要大肆辦理捐納造假案的意思啊！

捐納造假產業鏈

有了皇帝的高度重視，抓人並非難事。道光十年五月初十，中城監察御史奏報，中城兵馬司副指揮熊常銑抓住了潛逃在京的要犯龐瑛。原來，龐瑛沒有回祖籍丁憂，而是返回北京，繼續參與售賣假照的生意。聽說出事以後，龐瑛東躲西藏，最終還是被熊常銑逮住了。

沒過幾天，潛逃回浙江老家的主犯蔡繩祖在杭州落網。浙江巡撫迅速奏報道光皇帝並派人將蔡繩祖押送京師。從北京潛逃至浙江，江蘇是必經之地。江蘇巡撫陶澍接到諭旨後，按照名單詢問、搜查嫌疑人的親朋好友，在各處關津、客棧搜查和祕訪，很快就抓住了逃亡途中的任松宇及劉東昇、李廷瑞等嫌疑人。

隨著案件進展，不斷有新的嫌疑人被揭發出來，他們隨即遭到通緝，役滿書吏賞淳、謝孚宸、馬懷玉，姚鳳山、莊倡伶等，都曾經直接參與造假售假，有的還不忘給自己捐個小官。另外，蔡繩祖的兒子蔡應聯、龐瑛的弟弟龐湘、莊倡伶的女婿姚鈞等人，雖然沒有直接參與假照案，但都跟著沾了光，用親人辦假照賺的錢給自己捐了真實的官職。當然，這群買賣假官團夥成員，不管是給自己還是給晚輩，都是真捐。

造假團夥被捕後，緊接著便是抄家和家產清算。這些書吏作弊多年，人們以為他們家資豐厚，可是說來可憐，官府還真沒抄出多少銀兩來。比如，從任松宇在蘇州的住處只抄出皮箱八只，裡面存放的都是尋常男女衣服及當票錢文，並無田契房契等貴重物品。蔡繩祖在杭州的公寓內也沒有銀錢，只有裝滿衣物的箱子數只及其他的零星器物。該團夥資產不高的原因有二：一是大規模的造假售假，導致供應充足，每筆交易成交價很低，從後來的供述來看，每個假官的交易額只有一二百兩銀子；二是製假售假的環節眾多、參與人數眾多，導致收益分流嚴重。因

此，嫌犯的家產寥寥可數。

清朝書吏的法定收入十分微薄。書吏本質上是服役，在衙門中當書吏是百姓的義務。既然是義務，官府就不發俸祿，更不發津貼，只是每月發放象徵性的「飯食銀」。顧名思義，衙門只管書吏工作餐，不管其他，甚至連文房四寶都要書吏自備。另外，清朝官員數額極少，每個衙門甚至每個州縣都只有區區幾名正式官員，僅能夠決策大事要事。日常行政和管理，不得不依靠數目龐大的書吏。如此一來，巨大的權力掌握在衣食無著的人手中，營私舞弊幾乎是必然的結果。清代書吏，對前來辦事的百姓索賄，就是對走流程的差役乃至官員也敢伸手要錢。官員去相關部門辦事，書吏無不索要規例孝敬、印結錢、用印錢、部費等。就連福康安、曾國藩之類的朝廷重臣，找六部辦事，也不能免俗，需要和刀筆小吏們就費用問題討價還價。

戶部捐納房的書吏，守著賣官鬻爵的攤子，自然思索著如何從中謀取私利了。

捐納制度施行之後，名目日漸繁多，手續日趨複雜，旁觀者看得眼花繚亂，望而卻步；書吏們精通規章制度，上下其手：捐納原本就是捐官職而已，到道光年間幾乎仕途上的一切都可以買賣，名目泛濫成災。比如，捐升，就是現有官員花錢升官；捐加級、捐銜，也就是在現有官銜基礎上買更高的級別和頭銜，比如知縣是止七品，結果地方上很多知縣都是五六品甚至正四品，比頂頭上司知府的級別還高；捐貢監，也就是捐貢生和國子監的監生資格，有了貢監資格後就可以參加鄉試，博取更高功名；捐減、捐復，官員犯錯或者犯罪了，遭到降級乃至革職處分，可以花錢減免；捐典，官員和老百姓都可以花錢為自己和家人購買封典誥命等榮譽，不同名目的捐納價格不同，程序不同，但都導致共同的結果：官員如過江之鯽，難以計數。清朝後期全國大約有一千五百個

縣，可是捐納知府就達千人，捐納知縣更是成千上萬，這還不算透過科舉、軍功、保薦等方式得到官職的人。於是，官員候補成為清朝後期的普遍現象。很多人候補三四十年都沒能獲得實任。不過沒關係，很快又發明了「捐免候補」，花錢可以直接上任，只是價格比買官更高。囊中羞澀的，可以「捐插隊」，就是使候補的順序靠前。此外，還有「捐指省」的，就是花錢買去特定的省份任職，而不用參加吏部的隨機安排；對安排的職位不滿意的，可以花錢「改捐」，改換到其他地方乃至領域任職。以上林林總總已經相當複雜，如果在這些名目上再進行「組合捐」，就又能嚇倒一批人。

如果你弄清楚了捐納的種種規定和門道，而且你又恰好宦囊充裕，那麼你就要開始與各個衙門、各個官吏打交道了。捐納的流程需要你提供身家清白檔案，證明自己家世清白，沒有違法犯罪，沒有拖欠稅賦等行為；提供在京同鄉官員的印結，由他們擔保你是本人，陳述屬實等，最後去戶部、吏部等各個衙門走完一套套手續。全部流程費時費力，折磨心智，而且花錢如流水。清朝後期，知縣捐納的明碼標價是一千兩紋銀。然而，準備全套檔案、疏通全套流程，花費在兩千兩上下都是正常的。

就在有意捐納者望而生畏的時候，熟悉情況又有門路的書吏們從天而降，他們告訴買官者，只要給他們一口價的銀子，就能在約定時間內給你捐納執照。這樣的交易是不是最經濟實惠的？是不是很吸引人？

捐納仲介業務就這麼開展起來了。後人難以確認，一開始這項業務是不是單純的提供仲介服務。書吏們利用業務優勢從中賺點辛苦錢，無可厚非。但是，可以確定的是，這項業務很快就變味了。仲介很快發現，相比規規矩矩地準備資料、疏通流程，直接提供一張假執照，更方便、更迅速，利潤也更高。捐納仲介很快變為買賣假官。尋找仲介的一

部分買官者，應該是為了省心省力，主觀上並不知道買到的是一個假官。但是，相當一部分買官者，潛意識中應該意識到仲介提供的執照可能有假。可是只要這張執照能暢通無阻，能換來自己想要的，大家又何樂而不為呢？

有市場就有交易，北京城的捐納造假事件愈演愈烈，幾乎成為一個半公開的活動。參與者越來越多。有一定能量的書吏差役乃至百姓，都參與其中，或多或少從中分沾利益。當道光皇帝主導的清查活動迅猛開展後，拔起蘿蔔帶起泥，嫌疑人越抓越多，一度引起社會震動。

有嫌疑的大多數書吏是浙江籍貫。浙江省是「書吏大省」，民間有以文謀生的傳統，在各地擔任基層文官幕僚師爺的浙江人很多，在中央各部院衙門充當書吏的浙江人也很多。書吏工作需要私底下的溝通協調，還有許多說不清道不明的鋪陳工作，所以書吏行業盛行同鄉相互舉薦、互相扶持，客觀上形成了「無浙不成衙」的現象。因為服役期限的限制，也因為書吏並非多麼光彩的職業，在京的浙江書吏沒有一個人是只用了一個姓名的，大家都有多個化名──比如龐瑛就另有「龐烘」的常用名，甚至有的人同時充當過數個部門的書吏，或者又頂替他人的名額。真假一時難辨。

這就為官兵差役們留下了折騰的空間，有人隨意指認，有人趁機報復，有人索要錢財，所到之處，雞飛狗跳。任松宇祖籍會稽縣東關，知縣張霄帶人上門搜查未獲，就開始擴大範圍，趁機侵害百姓，竟然將與任松宇無關的任謀燕嚇死。龐瑛賺錢後為弟弟龐湘在湖北捐了個從九品的小官。案發後，龐湘也遭到逮問。龐湘抗壓性太弱，在進京途中自縊身亡。未被抓獲的逃犯日子也不好過，沒有錢沒有地方落腳，終日恓惶。與蔡應聯一起逃亡的刑部書吏馬懷玉，得病不敢求醫，在淮關附近的小廟裡奄奄而終。

捐納造假：假官銷售產業調查

社會上百姓受到驚擾，官場裡官員也不得安生。捐納造假事發後，對捐納官員的真偽進行審核就成了題中之意。此事不僅極為敏感，而且操作難度巨大。

出事以後，管理捐納事務的戶部最緊張，他們趕緊加強捐官檔案的審查工作。道光十年閏四月，戶部尚書禧恩下令本部門嚴格清查部存檔案，要求捐納房時任官員，對於各省送過來的捐官檔案逐一認真詳細查看。很快，戶部就在福建、廣東、四川等省送上來的捐生身家清白冊中查出三十五人造假；又在江西、湖北、廣東送上來的人名銀數冊中查出二十一人造假。廣東咨請戶部複查的檔案中查出一名假官。這還僅僅是加強對現存檔案的檢查，沒有對庫存的舊檔案進行系統、徹底地核查。同時，各省衙門也開始核查本省捐官的名冊，發現存在疑問的紛紛發文到中央核對底簿。一時間，中央和地方都手忙腳亂，可能牽涉其中的捐納官員自然人心惶惶，即便是正常流程走下來的捐納官員，乃至科舉正途出身的官員，也受牽連，難以平靜工作。

騷動很快上傳到了道光皇帝那裡。道光皇帝有「寬仁」的美譽，他既想徹查捐納造假又擔心查辦擴大化，反而破壞了大局穩定。思來想去，道光就設了一個嘉慶二十一年的上限，也就是往前推了十五年，朝廷只清查這段時間的捐納檔案，其次，道光皇帝和大臣們達成一個共識：內部處理，再以前的就不再追究了。捐納造假的情況各衙門內部掌握，不向社會公布。同時，檢查捐納官員的真偽，將真正的捐生張榜公示，對假照不一一追究查辦。而對於那「堅不知情」的捐納貢生監生的讀書人，則明確准其補足銀兩缺額後，換取真的執照。如此安排，清查的板子高高舉起，輕輕放下。板子只落在了那些主導造假的書吏和中間人身上，放過了絕大多數購買假照的捐納官員。因為一句「不知情」，然後補上差額銀兩，假官們就可以漂白身分了。

　　道光皇帝真的是寬仁有餘，膽略不足。辦案怎能風平浪靜，大案要案更會掀起波瀾。哪兒能一有風吹草動，就主動退縮？遺憾的是，道光皇帝是一個守成之君，缺乏果敢精神和大刀闊斧的改革勇氣。筆者分析道光年間的許多案件，可以發現兩個明顯的特點。第一，道光皇帝主觀上痛恨貪贓枉法，對腐敗分子痛恨不已。因此，貪腐案發，道光態度鮮明，起初都是要求嚴厲查處。畢竟貪官汙吏貪的每一個銅板，理論上都是道光皇帝的錢。貪官汙吏們是從道光皇帝的口袋裡掏錢，他能不痛恨嗎？第二，隨著案情的發展，道光鮮明決絕的姿態慢慢變得搖擺混沌起來。能到達道光皇帝桌上的案子，不是牽涉眾多的大案，就是指向制度頑疾的要案，哪一個處理起來都不輕鬆。守成之君是改良者，而不是改革者。道光皇帝是在現有制度和官僚體系中成長的，一直到三十九歲才繼位。他的思想已經被現有環境固化。當案子暴露出來，腐敗涉及某個官僚群體或者某項不正當、不合理的制度時，道光並沒有勇氣，也沒有能力進行改革。他很自然地迷失在固有觀念之中，只能「頭痛醫頭，腳痛醫腳」，把案件淡化、弱化處理，揪出主犯要犯嚴懲不貸，對於大眾群體和背後制度則輕描淡寫、一掃而過。捐納造假案是這麼處理的，東陵貪腐案等其他案件的處理也是如此。

　　如今，道光皇帝的處理原則確定了，就看下一步如何善後了。

買了假官的人怎麼辦

　　道光皇帝案發之初就質問大臣：小小書吏，無品無銜，怎麼就能將國家名器朝廷官位玩弄於股掌之間？大臣們面面相覷，無一人能夠回答。

　　在捐納制度的設計中，戶部居於核心地位。捐納者準備好身家清白等資料後，拿著銀兩到戶部繳納錢款，換取戶部出具的證明執照，也叫

作「照紙」。照紙就是捐納者獲得官員身分的證明，上面註明了捐納者的資訊、捐納的名目、現有的職銜等等。吏部根據戶部執照來安排捐納者的職位，或者授予相關的待遇、封典。戶部掌握審核、確認的大權，是核心環節關鍵部門。隨著買官者越來越多，戶部特意設立了捐納房專司其責。捐納房就成了核心的核心、關鍵的關鍵。

捐納執照上當然少不了要有官印，也就是戶部大印，同時還要加蓋捐納房的關防。何謂「關防」？明初「空印案」爆發，明太祖朱元璋發覺後，改用半印，以便拼合驗對，取其「關防嚴密」之意，故名關防。關防也是官印的一種，為長方形。之後，關防不作勘合之用，但形制未變，用來頒給臨時設置之官。清沿明制，正規官員使用正方形官印稱「印」，臨時派遣官員則用關防，分別以銀、銅鑄造。因為捐納並非傳統政治制度中的固定衙門，賣官鬻爵本身也不是什麼光彩的事。歷代皇帝都將之視為臨時之計、救急措施，所以捐納執照上就加蓋關防。

既然是權宜機構，戶部就要抽調其他部門的正式官員來捐納房兼職。清朝兼職不發雙薪，只是多承擔一份責任。兼管官員有本職工作，同時一般僅兼職一年左右，自然不會對捐納房的事務上心。一般來兼職的官員，每月能到房內點卯幾回，過問一下宏觀事務，就算是盡到了職責。大量煩瑣的日常工作，全由書吏承擔。主管不上心，日常又不在工作崗位，捐納房的書吏營私舞弊起來，比其他部門的同行更加輕鬆便利。戶部捐納房額設書吏二十名，五年役滿另行更換。考慮到該部門是一個臨時機構，捐納房書吏的飯碗不如其他部門的同行穩定，戶部對他們的管理也不像正式機構那般嚴格。該房書吏役滿後違規留任，或者改名換姓再上任，或者像蔡繩祖一樣，役滿後依然在捐納房任意出入，舞弊現象較其他衙門更為肆無忌憚。

捐納造假案留下了不少文書資料，後人可以從中看出書吏們是如何

突破制度限制，將買賣假官的事業發展成京城一大灰色產業的。

其實，早在嘉慶十九年，戶部捐納房書吏符某就因為辦假照犯案被查處。可能符某的假照製造得還不夠真實，或者他沒有將各個環節疏通好。想不到，他失敗的教訓反而啟發了捐納房後來的同事。當時房內任職的書吏蔡繩祖從符某造假案發現了賺錢捷徑。他探聽到部門裡的書吏沈載希、賞七、老朱二等人私下也在辦假照，便設法入夥。因為本身就辦理捐納執照，所以偷出空白的執照來造假對他們來說易如反掌。接著，他們又偷偷刻了四枚大印，分別是戶部大印、捐納房的司印、關防和國子監監印。為什麼要刻國子監監印呢？因為有需求。且不說很多人捐納的名目本就需要國子監的監生資格，老百姓捐官都有先捐監生資格再以監生身分進一步捐官的慣例，需要國子監蓋印，所以國子監監印是必備的造假工具。

話說，蔡繩祖加入造假集團後，迅速後來居上，成為團夥的首腦。他雖然在造假技術上沒有過人之處，卻很擅長招攬生意。蔡繩祖聯絡了很多捐納的客戶，逐漸就由他來負責招攬報捐的人；團夥其他成員照單生產，分得贓款。沈載希是團夥中掌握大印的角色，他在道光二年病故前，將用硯石私刻的戶部堂印、國子監監印交給了親戚張氏；再將捐納房的司印、關防留給蔡繩祖。

沈載希此舉等於為親戚留下了一個飯碗，之後蔡繩祖每辦一份假執照，都找張氏蓋印，張氏一次收十兩銀子。再後來，老朱二也死了，其子繼承父業，接著當書吏，繼續參與假照生意。

蔡繩祖團夥的生意做得漸入佳境，其他書吏看在眼裡，羨慕得牙癢癢。有意思的是，沒有人去告發，而是紛紛仿效發財。很快，又一個造假售假的團夥在捐納房誕生。主謀龐瑛勾結任松宇、王大等人，用磚頭私刻了堂印、關防和舊封套等，再偷出戶部照紙，又從國子監書吏那裡

買來了國子監的照紙，也興沖沖地做起生意來。後來，他們連買照紙的錢也不願意花了，就找人刻板刷印，對原來製作粗糙、容易出事的假印也進行了更新換代。

問題來了，難道就沒有接收假官的衙門對來人真假提出過質疑嗎？有。有些外省多次發文到戶部要求核實前來報到的官員的身分。核實的工作最後都轉到捐納房，也就是造假團夥的手裡。蔡繩祖、龐瑛等人採取補填、挖改檔案等方法遮蓋過去。表面上的事情掩護過去後，沒有人繼續追根溯源，認認真真從頭核查，導致十幾年來這些造假團夥的行徑一直沒有暴露。兩個造假團夥竟然相安無事，各忙各的生意，有時又內外勾結，分分合合。捐納房的其他書吏陸續有人參與，進進出出，真彷彿是「鐵打的生意，流水的夥伴」。

其中的主要人員，逐漸明確為四個人：蔡繩祖，祖籍浙江蕭山縣，先做戶部書吏，嘉慶四年充捐納房書吏，役滿後仍經常進出官衙辦事；龐瑛，浙江山陰人，先在捐納房當書吏，報捐縣丞，道光元年復充當蓋房書吏，五年赴陝西任職，丁憂解任後再回京師參與辦理假照；任松宇，祖籍浙江會稽縣，道光元年充當捐納房書吏；劉東昇，四川成都人，嘉慶二十三年充當捐納房書吏。他們的膽子越來越大，開始與其他部院的書吏差役聯手，又與社會上的銀鋪、當鋪合作，形成了印製假照、招攬捐項、加蓋假印、收取銀兩、坐地分贓的「一條龍」服務。一條完整的買賣假官產業鏈形成了。

蔡繩祖等人的生意威脅，反而來自「客戶」。總有一些捐生拿到執照後前往戶部核對真偽，或日後拿著假照繼續辦理其他名目捐納。遇到這種情況，蔡繩祖等人免不了又要買通相關人員，偷改案卷，矇混過關。捐納房兼職的郎中、主事等人，茫然無知，造假者幾乎每次都能得逞。

當然，他們也有矇混不過去的時候。就在案發幾個月前，道光九年

四月，安徽人曹瑾向中城兵馬司舉報過戶部捐納房辦假照一事。舉報人曹瑾曾任禮部書吏，任滿後留在京師，做一些仲介賺錢養家。他透過關係代人報捐國子監監生多名，後來憑著自己的業務經驗和社會閱歷發現拿到的都是假照。曹瑾不甘於受騙，吵鬧要索回一千四百兩捐銀。蔡繩祖退還了四百八十兩就沒有下文，曹瑾討要無果，便提起訴訟。

中城副指揮熊常銑，也就是後來抓住了龐瑛的那個官員，察覺到有利可圖，特別上心，三番五次差人傳訊。蔡繩祖私下託人求情，討價還價後拿出一萬八千兩銀子求和銷案。曹瑾的敲詐，關係到造假團夥的整體利益，所以四個主謀湊了這筆巨款。曹瑾等人極為開心，分了四千兩給熊常銑。熊常銑見銀票數額過大，令暫存中間人徐二處。蔡繩祖一方吃了大虧，也有人出來打抱不平。宗人府筆帖式額哲本、主事桂倫得知此事，前往兵馬司質問熊常銑為何派人在外索要銀兩。熊常銑害怕了，矢口否認，私底下趕緊派人將銀票退回。蔡繩祖拿出一千兩答謝，其中額哲本和桂倫各得二百六十六兩。這可能是造假團夥遭遇的最大的危機。大家也能明白為什麼後來熊常銑能搶先將龐瑛逮捕歸案。那是因為他本來就牽涉其中，熟悉相關人等的情況。

話說案發後，造假團夥作鳥獸散。蔡繩祖將假印交給平日交好、告病休養在京的山西保德州吏目莊倡伶收藏，自己潛逃他鄉。龐瑛逃至他外甥家躲藏起來，在九月還找劉東昇辦過一次假照。道光十年二月，劉東昇毀印潛逃，龐瑛又找任松宇辦過一次假照。任松宇在三月間將假印封貯棕箱，交給他人收藏，自己逃至阜城縣，寫信回來吩咐把假印砸成碎渣，拋棄在井裡。

所有人員歸案後，案情很快水落石出。蔡繩祖和賞淳、姚鳳山、莊倡伶等人辦理假的監貢職銜和封典六七百名，得銀六七萬兩。賞淳因為替蔡繩祖偷出稿件，他所招攬的捐生，蔡繩祖免費幫他蓋章，不收銀

兩。賞淳這一項得銀兩三千兩。龐瑛和任松宇雖合作比較緊密，但在造假業務上相對獨立，分別經辦假照三百餘名，分別得銀三萬餘兩。而劉東昇經辦的假照，都是由龐瑛負責協調，劉東昇從中分得白銀四五千兩。這些是蔡繩祖等人供認或者有據可查的，因為年代久遠記憶有誤，真正的造假數目永遠成謎了。

九月二十四日，托津等人將已經查明情況奏報道光皇帝：

戶部查明，嘉慶二十年後，假捐監貢共三千四百七十七名，假捐職銜加級共一千二百二十三名。其中查明竄名稿內的共二百五十六名，其他各類頂冒假捐二十一名。假捐的職銜最高的是員外郎。其中有冒充監生假捐知縣、冒充官員假捐過班的，文稿內的名字履歷都是黏改。同時吏部查出道光五年加捐封典的五名官員，經戶部查明原捐的職銜也是假照。

道光皇帝下令將蔡繩祖、龐瑛處斬，嚴令朝廷各部院書吏各派出幾名代表環視觀斬。任松宇與劉東昇之後也被即行正法。原本被定為絞監候的賞淳，在當年秋審中被歸入情實，被推出去處死。對此案爆發出來的「案中案」——曹瑾敲詐案的處理結果為，熊常銑發往伊犁充當苦差，曹瑾杖責流放。宗室額哲本、桂倫非但知情不報，還串通分贓，遭革職圈禁處分。

因為有兩位宗室牽涉進了假照案，主管宗人府的定親王、肅親王遭到責處。定親王奕紹是道光皇帝的侄子，原本很受信任，他主動奏請處分。一場大問責揭開了序幕。

案發後，戶部尚書禧恩等現任官員立刻自請處分。從嘉慶二十一年至案發的十五年間，歷任戶部尚書和左右侍郎都按照任職年限，和失察假照的數額承擔相應的責任。失察假照最多的戶部尚書英和與顧皋，分別失察三千一百一十七名和三千一百九十六名。英和已經因為其他案件

遭革職、流配，本次免於處分。顧皋降四級，勒令退休。黃鉞失察兩千八百五十一名，降三品頂戴。現任戶部尚書禧恩失察一千八百七十四名，王鼎、耆英等失察一千多名，將二品頂戴留任。比較尷尬的是，現任內閣大學士和軍機大臣當中，很多人都曾在戶部任過堂官，其中主審假照案的內閣大學士托津失察四百七十五名，穆彰阿失察七百四十四名，降四級留任。盧蔭溥失察一百九十九名，降三級留任。失察假照較少的戶部堂官文孚失察二十九名，成格失察兩名，也都遭到了降一級留任的處分。

對於曾經管理過捐納房的中級官員，處分更加嚴厲。道光皇帝認為，承辦捐納事務是捐納房官員的專責。對於下面的書吏私辦假照毫無察覺，對各省送上來的捐官身家檔案並不核對，對於各種假的證照和加捐名目又不詳查原始檔案，全都放任下面的書吏橫行無忌，這不是一般的玩忽職守。因此，對於相關司員處罰起來尤其嚴厲。任職年頭較久的六名官員，立即革職。在任三年的，降四級調用；在任兩年以上的，降三級調用；在任一年以上的人數最多，都被降兩級調用，包括已經退休和丁憂的也不能免除。其他在任不滿一年的官員全都降一級調用。國子監失察書吏、偷竊照紙的官員、吏部辦理封典時不認真核對的官員，也都遭受了降級及罰俸的處罰。

道光皇帝在當年年底查看嘉慶十四年對冒領庫項案失職官員有從重流配的處罰。覺得自己對假照案的處罰還是太寬大了，再次傳諭。命令所有原來已經革職的官員全都永不敘用。其餘遭到降職調任的所有官員，在新的崗位上停止其升遷和轉任。也就是說不讓他們今後能夠官復原職或者調任其他崗位。由此可見，執法尺度，完全是皇帝一時興起決定的。

捐納房現任書吏株連受罰。二十名現任書吏全都以瀆職、荒怠的罪

名遭到革役，杖責八十，責令地方官押回原籍看管。涉及的吏部、刑部、翰林院、理藩院的一些書吏也分別受到了從嚴、從重懲處。為消除書吏舞弊之風，內閣奉旨修訂相關章程，要求役滿書吏必須離京，限半年內返回原籍。落籍大興、宛平的役滿書吏不准再充當書吏，嚴禁包攬詞訟。要求各部院書吏連環取保，相互監督。

　　客觀來說，捐納造假案的問責，和事後對書吏加強管理的力度，都不可謂不小。但細細分析，這些都是在既有制度基礎上的調整，依然沒有跳出「頭痛醫頭，腳痛治腳」的窠臼。包括捐納造假案在內的書吏舞弊事件，在清朝層出不窮，表面原因是對書吏的管理不善，尤其是對役滿書吏的監管缺失；中層原因是清朝官制不合理，官員數量少而職責過重，而官員業務能力又過於薄弱，不得不依賴書吏等行政輔助人員；深層原因則是清朝集權太重又缺乏有效監督。

　　史學家對道光皇帝的評價普遍是因循守舊，少有建樹：他整頓吏治，清查陋規，動作不可謂不多，力度不可謂不大，然而，道光皇帝明白頑疾的病根在什麼地方，就是拿不出切實有效的醫治之法。胥吏舞弊，部院造假現象禁而不絕。晚清大臣郭嵩燾感嘆：「本朝與胥吏共天下。」

黃玉林案：

官鹽、私鹽與鹽梟

販私鹽驚動了皇帝

何為鹽梟？梟字本意是惡鳥的意思，後來引申為張橫而有野心的人物，比如梟雄。「鹽梟」指的就是中國古代販賣私鹽的梟雄，類似於現代人常說的「毒梟」。而本講要說的這個鹽梟，叫作黃玉林。憑什麼說黃玉林是兩淮地區最大的鹽梟呢？因為連當時的道光皇帝都知道他的大名，而且多次特地下旨布置緝拿、處置黃玉林。一個販賣私鹽的兇徒，能得到皇帝的「垂青」、「重視」，不能說絕無僅有，也是千年罕見。

本講的案子，得從道光十年（西元一八三〇年）的一道密摺講起，道光十年四月，道光帝接到一道密摺。清朝只有少數官員才有資格上祕密奏摺給皇帝，談的不是敏感的機密，就是重要的問題。但是這道密摺，主要是向道光皇帝介紹一個人：黃玉林。

話說，江蘇有一個重鎮，叫作儀徵。儀徵南臨長江，東靠運河，處於兩條航運大動脈的交匯處，水陸交通方便，位置非常重要。有個叫黃玉林的豪強分子，強力占據了儀徵的老虎頸碼頭從事食鹽生意，吸納周邊的鹽販子匯聚到此處，籌措到大批食鹽後再運到湖北陽邏、江西藍溪兩省交界的地方囤積發售。為此，黃玉林組織了規模龐大、數量眾多的販鹽船隻。大的沙船能裝載數千石食鹽，三兩連檔，小的貓船也能載鹽百石，百十成幫，蔚為壯觀。長江下游一帶，運送食鹽的船隻跨江連海，接連不斷地把鹽運往長江中下游的各個州縣。有人可能會說，這不是挺好的嗎？說明食鹽貿易發達，運輸通暢，經濟繁榮，黃玉林是經商高手啊！

問題是，中國古代是國家壟斷經營食鹽，嚴禁私自販賣。所以，黃玉林的經商活動是違法犯罪行為，他銷售的鹽是私鹽。在此，先介紹一下古代的食鹽壟斷制度。

　　食鹽是人類生活的必需品，需求量巨大，不僅利潤可觀，食鹽稅收是清朝僅次於田賦的第二大稅收來源；而且關係到國計民生、社會穩定，食鹽短缺會引起社會動盪。從漢武帝時期開始，歷朝歷代都壟斷經營食鹽，從生產、運輸到銷售各個環節都由官府控制。清朝繼承了這項制度，在全國內地劃分兩淮、長蘆、四川等十一個產鹽區，每個產鹽區有若干鹽場，稱為「場」。

　　在鹽場生產食鹽的工人稱為「灶戶」，灶戶只能按照國家定價把出產的食鹽賣給官府。官府再指定每個鹽場對應的銷售區域，稱為「岸」。特定產鹽區的鹽只能在指定的岸銷售。而有資格聯通「場」和「岸」的鹽商，必須向食鹽管理部門購買運銷食鹽的許可證，稱為「鹽引」。鹽商憑著「鹽引」到指定「場」取鹽，然後運到對應的「岸」販賣，完成產銷過程。

　　縱觀這個過程，清朝對鹽業實行國家定價，強制採購，再以鹽引的形式向特定商人徵收食鹽稅收，大體上是「官督商銷」的思路。理論上說，灶戶私自生產銷售的食鹽、沒有鹽引運銷的食鹽，以及有鹽引但是數量、場岸不符的食鹽，都是非法的，都是私鹽。

　　清朝管理鹽業的機構是鹽運司、鹽道衙門等，長官分別是鹽運使、鹽道等。縱觀整個行業，核心是鹽商。鹽商直接向國家繳納食鹽稅收，直接面對終端用戶，掌握食鹽的定價權。沒有鹽商，食鹽產銷就莫通不起來，國家也收不到鹽稅。作為監管機關的鹽運司必須依靠鹽商，鹽商也必須依靠鹽運司，從鹽運司那裡拿到特許經營權。雙方的關係難捨難分，鹽運使常常藉助少數實力強大、能力出眾的鹽商來推動行業大事，慢慢地形成了地位不同、分門別類的鹽商群體。地位最高的是極少數「總商」，他們是實力雄厚的商人，往往承包產鹽區的稅收任務，從而獲得該區域的行業主導權。此外還有「運商」，就是購買鹽引，販賣食鹽

的商人；「場商」，這是直接向灶戶收購食鹽進行轉賣的上游商人；最後「窩商」，類似於占據了鹽業的特許經營資格，自己不直接參與經營，而把資格轉租給他人的鹽商。由於享有特許經營權和其他優惠政策，比如漲價等，鹽商獲利豐厚，甚至可以說是暴利。他們生活奢侈，衣食住行追求豪華，奴僕成群、宅院遍地，一擲千金，一定程度上推動了清朝城市的發展，資助了文學藝術的進步。但是，所有的這些都是由普通消費者支付的。所以，食鹽價格越來越高，而且只漲不跌，居高不下。

食鹽價格只漲不跌的另外一個重大原因是鹽商群體只對鹽運使負責，不用對市場和消費者負責。他們眼光朝上，既不去推動食鹽生產技術的進步、品質的提高，也不去考慮消費者的需求。只要和官府打好關係，保住特許經營權，鹽商就能維持窮奢極欲的生活。為此，鹽商對鹽運司衙門上上下下都非常捨得花錢，上自鹽運使下至普通差役，時不時就送禮打點。大的鹽商還專門聘請一些朋友，經常來往於各級鹽業管理機關，幫鹽商遊說行業政策、爭取優惠條件，甚至幫助官員出謀劃策，解決公私大事，俗稱「大司客」；同時僱用一些能幹的僕人，常駐各級鹽業管理機關，幫官吏差役們打雜，處理各種瑣事，討好官吏差役們，稱為「小司客」。鹽運司衙門活少錢多、有人伺候，是朝野公認的肥缺，其中又以人口稠密、經濟發達的兩淮鹽區為最。駐紮在揚州的兩淮鹽運使是官員們公認的「天下第一美差」。逐漸的，鹽業衙門遇到什麼難事、麻煩事、尷尬事，需要花錢出力，甚至賑災緝私，都叫鹽商去解決。各種攤派、勒索，讓實力不俗的鹽商都皺眉頭。可是，商人不做賠本生意。鹽商們投資在鹽運衙門的所有成本，最終還會落到消費者的頭上。

與壟斷鹽商相對應，從唐朝開始，就有人肩挑背扛、走村串巷，向老百姓推銷私鹽。私鹽有兩個特點，受到了老百姓的熱烈歡迎。第一，私鹽便宜。這一點大家很好理解，畢竟私鹽沒有繳稅和各種隱性的開

支，成本更低。清朝中期，私鹽的售價只有官鹽的一半甚至更低。第二個特點就不好理解了。那就是私鹽的品質遠遠優於官鹽。為什麼壟斷產銷的官鹽，品質反而不如私鹽呢？

首先，官鹽名義上是鹽場統一生產，實質上依然是個體灶戶生產的。衙門和鹽商幾乎沒人關心品質控制、工藝改良。相反，私鹽販子為了吸引顧客，無時無刻不關注食鹽的品質以取勝。其次，鹽商銷售官鹽屬於壟斷經營，販運遲緩、服務惡劣，有的鹽商甚至銷售摻雜著土灰、貝殼的劣質食鹽，而私鹽販子之間存在著激烈的競爭，大家比服務，保質保量，吸引消費者購買。故而，私鹽遠勝於官鹽，消費者紛紛購買私鹽。道光年間，保守估計官鹽和私鹽的銷售比是一比一，私鹽販子能占半壁江山；悲觀估計是，私鹽占據了 70% ～ 80% 的市場。鹽商在私鹽的衝擊下，日子越來越難過；而官府的鹽引也銷售停滯，國家鹽稅大大減少。

歷朝歷代都打擊私鹽，清朝對販賣私鹽的懲罰尤其嚴厲，打擊力度超過其他犯罪。私鹽販子可以被處斬，甚至還有法外用刑的。比如嘉慶年間，對於販賣私鹽的漕運糧船水手會處以枷示的懲罰，也就是在烈日下戴著大木枷示眾。那麼，清朝緝私的效果如何呢？私鹽屢禁不絕，愈演愈烈。不僅是由於食鹽壟斷經營體制和消費者的需求嚴重脫節，而且也與嚴格的緝私政策有關。為什麼嚴格的緝私反而助推了私鹽泛濫呢？

舉個例子：清朝規定私鹽販子聚眾到十人以上且帶有兵器的，或者沒有攜帶兵器但規模在二十人以上而拒捕傷害官兵差役的，限官員四個月緝拿結案，如果逾期，專管官降三級留任，兼轄官降一級留任，統轄官罰俸六月。處罰後延期一年內緝拿。可在實行上，私鹽販子遊走不定，加上強烈抵抗，鹽販團夥極難在限期內結案。官員為求自保，最現實的做法是大事化小，小事化了，甚至對走私行為隱瞞不報。

黃玉林案：官鹽、私鹽與鹽梟

　　而對緝私官兵差役們來說，認認真真對付私鹽販子，先不說會遭到犯人的頑強抵抗、以命相搏，風險太高，就算抓住了私鹽販子，審訊結案也是個煩瑣而漫長的過程。鹽販被捕後，地方官常常不能立即結案，犯人供詞反覆，抓捕他們的官差就要被羈留，隨時作證或提審。非但不能及時拿到獎勵，還影響正常生活和工作。認真緝私風險高收益低，而睜隻眼閉隻眼，反而能收到鹽販的賄賂。所以，官兵差役們最現實的選擇就是雁過拔毛、放縱走私。上司催促逼迫急了，兵役們就捉拿零星小販交差，於事無補。

　　對於朝廷緝私制度的無效，雍正皇帝有清楚的認知：「貴賣夾帶，弊之在商著猶小；加派陋規，弊之在官者更大。」官員的腐敗和放縱，鹽商的驕奢淫逸，是官鹽售價畸高、私鹽泛濫的重要原因。官鹽昂貴，老百姓深受其害，而朝廷也沒有得利。真正受益的只有鹽業衙門的官吏和鹽商群體。

　　清朝道光年間，兩淮地區的私鹽貿易達到全盛，產生了不少私鹽集散的碼頭或者據點。私鹽貿易形成了一套隱形規則，形成了一個與正常社會平行的社會體系。鹽販為了搶佔碼頭大打出手，激烈競爭使得他們相互廝殺。零星的鹽販在兵役緝拿和同行廝殺的雙重壓迫下，走向聯合。他們結拜同盟，形成了一個個走私集團，集團首領就是鹽梟。淮南的大鹽梟為了防止同行黑吃黑，常常聚集數百人築土開壕，四面安設炮位，配備鳥槍、長矛、大刀等武器，裝備一點兒都不亞於官兵。私鹽集團軍事化以後，州縣官員就沒有能力剿滅他們了。鹽梟橫行江河，官府不敢過問，朝廷的權威和法制蕩然無存，鹽梟已經成了朝廷的心腹大患。要知道，唐末的黃巢、元末的張士誠都是鹽梟出身，然後翻江倒海、稱王稱霸。

　　在兩淮鹽梟中，黃玉林是佼佼者。他的走私船刀槍林立，自保之

餘，還反過來搶劫官船上的官鹽。在長江下游江面，官船反而成了弱勢一方。黃玉林的實力可見一斑。更可怕的是，憑藉強大的資本和多年的經營，黃玉林集團向各級官府滲透，在大小衙門遍布耳目。官府的緝私舉動，黃玉林知道得比官兵們還早；各處關隘，都有受賄的官吏、兵役，任其往來。黃玉林集團暢行無阻。呈遞給道光皇帝的密摺，用了十六個字形容黃玉林集團：「器械林立，輾轆轉運，長江千里，呼吸相通。」

道光皇帝看到這十六個字，震驚之餘，感覺到了深深的恐懼。江淮地區的官府無所作為，實力薄弱，鹽梟日益橫行，怎麼能保證黃玉林不會成為下一個黃巢或者張士誠呢？

道光皇帝下決心：一定要剷除黃玉林！道光十年閏四月初一，軍機處向兩江總督蔣攸銛下達聖旨，要求蔣攸銛調動一切力量緝拿黃玉林。道光皇帝給了蔣攸銛不小的權力，如果兵力不夠，授權他「隨宜調度」；如果官員不行，授權他在江蘇範圍內隨調省文武官員，甚至可以奏明抽調其他省份官員。總之，一定要將黃玉林拿下，並「嚴究黨羽，盡絕根株」。

那麼，蔣攸銛是何許人也，他能完成這個艱巨的任務嗎？

蔣攸銛是年過花甲的朝廷重臣，他勇於任事，執政經驗豐富，歷仕四川總督、直隸總督，晉升體仁閣大學士、軍機大臣。道光七年（一八二七年），蔣攸銛調任兩江總督，後加太子太傅銜，是道光信任的老臣。

蔣攸銛出任兩江總督後，很快發現鹽務廢弛、積弊重重。他有心改革，於道光九年舉薦王鳳生署理兩淮鹽運使。王鳳生比蔣攸銛小十歲，同樣勇於任事且經驗豐富。他在多個省份擔任地方官，精通刑名、漕賦、鹽政、水利等，認真務實，事必躬親。王鳳生上任後，很快就提出

了改革鹽政的十八條建議，重視食鹽生產、疏濬河道加強運輸、整頓緝
私隊伍等，還難能可貴地抓住了官鹽昂貴的要害 —— 官府壓榨，相應提
出了自律建議，節約成本。蔣攸銛贊同王鳳生的想法，正準備施行這些
措施，就接到了要求緝拿黃玉林的聖旨。

自首的大鹽梟

　　蔣攸銛非常了解緝拿大鹽梟的難度。早在兩個月前，他就派遣以能
幹著稱的署理常州營游擊金萬全，帶領一部分兵勇，改裝易服，不動聲
色，祕密前往揚州，聯合當地的署理兩淮鹽運使王鳳生，暗中布置緝拿
事宜。針對黃玉林的武力攻擊行動，早在聖旨下發之前就展開了。

　　道光十年閏四月初七，地處揚州城繁華街頭的兩淮鹽運司衙門口，
看守差役們慵懶地留意著不時進進出出的人員。臨近中午，有一行人大
搖大擺，緩步向鹽運司衙門走去。為首者是一個幹練俐落的中年男子，
穿著得體的綢緞衣裳，目光平和，氣定神閒，走到衙門口的領班差役面
前站定。

　　差役端詳了為首者一會兒，輕蔑地問了一句：「你幹什麼？」

　　為首者面帶微笑，不卑不亢地回答：「我來自首！」說完，他輕輕舉
起右手，身後隨從及時遞過來一張名帖。差役們陸續聚攏了過來，為首
中年人客氣地把名帖遞過去。

　　領班差役不屑地把名帖奪過來，半信半疑地舉起來，和湊過來的差
役們一起輕聲念道：「黃玉林？」「林」字唸完，現場頓時寂靜了下來。
領班差役表情凝重，用疑惑中夾帶恐懼的眼神重新端詳來者：「你就是縱
橫淮南、名震江淮的黃玉林？！」

　　黃玉林的大名如雷貫耳，名聲大到什麼程度呢？他幾乎是傳說一般

的存在，一般人是沒有機會見到他真人的。人們熱衷於討論黃玉林神祕的發跡經歷、富可敵國的財富，更津津樂道於他創辦的江湖規矩，傳播他的江湖名聲。

黃玉林的勢力強大到可以制訂私鹽行業的遊戲規則。發跡後，他不僅慷慨資助有困難的鹽販同行，並且規定，鹽販除了販賣私鹽外，不許搶劫商賈；逢年過節，他向周邊的貧苦百姓派發年禮。對於緝私官兵差役，黃玉林主動奉送銀兩。販運私鹽的商隊常常數百人結隊而行，隔幾波人就有武裝人員護送。隊伍在緝私官兵的注目下，暢通無阻。有的官兵被上級逼得緊了，黃玉林也會主動向他們提供「走私線索」，讓他們抓到幾個私鹽販子，繳獲部分私鹽。兵役們可以交差，基層官員可以邀功升遷，皆大歡喜。可以說，黃玉林一定程度上營造了官匪相安無事、各得其所的隱蔽秩序。那麼，這個傳說中的大鹽梟，為什麼突然自首了呢？

署理兩淮鹽運使王鳳生不敢私自處置黃玉林，派人把一行人安置在衙門裡看管起來，同時飛馬報告兩江總督蔣攸銛。之前接到道光聖旨的時候，蔣攸銛、王鳳生就曾商議對策。王鳳生分析了官府和黃玉林的實力對比，認為官府並沒有把握能夠安全剿滅黃玉林，即便成功剿滅也要付出慘重的代價。況且，販賣私鹽已經糜爛成一個全面性的問題，除掉一個鹽梟，很快就會崛起另一個鹽梟。所以，他建議，不如改剿為撫，也就是說「招安」鹽梟群體，然後利用受招安的鹽梟「以毒攻毒」，造成事半功倍的效果。

在這裡，皇帝的聖旨和地方的考慮出現了分歧。皇帝往往出於意識形態的考慮，進行理論上的推演，頒布命令。而地方官員的考慮更多基於現實利益，進行可能性分析，更加務實。黃玉林在一般人的觀念裡，對照朝廷律法，肯定難逃一個「死」字。蔣攸銛等人考慮更多的是，官

府有沒有能力讓黃玉林死，或者他的死能給地方帶來什麼利益？應該說，蔣攸銛、王鳳生等人的考慮更具有可行性。在實行上，中國古代，地方官府對於巨梟大盜的處理，多以安撫為主。人們戲稱，強盜最理想的「職業規劃」是：殺人、放火、受招安。

聖旨和地方利益不符，這就需要地方官員說服皇帝接受自己的觀點。如今，在黃玉林的問題上，蔣攸銛的難題是如何讓道光同意「招安」計畫。接到聖旨後，蔣攸銛就趕緊回覆，匯報了自己預先安排金萬全緝拿黃玉林的措施，同時指出黃玉林已經於本年三月透露出自首的意思。黃玉林為什麼想自首呢？蔣攸銛給出的理由是：黃玉林害怕自己販私罪名太大。給出這麼一個不可靠的理由後，蔣攸銛建議，黃玉林經驗豐富，組織能力出眾，在鹽販中人脈廣、威望高，如果他真心悔罪，「似乎」可以招徠一用。

道光皇帝秉持著對蔣攸銛的信任，在重申要徹底解決黃玉林的同時，要求蔣攸銛大膽辦理、處置周到，承諾自己不在紫禁城遙控。

有了道光的明示後，蔣攸銛讓王鳳生出示曉諭，宣布凡是私鹽販子都准其自首，照例免罪。招安告示有沒有作用，蔣攸銛也沒有把握。可是，他很快就接到了王鳳生報告，說黃玉林果然自首了！這就是開頭的那一幕。蔣攸銛實在是有些喜出望外。

五月十二日，蔣攸銛奏報道光皇帝，黃玉林帶領同夥伍步雲、伍光藻等八人，船舶十二艘、私鹽三萬七千斤，向兩淮鹽運司衙門投案自首。經審訊查明，黃玉林是湖南零陵人，現年五十三歲，原本以駕船為生。嘉慶十七年，黃玉林在儀徵多次訛詐錢財被抓，判處流放黑龍江為奴，嘉慶十九年遇赦放回。道光元年，黃玉林又在儀徵販賣私鹽被抓，流放福建，因難耐貧苦，於道光四年三月十二日潛逃，第二年重返儀徵。他害怕被抓加罪，看到當地在緝拿鹽梟賀三虎，希望立功自贖，曾

經親自指路，將賀三虎抓獲。但賀三虎反指黃玉林也販賣私鹽，黃玉林不敢出面對質，再次潛逃，來往於江楚之間，夥同同鄉伍步雲等人販賣私鹽。

蔣攸銛描述的黃玉林的這段歷史，大體上是可信的。只不過，黃玉林指認賀三虎恐怕不單純是為了立功贖罪，更深層的目的是藉助官府的力量打倒現有的大鹽梟，方便自己取而代之。接下來，蔣攸銛花了不少筆墨來「洗白」黃玉林，希望道光皇帝能同意自己「以毒攻毒」的計畫。他首先指出黃玉林和認識的鹽販們來來去去，行蹤無定，並沒有聚集在一起結黨為匪，也沒有持有器械抗官拒捕。其次，蔣攸銛認為黃玉林「實出於真心悔罪」。

最後，蔣攸銛搬出了淮南鹽商，說鹽商們願意聯名擔保黃玉林，認為黃玉林對鹽販出沒路徑、走私規律最熟，如果任用黃玉林來緝私，一定能見效，幫助官鹽重新暢銷。

綜上所述，蔣攸銛認為黃玉林的罪過，一是在流放時脫逃，二是販賣私鹽。因為悔罪自首，可以免除私自脫逃和販賣私鹽的罪，只要執行重新流放就可以了。但是考慮到如今兩淮鹽政凋敝，正是消除積弊的用人之際，黃玉林熟悉私鹽販賣內情，認識眾多私鹽販子，自己又情願隨同官兵緝私，將功贖罪，可否暫時寬免他重新流放，責令他引導官兵緝私。如果能拿獲大鹽梟，到時候再奏請皇帝開恩；如果不能立功贖罪，就從重治罪。伍步雲、伍光藻等黃玉林的隨從也都畏罪自首，應照律免其治罪，一起幫助官兵緝私。

蔣攸銛的奏摺表現出了強烈的利用黃玉林等人打擊鹽販的意圖。道光皇帝決定接受他的意見，五月二十一日下旨留黃玉林等人引導緝私。同時，道光皇帝強調「此事係屬權宜辦理，朕因緝私緊要」，不得不特許從事。他嚴屬指出，蔣攸銛等人一定要隨時觀察，不能遷就黃玉林等

人，以免生出其他事端來。

事情發展到現在，蔣攸銛取得了與道光皇帝利益博弈的暫時勝利。黃玉林案的處理，基本按照蔣攸銛的設想在進行。黃玉林免於赴罰，隨同官兵一起緝拿私鹽販子去了。

蔣攸銛的勝利反映了古代官員在中央和地方利益博弈過程中的艱難困境。其中的根本原因是，朝廷律法和決策是高度歸納總結出來的，是針對一般情況的，而中國幅員遼闊，各個地區的實際情況千差萬別。況且，不同人群的心理和訴求，也是五花八門的。所以，朝廷的指令未必符合地方實際，在地方上未必能夠行得通。一個合格的地方官員，就需要在中央命令和地方實際之間，有時候甚至要在聖旨和自己的想法之間，尋找到一個微妙的平衡。既不能讓朝廷感覺到政令不通，中央權威受到損害，又要維護好地方利益，把地方上的問題切實解決了。這是對地方官員的真正考驗。簡單說，就是要扛著朝廷的大旗，去做自己想做的事。當然了，一旦出現了紕漏、爆發了衝突，名不副實的問題就會暴露，所有壓力都是地方官員自己去承受。所以，地方官要在夾縫中博弈，非常難辦。

在黃玉林處置問題上，道光皇帝和兩江地方政府出現了矛盾，透過文字博弈了好幾個回合。推而廣之，在人事權、財政權等諸多問題上，清代朝廷和地方政府都存在分歧，反覆博弈。

在官員人事問題上，理論上所有的官員的任免、升降都由皇帝說了算，具體是由朝廷的吏部來執行。地方督撫在理論上，對吏部的任免文書是不能說一個「不」字的。一個官員拿著重慶知府的官憑來到成都，四川總督不能拒絕他赴任。但是，吏部任免官員時考慮的主要是按照制度辦事，是如何把官員都分配出去，而不是這個人是不是符合職位的實際要求。所以就會出現一個剛剛二十出頭、新科進士的小夥子，從未離

開過父母家庭，卻被分配到少數民族雜居的西南邊緣縣城擔任知縣；或者，一個在黃河中流防治水患、修堤築壩幾十年的官員好不容易晉升，可是只有西北地方管理馬匹的職位空缺，就任命他去管馬了。筆者不否認，有少數官員能力全面，在不同的環境下在不同的職位上都能做出成績？可是，對於大多數人來說，這樣的安排並不是人盡其才。對於地方督撫來說，新來的官員可能完全不適應當地的習慣作風，讓外行人胡來反而嚴重損害地方利益。所以，從康熙年間開始，地方督撫就以「工作需要」、「人地相宜」為理由，爭取到了轄區內少數職位自行推薦官員的權力。後來，地方督撫反覆爭取、不斷擴大對轄區內官職的「提名權」。同時，他們以抽調官員外出辦事、組織專案組工作組等形式，調動轄區官員的工作。到清朝後期，地方督撫掌握了對轄區內大多數官職的實際支配權。

在財政權上，地方和中央的博弈更激烈。理論上，地方稅收全部要上交中央，州縣官員開支動輒需要逐級申請。苛捐雜稅，就是地方官員爭取財政權的表現。清朝從雍正年間開始的耗羨歸公，則是朝廷試圖操縱地方自主財政的嘗試。

筆者要舉的另一個例子，就是地方官府對牙行的管理。牙行是古代商業、手工業乃至運輸物流行業的行會組織，職能從代理仲介、提供倉儲、食宿發展到自營買賣、貸款收帳等，最終集行業組織與大經濟體於一身。它是明清經濟發展的產物，老百姓和個體從業者越來越離不開牙行。明清時期，牙行必須持有官府發給的牙帖，沒有牙帖就不合法，也沒有官府的背書。牙帖就和鹽引一樣，成了特許經營的資格證明。地方官府逐漸銷售牙帖牟利。同時，興辦的牙行越多，官府可以攤派勒索的對象就越多。

牙帖發放，直接關係到地方官府小金庫的豐盈。所以，牙帖發放越

來越濫，而且疏於管理，問題頻發。清朝中期開始，朝廷三令五申不許新增牙帖。地方官府置若罔聞，照發不誤。

如此「上有政策，下有對策」，難道皇帝就不知情？清朝皇帝對地方上的小動作，知道得一清二楚。他們之所以採取默許的態度，主要是出於對封疆大吏的信任。皇帝深知，如果對封疆大吏管得死死的，他們在地方上很難施展拳腳，發揮才能。何況，哪一個封疆大吏不是皇帝細心觀察、精心挑選出來的？皇帝大體上還是相信他們確實是工作需要，出於無奈才搞些小動作。所以，道光皇帝採納了蔣攸銛的意見，對黃玉林網開一面，允許他將功贖罪。

當然了，皇帝對地方督撫的信任也不是無限信任。一旦督撫的小動作出現了大問題，和皇帝的預期漸行漸遠，紫禁城的雷霆大怒就會降臨。地方督撫會受到額外的處罰。而在這個案子裡，黃玉林會按照蔣攸銛的設想，緝拿鹽販，戴罪立功嗎？

票鹽制改革

黃玉林會改邪歸正，好好幫助官府緝私嗎？蔣攸銛利用鹽梟以毒攻毒的策略會不會奏效呢？

道光皇帝很關心黃玉林案的進展。他在紫禁城左等右等，等了兩個月，就是沒有等到蔣攸銛有關此案進展的奏報。道光皇帝坐不住了，在七月中旬發上諭詢問黃玉林的「從良狀況」。因為蔣攸銛已經於六月請了病假，兩江總督一職已經由江蘇巡撫陶澍署理。道光下令陶澍不要有任何顧慮，據實陳奏黃玉林案進展。

他明明白白地告訴陶澍自己的態度，如果黃玉林能夠協助緝拿鹽販，保障官鹽銷售，可以免去既往罪過；如果日久並無成效，就要另想

辦法了。黃玉林案關係兩淮鹽政，道光警告陶澍，如此事辦理不善，「該署督自問，咎將誰屬？」

道光把話說得這麼重。陶澍不敢馬虎，很快回報了情況：黃玉林自首後，在六月帶領官兵緝獲老河影地方的販私鹽船，當場抓獲鹽販李玉良等十二名，繳獲大小船隻十一艘，並在各船起出私鹽一百七十包、槍刀火藥等物品多項。另外，由於黃玉林的自首效應，陸陸續續有鹽販聞風自首。鹽運司衙門統計自首鹽販有四百多人，其中有產業的一百七十名、無業者二百四十三名。這些人都聚集在鹽運使衙門。陶澍考慮到這些人剛脫身鹽販隊伍，消息靈通，奏報建議在其中挑選優秀能幹的，編入巡鹽差役隊伍，其餘的編入營伍保甲。

陶澍的這道奏摺，十分具有建設性。首先，陶澍繼承了蔣攸銛以毒攻毒的策略，希望利用黃玉林打擊鹽販力量。他花了大篇幅奏報黃玉林戴罪立功的成績。這些成績證明，招安鹽梟協助緝私的設想取得了成功。其次，陶澍建議擴大招安規模，在聞風自首的鹽販子中挑選合適的優秀人才，進一步充實以毒攻毒的力量；畢竟，堡壘是最容易從內部打破的。要想剷除鹽梟勢力，利用自首鹽梟，是大有前景的嘗試。

陶澍的這道奏摺，直接把道光皇帝和兩江官府在黃玉林鹽梟案中的意見分歧公開化了。在道光皇帝看來，販賣私鹽是嚴重的違法犯罪，答應讓私鹽販子將功贖罪，已經是自己做出的巨大讓步了。而進一步把自首的私鹽販子編入官府體制內，當兵當差役，就超越了道光皇帝的底線。而官差的編制，則關係到官府體制，關係到朝廷的顏面，怎麼能讓私鹽販子漂白成官差呢？道光帝接到陶澍的這份奏報後異常惱火，質問集體招安私鹽販子，「成何政體？」黃玉林等人罪大惡極，如果能引導官府緝私，也只能赦免既往罪行，怎麼還能「特別恩施」呢？至於入伍吃糧，漂白成官差，萬萬不可行。

對於黃玉林引導緝私的成績，道光和蔣攸銛等人也存在認知差異。黃玉林緝拿的私鹽、自首的私鹽販子，在皇帝看來只是數據而已。而在兩江總督看來，這些成績解決了困擾他們多年的難題，是實實在在的、來之不易的成績。地方官府更知道緝私成績的分量，明白沒有黃玉林自己很難取得這些成績。這是朝廷和地方官府的認知差異，進而導致雙方的意見分歧。

面對皇帝的斥責，地方官員不能再重複自己的考量。事實上，地方利益考量並不能消除皇帝的憤怒，反而可能激起皇帝更大的憤怒。於是，署理兩江總督陶澍沉默以對。可惜，沉默不能消解道光皇帝的疑問。八月二十五日，陶澍正式出任兩江總督，道光仍關心黃玉林案件的進展，再次特意詢問陶澍：黃玉林投首之事，蔣攸銛辦理有無錯誤，陶澍應「據實密奏」。

陶澍這個人厚道，沒有獨自回奏。九月初十，卸任兩江總督的大學士蔣攸銛與新任兩江總督陶澍聯名奏稱，匯報了招安黃玉林後的情形。

話說，黃玉林確非善類。他受招安後，帶領官差緝拿了部分私鹽販子，但他更多的時間卻是在街市遊蕩，還時不時和認識的揚州商人聚飲。蔣攸銛、王鳳生等官員擔心黃玉林在揚州鬧出事端來，就把他押解到江寧（南京）軟禁起來。蔣攸銛特意安排江寧協副將惠普恩專門看管黃玉林。

惠普恩稟報說，黃玉林在江寧閒不住，老想離開軟禁地。他到底有什麼想法呢？一天，黃玉林的一個跟班，找了一個時機出去辦事，鬼鬼祟祟地向揚州方向走去。他沒想到，惠普恩安排的官兵一直尾隨著他，一出城就把他摁倒了。官兵從黃玉林跟班身上搜出了一封書信。這是黃玉林寫給滯留在揚州的同黨伍步雲等人的書信。主要內容是黃玉林「恐人占去老虎頸馬（碼）頭，致伊進退無路，囑令仍回儀徵，守定巢穴」。

原來，這是黃玉林安排黨羽別放棄老巢，意圖東山再起的密信。看來，黃玉林賊心不死。既然他不是真心從良，做個良民，為什麼還要來一齣自首的戲呢？

黃玉林是自首，是他尋求利益最大化的一次冒險。分析黃玉林的這次冒險，有助於加深對大鹽梟、土匪頭目等地下社會大佬處境的理解。

首先，地下社會和正常社會一樣存在激烈的競爭，地下社會的競爭甚至更殘酷。黃玉林是兩淮首屈一指的鹽梟，卻不是唯一的鹽梟。兩淮私鹽販子的來源，大致是三類。第一類是安徽鳳陽、穎州、光州、陳州等地的回民；第二類是山東兗州、臨沂、濟南等地的掮力；黃玉林則屬於第三類，失業水手。黃玉林的崛起，更主要靠的是智取。他靠消息暢通、來去無蹤，運用各種手腕，縱橫捭闔，才能力壓兩股勢力獨占碼頭，勢力越來越大。但是，其他兩股勢力始終虎視眈眈，給黃玉林巨大的壓力。黃玉林自首的很大一個考量，就是想藉助官府的力量對付競爭對手。

自首受招安，既能讓官府的壓力蕩然無存，又能借刀殺人，引導官府去打壓仇敵，這樣的好算盤誰不願意打呢？私鹽販子如此，綠林好漢同樣如此。

其次，地下社會的大佬，也渴望獲得正常社會的身分地位。

黃玉林在江湖上是大鹽梟，但大家都知道這是黑色身分，有危險，沒保障，關鍵還不能光耀門楣。招安後，私鹽販子能夠獲得正常社會的身分，如果戴罪立功還能謀得一官半職，何樂而不為？從動盪不安的江湖生活搖身一變成官府的官吏差役，招安在這個過程中扮演著橋梁的作用。招安對象的江湖勢力越大、江湖地位越高，他和官府討價還價的籌碼就越多。黃玉林也意識到了這一點，所以才坦然地自首，希望能漂白成朝廷的官差。

黃玉林案：官鹽、私鹽與鹽梟

黃玉林把官府想簡單了。即使兩江地區官府有任用黃玉林的想法，無奈道光皇帝不同意。道光只想驅使黃玉林緝私，不想給他一官半職。同時，官府制度森嚴，規矩眾多，加上蔣攸銛等人刻意的監管，黃玉林受招安後感覺約束太嚴，行動不自由。不僅沒有得到一官半職，還被官府看得緊緊的，黃玉林認為得不償失。他不僅失去了對私鹽生意的掌控，且面臨著競爭對手侵吞他勢力範圍的危險。最終，黃玉林決定東山再起，找機會脫離官府，重出江湖販賣私鹽。

摸清楚黃玉林真實狀況後，蔣攸銛、陶澍認為他「居心狡詐，反覆無常」，奏請將黃玉林發配新疆。聯名奏摺遞上去後，蔣攸銛又上了一道密摺，擔心黃玉林可能從新疆脫逃，逃回江南販私，建議將黃玉林即行正法。在皇帝的明確態度和強硬要求之下，兩江地方官府完全接納了道光皇帝的要求，改「撫」為「剿」，對付鹽梟。

道光很快諭令將黃玉林正法，並下令陶澍防範黃玉林的黨羽，務必剷除私鹽集團。同時，道光發洩了之前兩江官府對自己旨意「選擇性執行」，打著朝廷大旗自作主張的不滿。道光宣稱，以前蔣攸銛奏請准許黃玉林自首，「朕即覺其辦理未善」；之後，蔣攸銛先和陶澍聯合奏請將黃發配新疆，不久又密奏處決黃玉林，「不知是何居心！」蔣攸銛「事前既無主張，事後又復苟且」，交部嚴議。至此，蔣攸銛承擔了兩江與朝廷利益博弈失敗的所有責任。

陶澍接到諭旨後即於九月二十八日將黃玉林正法；隨同自首的伍步雲等人，從揚州提到江寧省城關押，交藩司審問。其餘自首的四百多名鹽販，在黃玉林被正法後，受到極大震懾，大多數自行散去，相當一部分被官府編入地方保甲，當了納稅良民。

不久，部議蔣攸銛革職查辦。道光皇帝加恩，讓他以侍郎補職，九月，蔣攸銛調補兵部左侍郎，後來死在赴職途中。蔣攸銛宦海沉浮一輩

子，因為兩淮私鹽案子處理不當沒能圓滿收場。他遺留下的鹽務亂局，又會如何發展呢？

幸運的是，接班蔣攸銛的陶澍是一代名臣。他不僅學問好，而且勇於任事，不畏艱難，處理了許多別人避之不及、疑難複雜的政務。陶澍當京官時，條陳過吏部選官、地方政務的積弊；外放地方後歷任多省的布政使、巡撫，興修水利、處理司法陳案，還把矛頭對準積重難返的漕運問題，實行海運漕糧。那麼，陶澍能處理好「後黃玉林時代」的兩淮鹽政嗎？

之前，筆者談到鹽價昂貴，癥結有二，一在於官府的陋規和勒索，二在於鹽商的壟斷和封閉。陶澍以兩江總督兼管鹽務後，以身作則，首先拿官府開刀，盡可能杜絕陋規和需索訛詐。陶澍兼管鹽務後，每年可以多領五千兩養廉銀，但是他分文不要，不僅自己不拿，也不讓其他官員拿。此外，他還革除各種鹽務陋規，節省白銀約十六萬兩，大大降低了官鹽的成本。

陶澍最重要的舉措，是為兩淮鹽務介紹了一個重要的客人，那就是市場。他打破官鹽特許經營體制，實行票鹽制度。就是打破鹽商對食鹽的壟斷，不再限定鹽商資格。誰繳納國家鹽稅，誰就可以販鹽。人們紛紛前來交稅領票，場面十分熱烈。如此一來，官鹽壁壘消失了，成本降了，價格低了，販賣私鹽很快無利可圖，而且也沒有必要了。原來的私鹽販子現在改做官鹽的生意了，因為一經納稅，所運之鹽即為官鹽。陶澍指示減少手續，加快流通，又加強對黃河兩岸渡口船隻的管理，打擊運鹽道路上的匪徒，便利食鹽銷售。這樣一來，官鹽很快重新暢銷，甚至在部分地區供不應求。本來，兩淮鹽政虧損七百多萬兩，經濟上已經走到了絕境。但經陶澍改革後，道光十一年至十七年兩淮完納鹽課二千六百四十餘萬兩，存銀三百多萬兩。

　　兩淮鹽政經陶澍的整頓，起死回生。陶澍勇於打破壟斷，肯定自由貿易，尊重商品經濟和市場規律的做法，值得後人學習。市場的力量，顯而易見；打破壟斷的效果，顯而易見。

東陵貪腐：

黑手伸向皇帝陵墓

打虎難下手

發生在清朝道光年間、撲朔迷離的東陵貪腐案，不僅案情重大，而且牽涉面極廣，一度掀起了朝堂上下暗流洶湧，結果卻大事化小，模糊處理。

首先，介紹一下這個故事的主角：琦琛。琦琛是新任馬蘭鎮總兵兼總管內務府大臣。總兵是清朝的正二品武官職位，麾下將士成千上萬，統轄特定區域。內務府負責皇帝事務，大到皇室財政收支，小到皇宮的吃穿用度，都歸內務府統管。它是清朝規模最大的政府部門。總管內務府大臣也是正二品。琦琛同時兼任這兩大實職，完全算得上是位高權重，威震一方。道光十九年（西元一八三九年）七月二十四日，新官上任的琦琛來到任所直隸遵化馬蘭鎮，正式就任。

遵化這個地方，需要特別說明一下。遵化原本是直隸薊州下屬的一個縣，清朝入關的第一位皇帝順治死後，埋葬在遵化，建起了孝陵。從此，遵化就成了清代皇帝、后妃死後埋葬的陵園所在。到道光朝時，一共有三位皇帝即順治、康熙、乾隆以及他們的后妃葬在這裡。這些陵寢統稱為東陵。從雍正皇帝開始，清朝又在直隸易縣營建陵墓群，稱為西陵。東陵和西陵遙相呼應。遵化因為東陵的緣故升級為州，下領玉田、豐潤兩縣；易縣也升級為易州，下轄淶水、廣昌兩縣。遵化州的地位非常重要。朝廷在此屯兵，守護祖宗陵寢，而馬蘭鎮總兵就是負責東陵安全的最高軍事長官。

朝廷各個部門在東陵有諸多派出機構，各司其職。比如，禮部在東陵派駐司一級的官員，負責禮儀、祭祀等事務；工部也派駐了司官，負責有關工程事務。但是，陵墓主要歸內務府負責，所以內務府派駐東陵官員最多，責任最重，是東陵的主導，禮部、工部等派駐官員變成配合

內務府工作了。為了統籌諸多部門的事務，做好東陵的日常維護與管理，朝廷往往加派一名總管內務府大臣常駐負責。琦琛就兼任總管內務府大臣，顯然是為了做好統籌的需要。他一肩挑了馬蘭鎮總兵和內務府大臣兩副擔子，正可謂是位高權重，是東陵地區的老大了。

但是，琦琛上任後迅速發現，自己的權力被架空了，很多事情根本做不了主，說得不好聽一點就是形同傀儡。這是怎麼回事呢？又是誰在侵奪他的實權呢？

不如來看看琦琛都遇到了哪些事情。首先，他在遵化城的大街上常常見到拖運巨大木材的馬隊。琦琛一問，這都是內務府派駐東陵的籌備庫管庫郎中慶玉的財產，都要拉到慶玉在遵化及其周圍開設的木材廠去。琦琛一打聽，這個慶玉不僅是朝廷命官，更是隱形富豪。在遵化開設了錢莊、當鋪、鐵鋪、綢緞莊，還把生意做到了京城。琦琛從下屬官兵和派駐官員嘴裡多次聽到，慶玉家在直隸各地都有土地和房屋，光在遵化的住宅就超過一千間房屋，房屋裝修雕梁畫棟，臺階都是漢白玉的。大家談起慶玉，就是一個詞：有錢！

其次，官員們雖然對慶玉的財富羨慕嫉妒恨，但都愛往慶玉家裡跑，都和慶玉關係不錯。琦琛發現遵化地區已經形成了一個以慶玉為核心的「隱形網路」。不單單是朝廷各衙門派駐東陵的辦事官員，就連馬蘭鎮的官兵，甚至遵化州的地方官員，都唯慶玉馬首是瞻。大到皇陵的修繕祭祀安排，小到總兵衙門的辦公經費短缺，官員們都習慣於去找慶玉解決。遵化的衙門口就差粉刷一條標語了：有事沒事，找慶大人聊聊！

琦琛決定會會這個慶玉。藉著下屬參見新上任長官的機會，琦琛見到了內務府管庫郎中慶玉：年逾古稀，鬚髮皆白，但身體和精神狀態都不錯。琦琛在和他談話過程中，覺得這個人確實有能力，經驗豐富，而且人情練達、世事洞明，完全算得上是一個「東陵通」。慶玉從嘉慶

東陵貪腐：黑手伸向皇帝陵墓

十六年（一八一一年）起就在東陵辦理有關修建工程，一開始和其他司官共同辦理，慢慢地獨當一面，最後又包攬了糧倉、財稅等事務，一做就是二十八年，從一個壯年變成了一個古稀老人。東陵的事情，明的、暗的、遠的、近的，幾乎沒有他不知道的、沒有他記不住的。清朝的郎中是正五品官，慶玉因為資歷和功勞的關係早升為了正四品。可他寧願高官低配，不願返回京城，屈尊當一個正五品的郎中，在遵化山區安家定居。

那麼，慶玉是一個一心扎根艱苦地區、埋頭苦幹無私奉獻的好官嗎？顯然不是。

慶玉交結遵化文武官員，交接應酬，每年還定期往來京城饋贈厚禮，這些錢是哪裡來的？慶玉規模驚人的豪宅、遍布各地的耕地、滿大街的店鋪，這些錢又是哪裡來的？琦琛早在京城任職的時候，就聽說東陵有一個土豪「慶郎中」。家資豐厚、出手闊綽。只是談起他的發家史，大家又都露出只可意會不可言傳的微笑。別人不說琦琛也明白：慶玉的財富都是不義之財，都來自朝廷給東陵的撥款。順治、康熙、乾隆三位先帝及其后妃的陵寢，修建完成後都要定期維護。道光皇帝登基後即在東陵選定自己的「萬年吉地」，修建陵墓。道光陵墓工程持續七年之久，耗費白銀超過二百萬兩；第八年發現陵墓滲水，搶修無果後決定棄用拆除，又耗銀六七十萬兩。這一建一拆，主要發生在慶玉實際參與期間。此外，朝廷在遵化設置永濟倉，向八旗子弟發放糧米。永濟倉也歸慶玉負責。慶玉有沒有「靠山吃山，靠水吃水」呢？琦琛很快就查明，慶玉的木材廠拖運的大木頭，就來自皇陵拆卸修繕工程；慶玉家的裝修，也直接挪用了皇陵的工程物料。此外，慶玉仗著自己人脈廣，在京城有後臺，作風蠻橫行事霸道，常常在家中處理公務，違規違法操作，簡直把公務和家務混為一談，有把東陵當作私人財產的嫌疑。

琦琛確信慶玉劣跡斑斑，他是個疾惡如仇的人，決心將慶玉繩之以法！

在清朝，自下而上的反腐敗，最危險的不是涉腐的嫌疑人，也不是反腐的監察和司法人員，而是反腐的發起人！如何保護自己，同時把慶玉徹底擊倒，是擺在琦琛面前的課題。琦琛當然知道慶玉有龐大的人脈網絡保護著他，自己不知道誰在這張網絡的頂端；琦琛也知道慶玉的斑斑劣跡，要逐條落實，每條都得找到確鑿的證據，不然就會被反咬為誣告。總之，除掉慶玉的難度很大。

琦琛不怕。宦海沉浮幾十年，琦琛以「狷介」著稱，即做事講原則，不留情面，不怕得罪人。這個性格特點讓他吃了不少的虧，但也讓他一路走得心安理得，贏得了部分力量的支持。因為不合群，琦琛不能出任外省的巡撫、部院的尚書，而是來到了東陵。同樣是二品官，馬蘭鎮總兵兼總管內務府大臣，並非很好的職位。得知琦琛的任命後，睿親王仁壽、內閣學士禧恩都暗中與他聯絡過。仁壽、禧恩都是多爾袞的後裔，都知道慶玉在東陵胡作非為，也都很痛心疾首。列祖列宗長眠之地，怎能容忍宵小胡來？他們都支持琦琛法辦慶玉。禧恩曾經擔任過總管內務府大臣，和慶玉打過交道，可能給了琦琛一些直接的指點。狷介的琦琛，有了部分宗室成員的支持，更有信心除掉慶玉了。

琦琛從整頓政務入手。慶玉一心求財，為了運送木材方便，竟然修改了馬蘭鎮新東口城門，城內大道隨處可見木材車的車轍痕跡。琦琛到任後，將東口門改回原處，又出告示重申城內秩序。同時，他暗中查訪慶玉的所作所為。經過小半年的醞釀，道光十九年十二月初五，琦琛正式上奏揭露慶玉貪腐，打響了「東陵貪腐案」的第一槍。這關鍵的第一槍，琦琛是怎麼射擊的呢？

東陵內務府籌備庫每年十一月都要清理帳目，把當年的銀兩收支核

東陵貪腐：黑手伸向皇帝陵墓

實造冊，報送北京的內務府核題。這原本是一項常規工作，一般由籌備庫發起申報，總管內務府大臣過目後報到北京，就算完成了。但是本年十一月，琦琛突然新派內務府郎中、員外郎各一人，拿著到任時慶玉呈遞給自己的籌備庫清冊，逐款逐項詳細審查帳目。一切收支都以書面文書為據。這一查，就查出問題來了：

有一項石門歲修工程用銀三千八百五十兩三錢四分三厘，但是工部事先核定的價格只有八百五十一兩三錢四分三厘，多支出的三千兩白銀沒有依據。查帳郎中質詢慶玉，慶玉回答，本年度三月份曾發文暫借白銀三千兩。又問他，實際多支出的銀兩，有沒有報銷呢？慶玉這才拿出了又一份內務府公文。查帳郎中一看，這是當年三月份內務府確認的報銷依據，慶玉隱藏在家裡長達八個月之久，沒有呈堂畫到。而且內務府公文同意報銷的只有八百六十八兩一錢四分。既然事後內務府只同意多報銷八百多兩銀子，那麼慶玉接到文件後就應該把預先多領的兩千一百餘兩繳庫歸款。慶玉竟然將公文在家隱匿八個月之久，而且不及時繳還多領的銀兩，還進一步把這筆錢算入實際開支款項中。琦琛認為他故意隱匿公文，想矇混過關侵吞公款。說到侵吞公款，確實還查到慶玉存在幾起赤裸裸的貪汙行為。本年三月份，遵化州地方官府押解五百兩官銀到庫，慶玉私自收下，過了八個月都沒有繳納庫房；另外，報銷清單內有修理房間門座工程，慶玉於本年六月領走白銀三百七十兩。經查，這項工程純屬子虛烏有，慶玉涉嫌虛構工程冒領款項。

調查還發現了慶玉有收藏公文的「癖好」。各衙門的公文，應當收存在衙門裡。但是，查帳官員並沒有在籌備庫衙門發現這些作為憑證的公文稿案，一問，慶玉承認都在自己家裡放著呢！尤其是有關錢糧工程的財務公文，大多數都在慶玉家中收藏著。慶玉手裡拿著這些文書和單據，想幹什麼？琦琛在奏摺中直言，這恐怕是慶玉盤踞衙門、把持工

作、乘機矇混舞弊的重要手段。

慶玉的膽子遠比旁人想像的要大，做事情毫無顧忌。琦琛不用多費周折，就探訪出許多嚴重問題來。比如，慶玉貪婪到連皇帝的陵墓都不放過，雁過拔毛。琦琛祕密探訪得知，慶玉在修繕順治皇帝陵墓孝陵的隆恩殿時，拆下多件楠木，僅交給石門工部楠木七件，其餘都占為已有，存在自己開的木材廠內。他家裝修很多地方都用了楠木，還用漢白玉做臺階，這些好東西都是哪來的？「慶玉將回乾樹株，成做房間木料數十間」都堆在慶興估衣鋪內。又比如，輿論盛傳，慶玉的兒子副內管領魁明，孫子主事恆齡，都在家吸食鴉片。道光朝嚴禁鴉片，重罰吸食者。在職官員吸食鴉片，是要革職查辦的。

之前，慶玉給外人的感覺是經驗豐富、辦事能力還是可以的。琦琛查訪發現，這也是假象。十二月初十，琦琛專門上奏，查出慶玉道光十八年閏四月修理孝陵隆恩殿時，指揮拉運石料的重車，直接從孝陵的神路和五孔橋上通過，軋壞路面，過了一年多車轍痕跡尚存。同時，慶玉還把宮門西間的門框碰損約長二寸五分、寬一寸五分，用紅油遮蓋。在整個過程中，慶玉不僅親眼看見，還公然騎馬從孝陵的神路和五孔橋上通過。皇陵是聖地，神路輕易不能踩踏，只有皇室祭奠時才能使用。慶玉在上面騎馬，指揮工程都是嚴重的逾制。事發後，慶玉報修神路和五孔橋，試圖掩蓋此事。朝廷沒有同意，罪證因此得以保存下來。

琦琛在揭露慶玉的奏摺裡將這些初步發現的問題一一羅列，最後指出：「……慶玉係此處積年大蠹，遇事慣於矇混舞弊。奴才到任時，即知其為人，恐露消息，未敢詳查……又訪得……種種不法，深堪髮指。」所以，琦琛請旨將內務府四品銜郎中慶玉革職；慶玉的同僚、東陵內務府郎中明吉，員外郎色欽、魁安等人免職，一起交給內務府議處；奏請欽派公正廉明的大臣前來查辦此次貪腐大案。

應該說，琦琛進攻的彈藥比較充足，對慶玉的揭露也是有的放矢。道光皇帝看到奏摺後，大吃了一驚。想不到在祖宗長眠之側竟然有這樣膽大妄為的貪官，提筆寫下了「殊屬可惡」四個字。聖旨要求，慶玉立即革職，拿問抄家，涉及官員免職聽候調查。派遣工部侍郎文蔚為欽差大臣，趕赴遵化與琦琛一起查辦。

東陵貪腐案的第一槍，琦琛打得很不錯，完全達到了預期的效果。那麼，慶玉及其背後的力量會做什麼樣的辯解或者反擊呢？

誰走漏了消息

道光皇帝下令將慶玉拿問抄家時，特地提醒琦琛「親赴該員家內查抄，毋許走漏風聲，致有藏匿寄頓」。

這裡的「藏匿」指的是把財富隱藏起來，「寄頓」指的是把財富轉移給他人。如果嫌疑人提前處理了贓款贓物，案情就沒有憑證了，案件非但沒法結案，琦琛還可能落一個誣告的罪責。所以，不用道光皇帝提醒，琦琛也知道爭分奪秒抄家，查封罪證。

琦琛能不能徹底扳倒慶玉，很大程度上取決於能否完整查獲罪證，也就是慶玉的巨額家產。

道光皇帝是十二月初八頒布聖旨，下令將慶玉抄家查辦的。初十，琦琛就上報了查抄慶玉家中的情形。可見，琦琛早就做好了準備，沒有耽擱一分一秒。他初九接到聖旨，立即把慶玉拿下，看管起來，又親自率領官兵，飛奔慶玉家中查抄。

抄家的官兵到了慶玉家，估計有一種「劉姥姥進大觀園」的感覺。慶玉家實在是太奢華了。就連見過世面、在京城逛過王府的琦琛，也在奏摺中描述「慶玉家中房間甚多，院落曲折」，財產實在太多，一時間

無法徹底查抄，就下令把各屋門窗都用封印封閉，派兵看守，以便將來詳細查抄。慶玉家中不但有漢白玉臺階，很多室內裝修使用了楠木，而且琦琛在房屋裡看到了行宮陳設的字畫，甚至有皇家更衣殿的陳設。中國傳統社會是一個身分社會，區別身分的重要標記就是吃穿用度。不同身分的人只能使用與自己身分相符的器具物品，否則就亂套了。皇帝御用物品，其他人尤其不能錯用，否則就是僭越大罪。如果說慶玉只是在房間裡僭越使用行宮物品，還能解釋說是他偷偷擺場面，滿足虛榮心。問題是，琦琛發現慶玉家所蓋房間有斜山角梁、萬壽重椽、垂花門、抄手遊廊、敞亭等，簡直是仿照行宮款式建造的。這種明目張膽的僭越，只能解釋為慶玉膽大包天，有恃無恐，一點都不加掩飾了。琦琛還派兵查看慶玉為自己提前建造的塋地陽宅，發現墳墓前有連座九間十檁大房（這是非常高規格的陽宅），裝飾著漢白玉刻字對聯、金漆裝修等，雖然不算是僭越，但超過了四品官員能夠享受的死後哀榮，屬於違制。

另外一路官兵，查封了慶玉在遵化開設的南北木廠，發現廠內堆貯著大量木材，其中有大小楠木多件（慶玉家後院也堆積著楠木）；查封慶興估衣鋪，發現其中也堆貯著回乾松木房料。此外查封的慶玉產業，在馬蘭峪有店鋪兩家，在遵化城內有當鋪一座，在平安城有錢鋪一座、燒鍋一座，在邦均鎮有當鋪一座、布鋪一座，在馬伸橋有錢鋪一座。慶玉的買賣做得不小。琦琛得知慶玉在北京城有乾元寺住房一所、慶祥綢緞鋪一座、廣立木廠一處。另有中立木廠一處，雖然不是慶玉的商鋪，但慶玉每年回乾樹做成房料，大多數由中立木廠代銷，是重要的利益關聯廠商。所似，琦琛奏請道光皇帝下令步軍統領衙門查抄上述產業，同時捉拿慶玉產業的看守審訊。

查抄過程有一個小插曲。慶玉有一處空閒的宅院，有一百零二間房屋，規模很大，借給了奕絪居住。奕絪是誰呢？奕絪是出自乾隆帝第八

子儀親王世系的第三代貝勒，道光皇帝的堂侄子。

　　清朝皇帝在各處祖宗陵寢安排了守陵的宗室，奕絪是看守東陵的宗室貝勒。他所居住的宅院也在查抄範圍內。奕絪不得不奏明自己借住宅院的原因。他說，守陵宗室的隨任府第房間牆垣門座年久坍塌，木材糟朽不能用，沒法居住了。從道光三年起，前來守陵的宗室都借住慶玉的空房，到他已經是第六任宗室了。也就是說，慶玉透過免費出借一個空閒的宅院，把前後六位貝勒爺納入自己的關係圈子。而他這處大宅院，算不算來源不明的巨額財產呢？道光皇帝接到奕絪奏摺後，下令把這處應當查抄的宅院，直接賞給守陵貝勒居住。

　　內務府郎中五品官，年俸是八十兩白銀，就算慶玉按照四品銜領取年俸，也才一百零五兩銀子。他的巨額產業是從何而來的？那些奢華的裝飾又是從何而來的？

　　除了巨額財產來源不明外，慶玉家中還起獲了大量稿案公文。慶玉幾乎是把自己家當作衙門的檔案室了。他私藏公文，又想幹什麼呢？在這些公文中，最重量級的是，慶玉家竟然藏有二十多年前，嘉慶十七、十八、十九、二十年，前任總管內務府大臣福長安接到的皇帝硃批十四件。奏摺經過皇帝用紅筆批示後，稱為「硃批」，硃批一般直接發給相關官員處理，是君臣之間一對一直接而私密的交流。按照清朝檔案文書制度規定，官員每年年底要將硃批繳回。慶玉私藏硃批，不僅暴露他膽大妄為，也暴露之前東陵政務管理混亂。前任大臣福長安在政務上過於依賴慶玉，違規將硃批轉交慶玉處理。每一個胡作非為的下屬背後，都有一個昏庸無能的上司。可惜，福長安已經於嘉慶二十二年病逝，沒有辦法出來說明情況了。

　　慶玉還有比硃批更讓人吃驚的「私人收藏」。琦琛在他家查抄出了多張已經蓋了章的空白公文！蓋章的空白公文，那還不是想怎麼寫就怎麼

寫，慶玉能夠發揮的空間可就太大了。稍微想一下，都知道其中的隱患有多大！

最後，琦琛在慶玉兒子魁明、孫子恆齡的臥室裡查獲菸槍、蠟捻、玻璃燈罩等抽鴉片的工具，並且查獲裝有鴉片的銀盒。這些顯然是魁明、恆齡抽鴉片的罪證。琦琛把抄家的情況奏報道光皇帝，應該說慶玉罪證累累，琦琛在法辦慶玉的目標上向前推進了一大步。慶玉倒臺似乎是胸有成竹的事了。但是，法辦慶玉真的會如此順利嗎？慶玉有恃無恐背後的勢力，又會做些什麼小動作呢？

在遵化城查抄慶玉家產的同時，道光皇帝祕密下令步軍統領衙門查抄慶玉在京城的產業。步軍統領衙門不敢怠慢，立刻行動起來。但是，京城的查抄行為，卻出現了大問題！

官兵查抄乾元寺慶玉住房，共計房屋七十二間半、遊廊三十一間，發現屋內僅有粗劣的家具和笨重的器具，並無衣服銀兩。官兵們放眼望去，都是破雜木桌、破玻璃燈、破木箱。這可是慶玉的老家，法律意義上真正的住宅啊！怎麼就寒酸成這樣，和遵化的豪宅完全是天壤之別呢？負責查抄官員發現各處房屋內有家具新移動的痕跡，懷疑有人事先轉移了財產。官兵抓住負責看守慶玉老家的傭人麻老審訊。麻老是遵化人，受僱於慶玉，看守京城老宅已經多年了。麻老招供說：本月初九（請注意這個時間，這是道光皇帝下旨抄家的第二天、遵化抄家行動開始的當天），麻老的遵化老鄉張三前來送信，說慶玉在遵化的產業已被查封。麻老趕緊派人給京城裡廣立木廠、中立木廠、慶祥綢緞鋪等慶玉的關聯產業通風報信。同時，麻老把隨同自己在北京的家屬送到交情頗深的內務府鑲黃旗驍騎校得里布家裡借住，將自己的物品也一起搬到得里布家存放。麻老說，他並沒有動過雇主慶玉的東西，房屋裡搬家的痕跡是他搬運自己物品的時候留下的。

　　麻老的說法，可信嗎？反正，步軍統領衙門不相信，認為他們肯定有轉移財產的行為。

　　官兵同時查抄了西四牌樓路西的慶祥綢緞鋪。綢緞鋪租用了內務府的十間官房，另外又租用了九間民房。綢緞鋪負責人趙士文供稱，鋪子是慶玉在道光五年出本錢八千兩白銀開設的。綢緞鋪裡抄出了綢緞、銀兩、帳簿等物品，看起來沒有來得及轉移資產。

　　廣立木廠、中立木廠的情況稍微複雜一些。兩家木廠都在鼓樓東邊。中立木廠開設比較早，是慶玉的親戚李中道一個人創辦的。道光八年，慶玉化名「李蔭庭」，出本錢一萬吊（將近一萬兩白銀），李中道和解秉棟各出本錢一千吊（將近一千兩白銀），租賃了原來中立木廠的十間房子，新開設了廣立木廠。廣立木廠在事實上取代了中立木廠後，經過十多年的發展，在查抄的時候有灰瓦房六十一間，其中大部分房間提供給來往交易的商人居住。可見廣立木廠買賣興隆，已經形成了一個小規模的木材牙行。官兵在廠內查抄了木料一千一百八十三件。也許是木材體積龐大又重，搬運麻煩，所以廣立木廠沒有轉移它們。股東李中道招供說，最近一次是在本年度的二月七日，收到慶玉送來的十幾車木材。慶玉又不是伐木工，他的木材是哪裡來的呢？因為李中道對運來的木材根本就不入帳，所以無從查起。

　　步軍統領衙門認為，查抄慶玉京城產業的行動走漏了消息。而其中的關鍵線索，就是看守慶玉老宅的麻老。他們反覆審訊麻老。對方一口咬定沒有轉移財產。無奈之下，統領衙門一面暫時羈押相關人員、查封相關產業；一面遵旨將麻老押解到馬蘭鎮歸案審訊。

　　到底有沒有人事先走漏消息，給慶玉通風報信呢？有！

　　琦琛發現了殘酷的現實，證實了這一點。十二月初九，琦琛查抄慶玉家，當時為了求速度，先將房屋門窗封閉，派兵看守，並沒有翻箱倒

櫃、詳細登記。等把慶玉相關產業全部查封後，琦琛開始著手深入查驗物品。他再一次來到慶玉豪宅，一個屋一個屋地認真檢查資產。然而，各屋的箱子櫃子打開後，大多數是空的，什麼東西都沒有！少數有東西的，也都是一些舊衣爛衫。琦琛心中暗暗叫苦，預感自己遭到了強硬的阻力。顯然是有人通風報信，慶玉提前轉移了財產。自己在抄家聖旨發布的第二天就行動了，有人比自己更早得知了聖旨，而且更快展開了行動。這個人，或者這群人會是誰呢？

不過，琦琛來不及深究幕後黑手，當務之急是趕緊找到這些轉移掉的財產。他立刻安排麾下官兵，密布遵化各地查訪。琦琛又張貼告示，曉諭軍民人等，如果有收存慶玉家寄頓的物品，應立即呈報交出，如果隱匿不報，一經查出，嚴加治罪。

很快查出慶玉近期在振隆當鋪典當了皮衣十二件，在永濟當鋪典當了皮衣十件、金鐲六只。十二月初十，駐軍翼長西林交出慶玉寄頓箱子兩個、包袱一個，章京麗淳交出箱子兩個、包袱兩個，已革八旗總管業普肯交出箱子四個、包袱二十三個、匣子三個，領催豐伸布交出箱子一個、包袱三個；差役泊淳交出箱子三個、包袱八個。同時，祕密查訪的官兵在已革郎中博啟通額家查出慶玉寄放的箱子四個、包袱六個。

琦琛逐一查看這些人交出的物品，其中業普肯上交的衣物較多，裡面有元狐腋褂、元狐馬褂等貴重衣物，其他人交的都是些平常衣物，甚至有舊衣服破舊褲子。琦琛也不是好騙的，他當即派軍官前往這些人的家裡檢查有無慶玉寄放的其他財產。這一招果然奏效。麗淳又上交金鐲一只、金簪等十五件、沉香手串兩掛、褂錶一個、白銀一千五百六十七兩。而差役伯淳則連夜僱車，企圖再次轉移慶玉寄放到他那的財產，結果被琦琛安插的官兵人贓並獲，當場搜出包袱兩個、匣子三個、帽盒二個。當天夜晚，慶玉家人宋當背著一個大包袱，裡面有九件女式狐皮大

衣，形跡可疑，被巡街官兵抓住。宋當現場招供，這都是伯淳讓他去找當鋪典當的。看來，這個伯淳最不老實了。他們肯冒險替慶玉隱藏財產，因為大家都是慶玉搭建的營私舞弊圈子的一員。可見，慶玉盤踞東陵，營建了多麼龐大的關係網絡。

琦琛擔心幫慶玉轉移財產不止上述幾家，交出和查出的物品也並不是全部：他上奏道光皇帝，請求將上述官員，加上查訪得知參與轉移財產的內管領廣運，內管領文志，章京富勒歡，慶玉侄子、員外郎魁安，一併革職，請求將慶玉幕僚、秀才孫縉，家丁、車伕等五十餘名一併關押審訊，徹底追究慶玉轉移的財產和沒有查出的田地、債權。道光皇帝基本同意了琦琛的奏請，只是認為業普肯等官員既然主動上交了贓物，還有畏法之心，可以免於革職，不用查抄家產，只是免職交給琦琛，會同欽差大臣文蔚一起審訊。

幸虧琦琛措施得當，補救及時，基本查獲了慶玉轉移的產業。但是誰走漏了消息呢？

皇帝保護嫌疑人

追究通風報信的人是深挖慶玉案一個非常好的切入點，而追查通風報信的人最好的切入點，就是審訊最先得到消息的看護慶玉北京老宅的麻老等人。道光皇帝把這個任務交給了定郡王載銓。

載銓辦事效率還算可以，很快就從麻老那裡得到口供，十二月初九當天並不是所謂的什麼遵化老鄉張三來報信說慶玉的產業要被查抄了，而是慶玉在北京的侄子、秀才恆倫送的信。當天一早，恆倫就匆忙趕過來，說慶玉要被朝廷抄家了，大家趕緊準備。隨即，載銓傳訊恆倫。恆倫招供自己在戶部主事全孚家住家求學。十二月初八晚上，老師全孚回

到家中，告訴自己朝廷要將慶玉抄家查問。事情開始牽涉在職京官。載銓繼續傳訊全孚到案。

全孚到案後，陳述了事情的來龍去脈：

十二月初八日午後，全孚在辦公，家人全成稟報說，工部尚書陳官俊陳大人叫老爺去說話。全孚是陳官俊的鄉試門生。明清時期的科舉師生關係，是帶有很強約束力的人際關係，尤其是在現職官員之間。老師傳見，全孚本來應該馬上就去。但是當天工作實在太多，全孚一直拖到傍晚時分才趕到陳官俊府邸拜見。陳官俊對學生的遲到很不滿意，一見面就問：「怎麼這麼久不來見我？」全孚趕緊道歉：「學生最近被派到神機營辦差，那邊事務很忙，因此沒有及時來向老師請安。」

陳官俊擺擺手，示意全孚坐近了說話。全孚剛坐下，陳官俊上來就問：「你知道東陵派欽差了嗎？」

全孚的腦袋瓜子立刻轉了起來。一個月前，陳官俊承修東陵小碎亭等工程，攜帶全孚前往遵化驗收。當時接待的是內務府郎中慶玉。全孚能回憶起來的自己和東陵的關係，就是這些。於是，他回答陳官俊：「學生不知道。」

陳官俊說：「今日，奉旨派工部侍郎文蔚前去東陵辦案，查辦的就是慶玉的事。」全孚問：「老師怎麼就知道是為慶玉去的？」

「我在工部過堂的時候，聽見穆中堂說的。彈劾慶玉十七款罪狀，都是有憑有據的。」停頓了一會，陳官俊又說，「將來，他的家是要被抄的。」

全孚看出陳官俊悶悶不樂，就寬慰老師說：「慶玉名聲本來就不好，至於具體查辦什麼內容，我也不知道。」告辭回家後，全孚把消息告訴了學生恆倫。最後，全孚向載銓承認：「這實在是出自陳大人之口，入我之耳，並無一字妄供。」

東陵貪腐：黑手伸向皇帝陵墓

全孚的供狀，可是一顆即將爆炸的定時炸彈。陳官俊是誰？

他是現任工部尚書。而工部執掌工程營造，東陵的諸多工程就由工部奏銷。工部對工程貪腐負有不可推卸的責任。陳官俊自然要負主要責任。所以他對朝廷查辦慶玉一事，憂心忡忡。而陳官俊又是道光皇帝的寵臣。陳官俊是道光皇帝長子奕緯的老師，奕緯是道光皇帝大力栽培的對象，道光皇帝一度想立奕緯為儲。陳官俊對奕緯的教育很用心，道光皇帝曾經嘉獎陳官俊「訓迪有方」。不幸的是，皇長子奕緯在道光十一年英年早逝。道光皇帝悲傷異常，似乎把對奕緯的懷念之情轉移到了陳官俊身上，給陳官俊優厚的待遇。陳官俊屢次犯錯，道光都禮遇有加、恩寵不減。所以，載銓對陳官俊涉案，憂心忡忡。

更讓載銓擔心的是，此案還可能牽涉「穆中堂」，也就是軍機大臣穆彰阿。穆彰阿不僅是道光的寵臣，而且是首屈一指的權臣。他一直深得道光的信任和器重，案發時擔任文華殿大學士、領班軍機大臣。因為穆彰阿曾任工部侍郎、尚書，以大學士之尊分管工部。清朝的中央各部院雖然有尚書，但同時皇帝分派內閣大學士分管各部工作，成為「管部大學士」，負責該部事務。據說，因為清朝的六部有滿漢兩位尚書、四位侍郎，都是偶數，分管大學士來議事辦公，各部都在大堂居中位置為管部大學士設座，傳說「中堂」二字因此而來，逐漸代稱內閣大學士。如果慶玉長期把持東陵工程、侵盜工程款項罪名坐實，穆中堂是有主要責任的。

穆彰阿是領班軍機大臣，能夠第一時間獲取聖旨內容，而且可能參與了道光皇帝的決策，甚至推薦了工部侍郎文蔚擔任欽差大臣。按說，抄家查辦的聖旨涉及機密，內容敏感，穆彰阿應該有保密的認知和義務。可是，他卻在工部大堂，藉著和即將上任的欽差大臣文蔚「談工作」的機會，讓陳官俊聽到了消息，從而引發了後續的洩密。身為一個政壇

老手，穆彰阿這個舉動非常可疑。

　　案情牽涉兩位朝廷重臣，載銓不敢私自做主，把情況連同全孚的口供都奏報了道光皇帝。道光皇帝降旨將全孚免職，接受審訊；下令陳官俊去載銓那裡把情況說清楚。

　　陳官俊來到了專案組，首先陳述了自己一個月前去東陵查看工程的情況。他說：「我同全孚一道赴東陵查工，當時就發現琦琛、慶玉兩個人積怨很深，難以化解，勢將決裂。我查看完工程當日就要離開。全孚要求多住一天，我催他早點走，他只好隨我回來了。一路上，我們師生兩人同宿在客棧中，全孚多次向我說起慶玉這個人有問題。」陳官俊首先陳述了自己和全孚之前與慶玉的關係，也為之後的供述做了準備。

　　接著，陳官俊承認自己在十二月初八傍晚把全孚叫到家裡來說話。他說自己關心的是慶玉修建東陵工程的品質問題，就問全孚：「由慶玉經手、我們十一月份查驗的工程項目，沒有問題嗎？」全孚回答：「慶玉辦理的工程，品質是可以放心的。但是，慶玉這個人貪汙挪用、短缺倉庫，橫行不法，也是事實。如今既去了欽差，慶玉恐怕要大事不妙了。」陳官俊說：「慶玉如此不好，又多年把持工程錢糧，這種人耗損了朝廷的元氣。只是朝廷雖然向東陵委派了欽差大臣，不知道是不是去查辦慶玉的？」請注意陳官俊的措辭，他承認了自己知道有欽差去東陵，但否認知曉慶玉涉案，更否認聽到過任何有關慶玉的消息。至於全孚之前供述的慶玉被參十七款等，陳官俊說我連查辦哪個人都不知道，更不用說是具體什麼條款了。至於所謂的「十七款」，更是聞所未聞。

　　他說：「這段話是全然沒有的，但不知全孚聞自何人，是何條款，可向他追問。再說，我與慶玉素無往來，此案是否涉及慶玉，我不必求知，我亦無從得知。全孚是慶玉親戚，自然是關切他的。他聽我的話怎樣轉告他人，我實在全然不知。」陳官俊完全否認自己洩露消息，把責

東陵貪腐：黑手伸向皇帝陵墓

任全推給了全孚。

載銓又再次提審全孚。全孚說，初八傍晚陳官俊一開始確實問到之前東陵修的工程是否完固，說工程是慶玉經手的，他不太放心。全孚說，慶玉這個人雖然不好但辦的工程還是靠得住的。

陳官俊又說：「現有欽差前往東陵查辦案件，你知道嗎？」全孚說不知道。陳官俊就說，今天穆彰阿大人到工部過堂，與文蔚商量挑選工部官員隨行，馬上動身到東陵去。隨後，陳官俊再次問及慶玉到底有哪些問題，全孚揭露了慶玉的主要問題，說他的名聲一直不太好。陳官俊當時嘆了口氣：「若果如此，怕要動家。」在洩露消息這個核心問題上，全孚一口咬定：「以上前情實因陳大人查問我經手工程無心向我談及。」雖然他很委婉地加上了「無心」這個修飾詞，但要害卻是「談及」兩個字。

至於之前供述陳官俊提到穆彰阿提到慶玉被參十七款一事，全孚現在改口說記不清楚了：「那日同陳大人說話前後次第記憶不清，加上陳大人屢次嚴詞訊問我，我心中慌亂，所以上次問話時說錯了。其實，慶玉被參究竟有幾款，我至今都不知道。」

陳官俊、全孚師生兩人，各執一詞。只有兩個人在場的祕密會談，旁人難辨真偽，只能由裁判者判斷了。哪一方與裁判者的關係密切，哪一方就可能讓自己的說法被採納。陳官俊是道光皇帝的寵臣，抓緊時機向道光皇帝上奏，堅持原來的說法，強調「至因何事查辦慶玉，臣至今全然不知。臣所言句句皆實，不敢少有隱飾」。辦案的載銓則督促官員，反覆提審麻老、恆倫等人，甚至加以刑訊，無奈這幾個人都咬定原供詞不放。現在就看道光皇帝如何決斷了。

道光皇帝是一個典型的守成之君，做事情小心謹慎，循規蹈矩，幾乎沒有自己的創見，也不願意對既有規章制度進行改動。「求穩定」、「不折騰」是道光執政的關鍵詞。慶玉從道光列祖列宗的口袋裡掏錢，道光

皇帝自然恨得咬牙切齒。但是，道光只想查出慶玉到底貪腐了多少錢，並且追回損失，不想深究貪腐背後的詳情，他也沒有能力進行深究。如果道光徹底調查貪腐的前因後果，挖掘背景因素，進而進行改革，他就不是守成之君了，清朝國勢也不會在他的手裡江河日下了。道光拿到陳官俊和全孚兩方面的口供，肯定懷疑背後有黑幕。可轉念一想，挖黑幕不如追回損失。道光皇帝決定對陳官俊的處置高高掛起，輕輕落下。

於是，道光皇帝頒布聖旨，先是煞有介事地宣布要揪出送信之人，從嚴懲辦，接著話鋒一轉，說「以情理而論，言者或出無心，聽著早已有意」，開始維護陳官俊。他說陳官俊偶然言行不檢點，如今遇到了這個案子，就應該據實說清楚。「朕亦斷不疑陳官俊與慶玉有私，故為送信。」說清楚了就沒事了，如果陳官俊仍然含混其詞，就要把他革職審訊，動真格了。道光皇帝對陳官俊真的是很不錯了，最後還不忘自我表揚一句：「勿謂朕薄待大臣也。」你都對陳官俊包庇到這個地步了，誰還會說你「薄待大臣」呢？

皇帝的態度公開後，下面的事情就順水推舟了。陳官俊調整口供說：我在工部過堂時，只聽到穆彰阿同文蔚商量隨員，並沒有其他話。我回家後把全孚叫來，說現在文蔚奉旨前往東陵查辦案件，慶玉所做的事，你肯定知道，會不會有問題？全孚說慶玉最大的問題是拆卸寶華峪工程，其次是經手的倉庫短缺。我說如果真是這樣，恐怕要抄家。誰知道全孚聽了這話，信以為真。至於參劾十七條款，我全然不知。全孚明知我說的話都是出於無心，他因為被恆倫供出，沒法推脫，反過來咬住我。這是我糊塗無知，辜負皇上天恩，請求從重治罪。

皇帝和老師都這麼說了，全孚知道自己要為洩密事件背黑鍋了。這鍋是甩不掉了，嘗試甩鍋可能帶來更大的麻煩。乾脆，全孚也改了供述，依照了陳官俊的說法，最後說自己當時沒記清楚，加上審訊時心中

慌亂，所以之前的口供都不準確。

　　一天後，處理聖旨就下來了。全孚洩露消息，革職。陳官俊身為一品大員，言語不知檢點，導致全孚以虛為實，走漏大案消息，責任難逃，交吏部嚴加議處。吏部討論的時候，發現並沒有抄家的時候傳送消息的專門條文。法無明文，就尋找最接近的條款處理，清朝法制的專門名詞是「比附」。吏部比附提塘官（傳遞文書的官員）將密封事件私自拆開竊視以致洩露，嚴重者杖一百、徒三年。吏部建議將陳官俊革職，從重發往軍臺效力贖罪。道光皇帝批准了。看起來道光對陳官俊的處理非常重，但是一年多後陳官俊就東山再起，出任通政使，很快升任侍郎、尚書，重新擔任了工部尚書，並在道光二十四年入閣拜相，達到了仕途巔峰。

　　全孚、陳官俊走漏消息一案，可算是東陵貪腐案的一個「案中案」。因為道光皇帝的包庇，真相究竟如何，陳官俊有沒有被納入慶玉的關係網絡，穆彰阿是不是幕後大黑手，後人不得而知。可以確定的是，道光對此事的處理，清晰地表明他只想把案子局限在東陵，限制在較低的層級。

慶玉反咬一口

　　慶玉到底貪汙挪用了多少財富呢？舉一個小例子。

　　慶玉案發後，東陵的工部派駐機構自查原材料帳目，查出歷年來慶玉借而不還、挪用拖欠的公物，計有通梢架木二千九百八十二根，大小板片二千一百一十塊，竹竿五千一百九十二根，杉木柱子四百五十二根，索腳托柱四百二十一根，橋柱三百六十四根，橋下承重木二百三十三根，楞木三百三十六根，繩子一萬五千七百八十九斤二兩

三錢等。如此眾多的原材料，不是被慶玉運來建造自己的豪宅塋地，就是透過自己開設的店鋪銷售出去了。

如此巨大的缺口是如何造成的呢？工部派駐司員懷秀等人解釋道，東陵工部各項工程事件都是慶玉一人經手承辦的，以往工部官員們乾脆將日常政務也委託慶玉處理，懷秀等人落個清閒。

直到慶玉遭到革職拿問，他們才想起要查一下慶玉有沒有給工部造成巨額窟窿。這一查，就發現了大問題。

琦琛在慶玉的各處工廠中發現了大多數侵占挪用的原材料。

上奏說，慶玉之所以能夠將公物私存在自己家，恰恰是他平日裡肆意盤踞把持的證據。工部派駐東陵郎中懷秀及員外郎桂齡、舒長、常安等人玩忽職守，罪責難逃，全部交部議處。

這還只是工部一個部門發現的問題，再加上之前提及的慶玉抄家抄出來的巨額資產，筆者完全有理由相信慶玉有嚴重的貪汙問題。此外，在他家裡發現蓋章的空白公文、私藏的硃批和公文、吸食鴉片的工具，還有連北京官員都知道慶玉「名聲不好」。

慶玉案似乎證據確鑿，就等著最終宣判了。那麼，慶玉會迅速遭到法辦嗎？東陵貪腐案會如此簡單結案嗎？

現實總是把它殘酷的一面突然推送到人們的面前，讓人猝不及防、目瞪口呆。就在大家以為慶玉要完蛋的時候，十二月二十三日，趕赴東陵的欽差大臣、工部侍郎文蔚上奏了一則逆轉乾坤的勁爆消息：慶玉舉報琦琛貪汙索賄！這到底是怎麼回事呢？

文蔚十四日抵達馬蘭鎮，進入琦琛的總兵衙門居住，並接受案子的審訊工作。文蔚會同琦琛實地察看了各處地方、驗看了相關物品，承認琦琛參劾慶玉各款確有其事。二十二日，文蔚提審了相關犯人。他先審訊了慶玉的兒子魁明。魁明當場揭發，說琦琛收了他二百兩白銀，並且

接受了他們家行賄的稻米、馬匹等物品，所言不虛、畫押為證。文蔚接著提審了慶玉。慶玉一把鼻涕一把淚、絮絮叨叨地談了好久，留下了兩份冗長的供狀。幸虧文蔚將慶玉供狀作為附件夾帶在了奏摺中，奏摺收藏在中國第一歷史檔案館，後人才得以看到這兩份珍貴的文件。說它珍貴，不僅意味它能讓後人知道慶玉胡攪蠻纏的手法，同時看清楚慶玉的真實嘴臉，了解當時衙門運行的諸多實情。道光皇帝非常認真地精讀了供狀，而且硃筆斷句。下面，我們也和道光皇帝一樣，認真研讀一下：

琦大人到任後待我確實很優厚，每次談論公事，我盡我所知回稟琦大人。（好一派上下關係和睦、同心共力工作的和諧景象！可是，慶玉第二句就來了一個「但是」。）但是，每當談起陵寢工程，琦琛總不問我應該如何修理才能妥當、穩固，反而說什麼他在西陵聽到，在東陵當官一年可得五六千兩銀子。我據實回稟，這些話都是謠言，斷不可信。陵寢工程最需要慎重，如果修理不妥，我們不僅賠修不起，罪過也就大了。（在這裡，慶玉暗示了琦琛貪婪的嘴臉，塑造了自身廉潔奉公的形象。接下來就是他的自吹自擂了。）我慶玉蒙歷任大人委派，從嘉慶十六年會同京中奉旨派出的大人一起監督修理工程至今，恭敬謹慎辦事，從來不敢草率，所以我在東陵工作二十多年並無任何不妥或者賠償重修的地方，也沒有遲誤，（寶華峪工程是道光為自己營建的陵寢，持續修了七年耗費兩百多萬兩白銀，修成後發現地宮滲水，重修不成最終廢棄。慶玉竟然好意思說自己監修的工程妥當穩固，完全是睜眼說瞎話。）工程款項是從戶部領出的二兩標準的官銀，從商人那裡採辦物料，如果有盈餘，也只夠解決參與工程的官吏們的伙食費。各位大人來到工程視察，還都需要自備盤費。琦大人聽後非常不高興，陸續把我的其他兼職裁退了，只有工程不准我辭退，讓我繼續監修。

琦大人又說他家老太太還在西陵，要派人去接。我馬上送上盤費銀

二百兩。琦大人家眷抵達後，衙門內的家具器皿都不齊備，大人又讓我籌備。我就把自己家現有的家具器皿湊妥了送過去，家裡沒有的趕緊現做送過去。除瓷器外，我送給琦大人的家具器皿不下百十來件。至於琦大人全家上下吃的米，從七月到衙門上任至今，都是我購買送去的。開始，我買的是薊州倉數十石稻米，因為是存了一年的陳米，琦大人不願吃；我只好現買本年的早稻粳米數十石，又從通州購買老米二十餘石、從豐潤購買桃花米二十五石。這些稻米已送去二石，因琦大人衙門內無處收存，大約有六十石稻米交給我暫時代存，將來陸續取用。琦大人還向遵化地方官員索要物品。他到任後就向遵化袁知州要麩料，餵養牲畜。琦大人到任時僅有兩頭騾子，卻每樣要八十石，估計拿到銀號裡換錢去了。現在，琦大人有兩匹馬，一匹是從京城買來的，另一匹還是我送的呢！

　　除了工程項目，慶玉的另一項主要工作是管理永濟倉。永濟倉負責發放東陵周邊八旗駐軍的錢糧？清朝入關後，八旗軍隊及其家庭由國家供養，按時去官倉領取糧食和其他補貼。這是一筆巨大的資產，所以官倉的管理人員職位是人人羨慕的肥差，當然，倉庫的營運管理也非常瑣碎。比如，永濟倉的糧米是從南方漕運來的稻米，需要倉庫派人去通州領取，再統一發放；如此反覆，糧食成本太高，轉為命令南直隸省各州縣向永濟倉輸送。可是，運輸成本由誰承擔？倉庫額外租賃的場地費用，由誰承擔？

　　這些都沒有法定的核銷項目，只能負責官員自己運籌解決。更不用說具體發放過程中，核對票據、接待軍民等瑣碎事務了。所以，永濟倉的肥差同時也是一個苦差。慶玉說，自己並不想接手永濟倉管理。可是，嘉慶十六年，前任馬蘭鎮總兵福長安一定要他負責，慶玉這才「勉為其難」接手幫忙。慶玉說了很多工作中的難處，還說他接手的時候倉

庫就虧缺白銀六七千兩。而永濟倉前後兩任名義上的負責人，已革郎中三德、現任郎中三多等人，不願做事，也不想蹚渾水，乾脆上了公文給總兵，說明以後永濟倉管理得好也好，不足也罷，都由慶玉負責。慶玉得以實際負責永濟倉事務二十多年。

由此筆者發現，東陵地區政務管理混亂，很重要的原因是像福長安、三德這樣的庸官、昏官，不思作為，推卸責任，投機取巧，給了慶玉渾水摸魚進而獨霸一方的機會。在這二十多年中，也有其他官員發現永濟倉管理混亂，甚至想彈劾查辦；慶玉本人一度因為其他事情遭到處分，撤去永濟倉負責職務。也許是慶玉早就放出風聲，說倉庫虧損嚴重；也許是沒有人願意去做這麼煩瑣沉重的事情，很快又把慶玉請了回來，讓他繼續實際控制永濟倉。至於永濟倉底細到底如何，就只有慶玉知道了。也許永濟倉真的是慶玉一個人在勉強支撐；也許慶玉是藉口倉庫事務繁重、虧損嚴重來嚇唬潛在的可能接手者，方便長期霸占倉庫。面對欽差大臣，慶玉強調對自己有利的潛規則，認為自己努力彌補虧缺，「亦俱有前任堂臺所畫之稿可憑，此皆係多年之事，俱以查問不提」。意思是，這麼多年都這麼過來了，歷任上司都是認可的。

那麼，在木廠和住宅裡發現的大批木材，慶玉又作何解釋呢？慶玉說，工程修繕過程中拆卸下來許多木材，都是應折應換之件，不能用在其他工程上，一般是當作燒火木柴變賣。慶玉發現其中有楠木，賤賣了太可惜，就放在自己的木廠裡，以備將來用到楠木就不必買了。慶玉強調這麼做是為了工作方便，自己並沒有賣過一件工程拆卸木材，相反還為其他工程提供了便利。慶玉舉了兩個例子。第一，道光十七年，前任總管內務府大臣禧恩委派慶玉修理丫髻山廟工佛樓，要用到楠木。清朝後期，楠木已經是珍稀樹種了。當時從北京運來的都是新的小楠木，禧恩覺得品質不好，不願使用。慶玉立即說明自己陸續拆存了一些楠木，

並僱用車輛，揀選楠木十餘件、柏木十餘件運到廟裡使用。第二，慶玉聽說北京圓明園九洲清晏工程需要用二丈六尺的大柁木，剛好自己又收存了這麼大尺寸的柁木，又送了六架大柁木到圓明園。禧恩也收納了。這兩筆木材都沒有報銷銀兩，為朝廷節約了經費。

在辯白自己的同時，慶玉根據事實，援引歷史，檢舉琦琛是個「大壞蛋」。他說：「琦大人為人膽大妄為，他在戶部雲南司時，弄虛作假，把沒有存米的空倉封驗，冒充糧倉。其人之欺詐如此，不問可知。抄我家的時候，都是綠營兵，沒有一個八旗內務府的官兵。琦大人帶領綠營兵到我家後，立刻把女眷攆出去，連隨身衣物都不准拿出，作踐我到這種地步。現在綠營兵在我家把能吃的都敞開吃，我聽說連圈裡的豬都不放過。」最後，慶玉說詳細的內容自己不能再說了。因為琦大人也是審訊官之一，慶玉認為自己不能得到公正對待。如果能撤換馬蘭鎮官兵，換上遵化州政府負責看守，嚴禁馬蘭鎮一人一丁進院打探，他才願意繼續招供。

以上就是慶玉口供的主要內容。原始的口供，慶玉說得非常瑣碎、很不明晰，筆者進行了簡單的歸類。慶玉絮絮叨叨了這麼多，隱藏著三大目的：

第一是避重就輕，刻意淡化自己的問題，轉移人們關注的焦點。他巨額財產來源不明、私藏稿案公文，慶玉都沒有提及。對於工程款項帳目有誤，慶玉只提到了一筆：本年為了修理倉廠，我和郎中三多暫領一千三百兩白銀，準備今年冬天備料明年春天修理。而收存木材、管理倉庫等，慶玉雖然談到了，但談的是工作的不易、自己的貢獻。相反，他時不時拋出琦琛的貪汙問題、工作作風問題，想把琦琛拉下馬的意圖非常明顯。

第二是避實擊虛，東拉西扯了許多事情，讓案子變得更加複雜，方

便掩飾自己的罪行。比如，慶玉花了大量時間談永濟倉的日常管理和存在問題。而在之前，琦琛等人並沒有揭發永濟倉的問題。又比如，慶玉選擇性遺忘不少重大問題的同時，卻對一些細節內容記憶深刻。琦琛原來有兩頭騾子，現在有兩匹馬之類的瑣事，都記得清清楚楚。

第三是綿裡藏針，慶玉抓住一切機會攻擊琦琛及其依靠的力量。慶玉在解釋收存拆卸木材用途的時候，兩次提到把部分木材送給了前任內務府大臣禧恩使用。另外，慶玉提到琦琛到任時告訴他，說禧恩和睿親王仁壽都誇獎慶玉辦事可靠。禧恩和仁壽有沒有誇獎慶玉，不得而知。但慶玉反覆提到這兩位，卻是用心歹毒。為什麼這麼說呢？

禧恩、仁壽都是出自睿親王多爾袞血脈的宗室成員，前者是輔國公，後者是世襲的睿親王。為防止宗室干政、結黨營私，清朝嚴禁宗室成員交結大臣。大臣和宗室王公拉幫結派，就犯了皇帝的大忌。慶玉看似隨口一提，卻是直指琦琛、禧恩、仁壽三人結黨！琦琛三人關係確實親密，共同尋求法辦慶玉。仁壽、禧恩是琦琛在京城的後援。慶玉直指禧恩、仁壽，不一定能對兩位王公造成實質性傷害，卻能打亂對手的陣腳、阻斷琦琛的援手。禧恩、仁壽兩人相比，慶玉提到禧恩更多，則是因為禧恩在道光皇帝繼位過程中大力扶持，深得道光寵信，歷任要職，力量更強大。所以，慶玉對禧恩咬得更緊、攻擊更多。

綜上所述，慶玉的口供看似辯白，實質是一道道冷槍暗箭，他反咬琦琛，還咬得死死的，按照慣例，因為查案官員涉嫌需迴避，琦琛不得不退出對慶玉案的審理，只剩下欽差大臣文蔚一人。文蔚上奏道光皇帝，認為慶玉難免有打擊報復的嫌疑，但因為涉及會審官員且案情複雜，請求將此案上移京城辦理。同時，文蔚率領隨行官員從總兵衙門搬到石門驛居住，恭候諭旨指示。道光皇帝決定將琦琛免職，連同此案全部人犯、卷宗都解送北京，交由定郡王載銓、吏部尚書奕經和軍機大臣

組成的專案組，嚴加審訊。文蔚留在東陵，署理馬蘭鎮總兵兼總管內務府大臣，詳細清點慶玉家產，道光特別要求文蔚認真檢查，申明：「經此次嚴查之後，儻尚有不實不盡，日後別經發覺，唯文蔚是問。」

染缸中的犧牲品

　　琦琛、慶玉一行人被押解進京之時，正是辭舊迎新之際。沿途連綿的群山覆蓋著皚皚白雪，途經的村鎮瀰漫著新年的味道，而琦琛步履沉重地前往京城接受調查。他原本一心為民除害，沒想到被反咬一口，遭到如此處分，心情苦悶抑鬱，可以想像。

　　琦琛早就知道慶玉是個卑鄙小人，防著慶玉繼續作惡或銷毀證據，但他沒想到慶玉會捏造事實、中傷誣告自己。琦琛低估了壞人做人的底線，以為腐敗者還會遵守制度，按照規矩來辦事，可是腐敗分子遵守制度就不是腐敗分子了。造謠誣告是他們最廉價的武器，如果遇到不明真相的上級，還有事理不分的大環境，造謠誣告就是最強大的武器。

　　如今，琦琛不得不花費巨大的精力來自證清白。他在別人萬家團圓的時候，在冰冷的旅途中奮筆疾書，書寫很多原本不需要證明，或者根本意想不到的內容。比如，慶玉狀告琦琛受賄了一匹馬。琦琛斷然否認：「我本來有三匹馬，而且軍營裡還有良馬百餘匹，根本就不缺馬？就算我貪馬，又何必向慶玉索要，留下他日後挾制我的證據？」

　　慶玉指控琦琛受賄二百兩銀子來接家眷到任。琦琛說：「我到任次日就領取了養廉銀三百八十餘兩，派家人帶上一百兩去接家眷。況且，當時我和慶玉剛剛見面，又沒有深交，怎麼會向他索要銀兩呢？我在中央任職多年，全北京都知道我潔身自好，甚至不近人情，是出了名的分毫不取。」

慶玉指控琦琛索要稻米。琦琛同樣否認：「歷任總兵的俸米，都是管理倉庫的慶玉代領再送過來的。八月初，慶玉將我的米票要過去代領，送來時多了十四石稻米。我當場就要把多送的稻米退回去。慶玉說歷任總兵的俸米都不敷使用，最後還是要他代買稻米送來，再三懇求我收下。我收下十四石稻米後，考慮到慶玉為人狡猾，擔心日後被他當作把柄，所以將稻米折合白銀三十六兩有零，當面交給慶玉的侄子魁安及兩位同僚轉交慶玉，並說明以後不准他代買米糧。之後我家需要用米，都是自己去市場上購買，有店鋪可查。」

慶玉還指控琦琛逼迫遵化州政府供應麩料。琦琛解釋說：「州縣政府不需要向當地駐軍衙門供應物資。我和遵化知州既沒有上下級關係，也沒有深交。況且，遵化袁知州是慶玉的密友，他有需要與內務府交涉的事情，都是慶玉代為辦理；慶玉家催租告狀等事，都是袁知州出面辦理。我怎麼敢逼迫袁知州供應麩料？」

最後，琦琛反問：「如果我和慶玉勾勾搭搭沆瀣一氣，我又怎麼會出面揭發彈劾他？反而是慶玉倚仗錢多，黨羽眾多，根深蒂固，知道自己被參各款都是事實，無法辯解，反過來咬我，企圖翻案。」

應該說，琦琛自我辯解的各款都合情合理，而且提供了可以查實的證據，是可以相信的。基本可以斷定慶玉在血口噴人，誣告陷害。他人品之低劣，可見一斑。現在問題就來了，慶玉如此拙劣的誣告，稍微調查一下就可以證明真偽。欽差大臣文蔚為什麼不事先查證，反而把慶玉的說法原封不動地上奏道光皇帝，導致琦琛免職接受調查呢？筆者不禁要對文蔚這個人打一個大大的問號。

琦琛也覺得文蔚非常可疑，他在腦海中仔細梳理了此案的來龍去脈，發現這背後極可能有一個巨大的陰謀：

文蔚是十二月十四日一早到達石門驛站，琦琛派出官差持帖迎接，

並告知自己在孝陵班房恭候欽差大人光臨。過了約定時間，琦琛都沒見到文蔚的影子，再次派人去石門驛站迎接，得知文蔚先是和遵化知州袁正林交談了兩個時辰，再到昭西陵同守陵宗室奕絪貝勒見面。琦琛當時就有不祥的預感，最終下午文蔚才帶著隨行官員來到孝陵。此時，琦琛已經在孝陵等了約四個時辰。

接著，琦琛陪同文蔚查看孝陵建築遭損壞情況。孝陵神路上留有慶玉施工不當留下的軋轍痕跡。欽差隨行的工部司員玉某，當場稱這是新軋痕跡。第二天，一行人到慶玉家查看，看了斜山角梁房間、漢白玉臺階。這次是文蔚親自出馬替慶玉說話，《欽定大清會典則例》中沒有明文規定這套住宅違禁。琦琛忍不住，反駁說這些裝飾明顯是宮殿款式，常人不能使用。查看慶玉家裡張貼的行宮字畫掛屏時，文蔚又說，北京琉璃廠就有賣這些仿製的宮廷字畫，不能確定就是慶玉私藏的行宮真跡。文蔚一行人至此已經毫不掩飾對慶玉的偏袒了。琦琛心中暗暗叫苦，無話可說。

從十六日開始，文蔚提審嫌犯，當天連問慶玉、魁明、恆齡子孫三人，一盞茶鐘就散了。接下去，文蔚只是讓隨行官員審問慶玉，沒再親自過問。這樣過了六天，突然出現了慶玉父子反過來控告琦琛貪汙索賄。二十三日，文蔚一行就從總兵衙門搬回石門驛居住，和琦琛劃清界限。當天，遵化知州袁正林來見琦琛，告訴琦琛十四日在石門驛時，欽差文蔚曾問起慶玉的各條罪狀，有沒有虛假，並詢問琦琛有沒有收受慶玉賄賂。同時，文蔚隨帶的工部司官玉某，曾到馬蘭峪修過工程，和慶玉交情深厚，所以審訊的時候，無論是私藏木材、碰壞陵墓門框、運石不遵舊章不用人抬而是用四輪車載、盜賣物資、子孫吸食鴉片等問題，多方引導慶玉等人回答，既不去尋求旁證，也沒有審訊家人、車伕。

從這種種偏袒慶玉的行為中，琦琛痛苦地察覺到：文蔚即便不是慶

玉的同夥，也並非真心查辦慶玉，這並不奇怪。慶玉盤踞東陵二十多年，經手的工程很多，有問題的項目數不勝數，如果一一查證落實，統管工程的最高機關 —— 工部難逃罪責。有關官員要連帶受罰。而文蔚是現任的工部侍郎，自然難辭其咎。為了部門利益，文蔚把慶玉案子大事化小是最現實的選擇。所以，文蔚在會奏道光時，沒有匯報查證慶玉被參各款的情況，反而是奏報了慶玉的誣告。同樣，工部司官玉某罔顧事實替慶玉開脫、工部尚書陳官俊涉嫌為慶玉通風報信、分理工部的軍機大臣穆彰阿選擇文蔚擔任欽差大臣並且涉嫌故意在工部大堂洩露查辦消息，也都可以理解了。所謂「官官相護」，這就是例子。

琦琛把這一切寫成多份奏摺，報告道光皇帝。道光二十年正月初五，道光下令將文蔚免職，調回北京接受調查。以倉場侍郎德興署馬蘭鎮總兵兼總管內務府大臣。

繼陳官俊、琦琛之後，文蔚成為慶玉案中第三位受到牽連的高官。他也不得不在萬家團圓之際奮筆疾書，為自己辯解。文蔚的說法是這樣的：

我十四日到達石門驛的時候，遵化知州袁正林求見。我考慮到此案與地方官無涉，而且今後事務難免需要地方官幫忙辦理，當即傳見。我早就知道慶玉是當地「大蠹」，擔心他不甘心失敗，生出枝節來。袁知州說他沒發現有什麼異常。我倆並沒有談到案子的詳情，我也沒有問袁知州琦琛是否受賄。我吃完午飯繼續起身，石門驛距昭西陵更近。我參拜後在昭西陵和奕綱貝勒見了一面，並未交談。從昭西陵到孝陵後，再與琦琛相見。之前琦琛派人沒把話說清楚，沒有約隨行官員一造成孝陵相見，所以等所有人聚齊又等了一段時間。

查案必須確實，有疑問就要深究。孝陵神路年久，但軋痕很新，隨行官員有疑必問。琦琛當時就怒形於色，之後多次告訴我他懷疑隨行官

員偏袒慶玉，又說慶玉此案恐怕與工部有關。我回答說，一切秉公辦理，不要說和本部有關，就是牽涉我本人，也要徹底追究。

十五日，我們一同查看慶玉住宅。垂花門等處都是官員住宅的常用款式，其中有斜山角梁房一座三間，上面蓋布瓦，似乎與宮廷裝飾雷同。至於漢白玉臺階是否違禁，法無明文。至於行宮字畫等情況，京城確實有售賣的。除了銅裱盤一件，沈源、曹夔音畫作各一張，上面有澹懷堂貼落，其餘物品沒有查實是行宮物品。

向來審辦案件，都是由隨行官員先行審訊。審問吸食鴉片、追究寄頓物品，都是我督帥官員審訊的。至於碰壞孝陵門框，用車軋損石路，慶玉都供認了。連日提訊各犯並查抄家產寄頓物品，也都是我督飭司員訊問。二十二日我讓官員再次審訊，原本可以畫供定案。這都是和琦琛商量辦理的。沒想到，當天慶玉父子狀詞牽涉琦琛，我當即請琦琛來，當面告知他情況。琦琛照例迴避。我既不與他會審，也不便住在琦琛的衙署，馬蘭鎮又無公所可住，所以奏明皇上移往石門驛候旨。琦琛狀告我偏袒慶玉，有意斡旋化解此案，沒有確鑿的證據，是汙我名節。

文蔚雖然在喊冤，但是他的辯解確實不夠有力。他也承認慶玉是一條「大蛀蟲」，他也承認琦琛揭發的慶玉各條罪狀基本屬實，自己不必核實。那麼，你為什麼不早日奏報，不深入調查，追求徹底結案呢？相反，文蔚當了慶玉的傳聲筒，增加了案件的複雜性。

北京城裡同時也湧起了波瀾。琦琛向慶玉開火，是得到睿親王仁壽、宗室禧恩支持的。慶玉在狀告琦琛的同時，有意無意老提到仁壽、禧恩，暗示他們三人結黨，犯了宗室不得干政的大忌。事後，琦琛專折奏報了自己與兩位王公的關係。他說：「我赴任前，睿親王仁壽說過慶玉人太奸猾，務必要小心防備他。閣學禧恩說過慶玉老奸巨猾，熟悉工程，近年來有些昏聵了。除了這些，並無別的話。」

　　睿親王仁壽也不得不解釋：「我和琦琛是親戚關係，他赴任前，我告訴過他留心防備慶玉。」禧恩也說：「琦琛赴任時向我問及慶玉的為人，我說他在任多年、熟悉業務，你是明白人，到東陵一年半載後便知道他的為人了。並無別的話。」由於慶玉指認禧恩曾經收受自己私藏的楠木、柁木，沒有按價支付料錢。禧恩不得不詳細說明：「道光十六年修理圓明園同九洲清宴工程需要用到大木，當時採購不到，慶玉說他那有大柁木六架，可以運來備用。木材運到後，發現木植間有糟朽，而且尺寸也不相符，所以就擱置在圓明園官廠暫存。我支付了慶玉三十兩銀子運費，但是沒有支付料錢。」經過現任圓明園管理官員查驗，其中四架大柁木後來截鋸成零件，用來搭建戲臺，還有兩架大柁木繼續閒置在官廠。禧恩陳述的是事實。

　　仁壽、禧恩算是把自己撇清了，道光皇帝沒有繼續追究。慶玉的檢舉看似沒有對兩位宗室王公造成實質影響，但是，仁壽、禧恩二人本來可以在琦琛與慶玉等人鬥爭過程中施以援手，如今被動挨打，自身難保，忙於撇清自己，事實上置琦琛於孤軍作戰的困境。如此一看，慶玉在棋盤上輕輕動了一個棋子，下了一手好棋。

　　慶玉一案發展至此，反腐者琦琛反而成了調查對象。嫌疑人慶玉的問題遲遲沒有調查清楚，琦琛的情況反而先被翻了一個底朝天。那麼，道光皇帝會怎麼處理琦琛呢？正月十五日，元宵節，道光公布了對琦琛的處理決定：琦琛以二品大員收受屬員饋贈，交兵部治以應得之罪，二十日，兵部尚書奏請將琦琛革職。

　　琦琛是不是罪有應得呢？嚴格來講，琦琛確實收受了下屬的饋贈。比如，他在官衙中使用的家具、用器，就都是慶玉送來的。到任時，琦琛曾經問過下屬，衙門裡的木器、鋪墊、簾子等物品都是誰的。下屬回答，東陵本地並沒有銷售木器等家具和日用品，衙門裡的物品大多數是

向慶玉借來的，一旦遇到短缺，也都是向慶玉借用。大人將來升任時，還給他就是了。琦琛考慮到這是歷代總兵的慣例，就默許了。這算不算收受饋贈呢？算。但是，清朝在制度層面並沒有給予地方官府行政費用。也就是說，地方官府辦公是沒有經費的。小到文房四寶，大到房屋修繕，都要官員自籌資金解決。官員多數選擇是讓下級官吏分攤或者把成本轉嫁給轄區的商家、財主，暗示他們「孝敬」。在現實操作層面，下級官吏和轄區百姓，主動表示還來不及，根本不用官員操心，衙門乃至官員家裡的一切用度自然有人操辦。在這個問題上，琦琛沒有免俗。而嚴格依法辦事起來，琦琛就落了一個革職的結果。

琦琛是一個悲劇人物。他勇敢無畏地試圖打破幾十年的舊局面，解決老問題，揪出大蛀蟲。可惜可嘆的是，他所處的環境是一個大染缸，官官相護，孤獨的反腐者沒有同盟，卑鄙的腐敗者沒有下限。個別想刷新吏治、有所作為的挑戰者，不知不覺地就成了失敗者。琦琛就是這樣的失敗者，是道光年間那個大染缸的犧牲品。

無處安放的真相

道光二十年（一八四〇年）二月初七，以定郡王載銓領銜的專案組，上報了慶玉「侵盜及僭越案」的審訊情況。從中可以看出慶玉「胡攪蠻纏」的本領：

首先，慶玉會睜眼睛說瞎話。比如，琦琛揭發慶玉承修孝陵工程時，違例在神路上拉運木料，軋下車跡、碰壞門框等。慶玉受審時供稱，階石太大，陵園內樹茂路窄，難以拉運，必須從五孔橋上行走，自己曾經報備工部存案。想不到，石料太重了，在拉運過程中把神路軋出轍跡，又不小心把隆恩門西間門框碰壞了。這樣一來，慶玉把自己的責

任撇得乾乾淨淨了。結果專案組諮詢工部一查，慶玉根本就沒向工部報備過。

其次，慶玉習慣性地推卸責任，而且把責任推給已經過世的人。比如，琦琛揭發慶玉房屋採取行宮款式，並用行宮字畫及更衣殿陳設裝飾。慶玉供稱，自己奉命拆卸盤山行宮內澹懷堂時，工匠把隨牆隔斷帶裱盤畫一件並沈源、曹夔音的畫作各一件失手拆損。慶玉請示已故前任內務府總管明杰後，拿回家裡揭裱，事後忘記上交了。明杰已經去世了，專案組沒有辦法找他核實；但是，即便明杰當時知情，慶玉把皇宮畫作用作私家收藏，僭越的罪名是逃脫不了的。

再比如，從慶玉家中查獲硃批奏摺十四件和諸多空白印文、官文等。慶玉供稱，嘉慶十六年間有已故的豐潤縣舉人王秀凝在他家幫辦筆墨，前任馬蘭鎮總兵福長安有時候也請王秀凝代為處理奏摺。查獲的十四件硃批都是福長安沒有及時上繳，存在王秀凝館內的。王秀凝辭職後，慶玉說自己忘記呈交了。至於蓋了公章的空白印文，都是歷年封印時蓋出來備用的。按照慣例，衙門的官印在年底要封存清洗，為了工作需要各個衙門都會預先蓋幾張空白印文備用，但是需要集中管理、事後銷毀。慶玉以「查案事竣後忘未送回，以致數年來積壓多件」為由，想推卸責任。這顯然是慶玉為自己把持政務而詭辯。在這個問題上，慶玉使用了睜著眼睛說瞎話、推卸責任、避重就輕等諸多胡攪蠻纏的手法。

那麼，慶玉的胡攪蠻纏能奏效嗎？理論上，風清氣正的政治環境中是沒有胡攪蠻纏的官員生存空間的。事實上，東陵貪腐案能夠一波三折、風起雲湧，慶玉遲遲得不到處理，恰恰說明他的胡攪蠻纏是大環境醞釀產生的。不如來看看專案組是如何處理慶玉的詭辯的：

慶玉個人的巨額財富，來源不明。比如，慶玉開設了多家木廠，裡面儲存了大量木材，而且自家宅院用楠木裝修。慶玉的解釋是：自己承

修皇家工程，拆卸下來的楠木有糟朽的，之前是充當薪柴變價銷售。自己覺得把糟朽處鋸掉、改大為小，還可以使用，就自己運回來儲存備用。至於慶玉家木廠查出的木料，慶玉也辯稱是每年工匠砍伐後，留下的次品。因為「歷年既久，難計株數」。如果是認真的官員，一一核實皇家工程的次品數量，無法核實的就是慶玉貪汙的；同時，就算是慶玉出於節約考慮，保留的次品，也不能私自變賣，把所得銀兩歸為己有。但是專案組的處理是，諮詢工部後認為換下舊料木材折成薪柴處理，是有制度依據的。他們認為慶玉此舉的主要罪行是「壟斷居奇」，而不是更嚴重的貪汙。

琦琛揭發慶玉勾結工部書吏劉文濤，為自己承修的工程順利透過驗收提供方便，有劉文濤寫給慶玉的書信為證。在信中，劉文濤說自己要隨同工部司員愛山、王巽赴東陵驗收工程。慶玉供稱，自己和劉文濤很早就認識。之前，慶玉承辦的工程驗收，劉文濤隨同愛山等人前來，向他索要銀兩。慶玉滿口答應了下來，約定款項報銷後分給他一百兩白銀，不料銀子沒領自己就被革職了，所以銀兩並沒有付給劉文濤。專案組審訊劉文濤，兩人的口供一致。劉文濤在信中稱，工部此次工程驗收，自己可以設法挽回；工部的其他工程，自己也可以設法辦理。意思是自己在工部的實際權力很大，可以上下其手。但是，面對專案組，劉文濤堅持說信中都是胡說八道的，自己只是想多要點錢而已。其實，工部如何派人，如何驗收，不是他一個小小的書吏能夠干預的。他給慶玉的書信，是個人行為，愛山等官員都不知情。就這樣，劉文濤一個人把責任攬了下來。應該說，這封信件，可以揭開工部書吏上下其手，舞弊賄賂的情況。這是清朝工程驗收腐敗問題的黑幕一角，是一個非常好的反腐切入點。可是，專案組最後採納了劉文濤的說法，把慶玉和他的這點事大事化小、小事化了了。

東陵貪腐：黑手伸向皇帝陵墓

專案組這種大事化小、小事化了的「和稀泥」做法，在其他罪行上也表現得淋漓盡致。比如，在慶玉的女兒家中查出官金二百兩。慶玉怎麼藏有官金呢？慶玉的解釋是：承辦皇家工程時凡有鍍金的活計，所領的官金只有七成品色，如果把官金發給工匠，恐怕工匠挑斥成色，導致折耗，所以就把黃金折成白銀發給工匠。查獲的二百兩官金，都是他歷次承辦鍍金活計領到的官金陸續積存下來的。對於這件事情，專案組倒是認認真真核查了。

工部回覆說，東陵自嘉慶十八年後辦過鍍金活計共九次，共領過官金一千六十餘兩。專案組據此認為，慶玉供稱的二百兩官金是之前各次工程中陸續積存的，「尚非無據」。「尚非無據」四個字，就把慶玉的罪行給一筆帶過了，也把專案組的責任給推卸掉了。

而且，專案組還為慶玉的做法開脫，說慶玉以金易銀發匠鍍飾，「雖係通融辦理，尚未貽誤要工」。看來，朝廷還要嘉獎慶玉通融辦事的功勞囉？

這樁樁件件，都說明和稀泥的專案組和朝廷，都不想把東陵貪腐案徹查清楚，就連已經暴露出來的慶玉的罪狀，都不想調查清楚。只是可憐了一心除害的揭發者琦琛，把自己給賠了進去。

清朝北京城有民謠說：「樹矮牆新畫不古，此人必是內務府。」這句話的意思是：北京城裡出了一座新蓋的豪宅，院子裡的花草樹木是新移植的，牆是新砌的，掛的畫沒有老畫，而是新採購的當代畫作，那麼這人一定是在內務府當差了。北京城生活成本高昂，很多新科進士分配到中央部院當官，當了十幾年京官還要到處租房住。但是，對於內務府的官吏來說，一切生活成本都不是問題。因為，全北京城都知道，內務府官吏吃拿索賄、貪汙挪用，很快就成了暴發戶。慶玉是其中的一個大暴發戶。他土豪的名聲，都傳到幾百里之外的京城了，京官們幾乎人盡

皆知。那麼，他的巨額財富是如何聚斂的？慶玉估計沒有料到朝廷會查辦自己。所以家中的宮廷字畫、楠木、官金和奏摺、公文等都沒有絲毫的隱藏。子孫吸食鴉片，也肆無忌憚。如果所有罪狀真要處理，慶玉性命堪憂！

專案組審訊幾個月後，認為慶玉隱匿公文、監守自盜，按律應斬監候。但是，慶玉能夠把白銀如數退出，應該按限內完贓例減二等，從死刑改為徒刑；慶玉種種僭越行為，種種貪汙木材行為，照監守自盜律，擬判徒刑；慶玉承修孝陵工程，從神路進入隆恩門，導致神路軋下轍跡、碰損門框，屬於玩忽職守，應杖一百、流二千里。數罪並罰，慶玉盤踞把持、貪墨營私，專案組奏請將他從重發往新疆充當苦差。慶玉年逾七十，本來可以從輕處罰，但因為情節較重，不准收贖。已革內管領魁明身任職官，違例吸食鴉片，發往烏魯木齊充當苦差。已革主事恆齡曾經吸食鴉片，專案組認為已經戒絕，勒令休致，因為已經革職，毋庸再議。工部書吏劉文濤隨往長官驗收工程，私下給慶玉信函索取賄賂，雖然沒有支付，也應照律問擬。劉文濤應革退書吏，杖一百、徒三年，交給順天府定地充徒。道光皇帝一一照准了。

東陵貪腐案除了慶玉的種種不法行徑外，在案發後存在轉移寄頓財產的問題，引發了案中案。專案組審訊過程，進一步查出慶玉在北京的財產，還有瑞復興印局一處、胡大成等煙袋鋪三處，並鐵匠營地方房屋一所。

此外，文蔚查出的慶玉田契共計二百餘頃土地，坐落在遵化州、薊州、灤州、豐潤、玉田、三河、武清等縣。專案組查明慶玉田地契約和收帳的帳簿不符，懷疑慶玉在京畿地區隱藏了大量的土地。之前，道光皇帝敕令直隸總督及各地官員，要求佃種慶玉田產的老百姓據實呈明。但是，專案組和直隸地方官員，並沒有踏踏實實地查詢土地情況，只把

工作主要停留在審訊相關人員的程度。慶玉供稱，自己置辦的土地有總簿可以核對，至於歷年收租的情況都是家人呂明等人經手的，自己並不清楚實收情況。專案組向呂明及陳八、馬三、趙七、陳慶奎等人審訊，這些人都供稱自己只是代慶玉收取地租而已，經手的田租都有底帳可查。

至於慶玉土地究竟有多少，他們身為家人哪裡知道？核查田地情況工作量大，專案組自己不願意做，也沒法做，就奏請將查出的慶玉田產總簿和收租帳目，連同家人呂明等一併交給直隸總督會同馬蘭鎮總兵，就近核查。這麼做，就等於把問題推給未來了。

事實上，就連慶玉在遵化地區查獲的家產到底有多少，也是一筆糊塗帳。前任欽差大臣文蔚上奏，查出慶玉宅院、塋地、木廠等，住房二百四十五間、衣服一千一百五十五件、金二百兩、銀一千六百六十餘兩，首飾、家具、房地契紙、租冊、木植等。

繼任的、署理馬蘭鎮總兵德興上奏，他和文蔚移交財產清單，一一核對，發現其中多有不符。文蔚解釋說，一時匆忙，難免有錯，來不及更正。德興親自查看，發現慶玉家各屋門窗雖然封鎖了，而屋內物品都散亂在地，各箱衣服雖有件數也沒有分類歸清，而且各箱都只黏貼封條，沒有釘鎖。這樣就押解進京，不僅運到北京後難以稽查，而且長途運載難免磨損。所以，德興奏請開封逐一更正、分類歸清，逐一核對後編號封箱、釘鎖堅固，再加印封黏貼。

德興仔細核查後，先發現慶玉有住房一所計二百四十五間，塋地房五十六間，地契二百十一張，房契七十九張計房間鋪面五十所，紫檀桌椅等項共四十七件，花梨桌案共七件，楠木桌椅等項共一百零二件。收租帳簿二十二本。當鋪兩座，錢鋪一座，錢酒鋪一座，酒鋪一座，估衣鋪一座，布鋪一座，柵檟鋪一座。二月初四，德興又查出房地契約二十張，計地九十三頃三十餘畝，計房三百六十餘間。此外，慶玉有皮

衣十二箱，共計三百二十件，金二百兩，銀一千六百六十餘兩，銅錢二百五十吊，人蔘三十一枝，大小金玉銀簪並零星首飾三百七十件，朝珠玉玩四十九件。三月初九，遵化知州袁正林申報，查出慶玉家人王雨、梁明有寄頓皮衣、皮帽、鐘錶、菸壺、扳指、錢折及借錢契紙等件。大家關心，慶玉到底有多少財產？可惜的是，誰都不知道！慶玉的財富分布太廣，業務太多，而且沒有官員願意埋頭一一核查。這最終成了一筆糊塗帳。

四月十一日，德興奏請將由慶玉家內抄出的兵役米票二百八十二張，計米約八百七十九石，交官倉詳查。慶玉稱自己經管永濟倉曾墊付白銀數千兩，經查純屬捏造。慶玉經管官倉，不追求照章辦事，不想著把業務辦理得清清楚楚，就是為了方便自己矇混過關。公事公辦，查辦官員也沒有俯身埋頭，徹底調查此案。

即便是這筆糊塗帳，也有人惦記。這裡又引出了另一筆「糊塗帳」。就在專案組即將結案的時候，慶玉長兄慶福之子、已故內管領華封之妻李氏等稱，朝廷查封的慶玉財產，並非他一個人的，而是家族共同財產。李氏說，他們雖然與叔叔慶玉等人住在一起，但各自生活。因此，請求官府把屬於他們的那一份查封家產發還。專案組審訊慶玉。慶玉供稱，自己兄弟三人，胞兄慶福、慶呂都已經病故。慶玉在道光四年間，由親戚作中，與姪媳婦李氏等將家產均分，立有單據。朝廷律例規定：官員查抄家產，即便兄弟沒有分產，也應該將產業查明按股計算，只將罪犯名下財產入官。因此，專案組要求馬蘭鎮總兵查明慶玉與慶福是否同胞兄弟，是否已經分家，查明後報告內務府照例辦理。

有了專案組的意見後，慶昌之妻劉氏、華封之妻李氏又要求，除了討要查抄的物件外，還請求將住宅、塋地發還自己那一股。因為慶玉住宅、塋地存在僭越之處，相關官員不敢決定，奏請皇帝處理。因為資料

欠缺，筆者不知道慶玉的家產有沒有被親屬拿回去一部分。但是，有兩點是可以肯定的：

第一，慶玉的巨額財產永遠是一筆糊塗帳；第二，對查抄家產的處理，也是一筆糊塗帳。

清朝中期，雍正、乾隆對貪腐的從嚴、從重處理。相比而言，道光皇帝對東陵貪腐案的處理是一個大倒退。雍正朝有「追贓」制度，認為貪腐官員貪贓違法，根本上是為了家族親屬牟利，因此要「父債子償」，追究到底。經過兩代以後，到了道光朝就退步成了糊裡糊塗，矇混處理了。

東陵貪腐案以爆炸性的罪行開局，罪犯劣跡斑斑，案情牽涉眾多，結果「雷聲大，雨點小」，糊塗結案。當時已經是道光二十年，也就是西元一八四〇年的春天了。就在道光皇帝和相關官員為祖宗陵寢之地的紛爭終於了結而輕鬆下來，就在涉案官吏和沒有被挖出來的官吏慶幸自己躲過一劫，終於可以鬆一口氣的時候，英國人已經操縱著堅船利炮，劈風斬浪，氣勢洶洶而來。鴉片戰爭爆發了！一個黑暗昏庸的政權，即將在轟隆隆的炮聲中土崩瓦解。

國庫失竊：

千萬兩白銀不翼而飛

碩鼠鑽進了國庫

清代歷史上最大規模的虧空案是道光二十三年的戶部銀庫失竊案。

戶部主管全國財政，天下稅收最終匯集到戶部銀庫。「銀庫為天下財賦總匯，出納均有常經。各省歲輸田賦、鹽課、關稅、雜賦，除存留本省支用外，凡起運至京者咸入焉。」戶部銀庫便是清朝的國庫。「國庫」二字，就給人戒備森嚴、律令嚴肅的高大上位之感，怎麼會發生「失竊」的低級問題？竊賊是怎麼做到的？此案又會如何處理呢？

道光二十二年（西元一八四二年），北京城裡萬泰銀號的掌櫃張亨智，想為其子張利鴻捐納知州官職。知州是一州行政首長，一般是從五品，介於知縣與知府之間，捐納的費用總共在白銀一萬兩出頭。辦完前期手續後，十一月初二，張家人託付其親家周二將一萬一千四百七十四兩銀子分成十一袋送到戶部銀庫交錢。

當天，戶部銀庫集中接收捐納銀兩，由於捐官的人太多，直到傍晚才輪到張家交銀。巧合的是，張亨智的弟弟張誠保是銀庫當差的庫丁，當天負責銀兩的檢驗收納。周二和幫手張五一起，將一袋袋白銀攜進庫門，逐一交給張誠保。張誠保在銀子上秤、驗色等過程中，不知是有意還是疏忽，將第二袋誤報成了第三袋。現場的監察御史、庫官等官員都沒有聽出來。見一旁官員沒有注意，張誠保就故意矇混，繼續多報袋數，實際只驗收了七袋銀子，卻報成了十一袋。周二、張五兩人辦完所有手續，身邊還剩下四袋銀子，約四千一百兩。買官少花了這麼多錢，他倆很高興，拿著四袋銀子就要回家。

然而，現場官員雖然沒有發現張誠保的伎倆，其他庫丁卻是看在眼裡，嫉在心裡。見周二高高興興地走出銀庫，這些庫丁一哄而上，攔住去路，討要好處。周二自然不願意，雙方便推搡衝突起來，庫丁們搶走

了部分銀兩，周二最後只拿三千七百兩銀子回到張亨智的萬泰銀號。幾位知情的銀號管事人，這時也向張亨智討要好處。身為銀號的東家，張亨智完成了一椿大事，散給夥計們一些禮金，圖個一團和氣，也是應該的。可估計張亨智是個吝嗇的掌櫃，沉浸在四百兩銀子的「意外」損失之中，看到銀號管事們也來要錢，氣不打一處，把幾個人痛罵了一頓。幾位管事失望之餘，不甘受辱，聯名到衙門控告。他們告什麼呢？他們一不告掌櫃辱罵，二不告掌櫃買官，單單告發戶部銀庫庫丁張誠保串通哥哥張亨智，偷漏國庫銀兩！

幾位管事嘔氣一般的控告，砸開了清朝最大規模的虧空案的大門！

也許是幾位原告找到了直達天聽的渠道，也許是有官員不嫌事大暗中相助，狀紙成功擺到了道光皇帝的案頭。道光皇帝是個庸才，眼界尋常，但在一項事情上感覺敏銳、富於聯想，那便是銀子！張誠保偷漏銀兩一事，道光迅速判斷情況屬實。他關心的是這是一起個案，還是持續存在的普遍現象？道光擔心「此等積慣辦弊之人，恐盜用已不止一次」，於是「欽派大臣將庫項全數盤查」。自從嘉慶早期以後，朝廷已經四十多年沒有盤查過家底了。這次全面盤查，會有什麼樣的發現呢？

刑部尚書唯勤接受了這項艱巨的任務。後人自然無法目睹唯勤當日盤查的景象，唯勤也沒有留下詳細的記載。筆者只能從同時代的類似記載中想見當日景象。比唯勤稍晚的吏部官員何剛德參與過多次對戶部各倉庫的盤查，他在筆記《春明夢錄》中留下了明確的盤查倉庫紀錄，向後人展現了戶部倉庫光怪陸離的內幕。何剛德記載最詳細的是緞匹庫，緞匹庫是戶部三庫之一，為國家儲存布匹。布匹都存在庫中二層樓內，何剛德發現，樓上積土常年沒有打掃。詢問管庫官吏得知，庫藏已經兩百多年沒有打掃過了，塵土堆積太厚就在上面加蓋蘆席，層層疊疊不知加蓋了幾次，也不知底下是否腐朽空虛。何剛德腳踩在上面感覺像踩在

國庫失竊：千萬兩白銀不翼而飛

棉花上一樣，同時一腳下去灰塵四處飛揚。查緝匹庫的官員有十幾人，大家分樓查點。可是，每處的布匹成百上千匹，有的以一二十匹為一捆，有的以數十匹為一捆，負責官員焦頭爛額，只能抽查其中一二捆而已。何剛德負責清查庫存的三線羅，發現有數百捆館藏，每捆幾乎高達屋頂。怎麼查呢？何剛德就命令戶部當差的庫役從最高處拿下一捆抽查。庫役百般不情願，可又不好拒絕，搬來梯子爬上去，高舉一捆布，倒擲地上，頓時樓上塵土飛揚。查驗之時正好是盛暑，清代的倉庫空氣流通又差，人待在倉庫裡時間一長就揮汗如雨，汗水和積塵一混合，何剛德便面色黧黑。這是庫役嫌何剛德苛察，惡作劇來整他。何剛德也不好發作，轉身和同僚談及此事，同僚反倒埋怨他：「誰叫你多事！」負責盤查的官員就一笑而散。至於真實的庫藏情況，何剛德認為「日積月累，幾不可數計」。緞匹庫如此，其他倉庫情況類似。

　　唯勤盤查銀庫，遭遇的情形類似，但是徹查的結果卻不同。銀庫內的銀兩，每千兩裝載一袋，依次擺放。盤查官員無意間觸碰了一下銀袋，手感不對，打開一看，所謂的「每袋千金」竟然是用白布裹著木頭冒充的！唯勤等人一一清查，發現銀袋絕大多數都是假的，大清的銀庫都快變成「木頭庫」了。

　　唯勤又驚又怕。驚的是，戶部銀庫顯然管理失職，虧空駭人聽聞；怕的是，這是一起要掀起朝廷血雨腥風的大案！不知多少人要頂戴落地、腦袋搬家。自己要不要做那個拉響大殺戒警報的人？戶部所轄各倉庫雖然是其下屬機構，但由皇帝直接選派的「管理戶部三庫大臣」（簡稱管庫大臣）控制。銀庫出了這麼大的事兒，管庫大臣肯定難辭其咎。而歷任管庫大臣不是內閣大學士就是軍機大臣，甚至還有王爺貝勒等宗室貴戚，哪個他都惹不起。當時的管庫大臣就是內閣大學士、首席軍機大臣穆彰阿。穆彰阿任軍機大臣長達二十四年，其中又有十四年任首席軍

機，深得道光帝寵信、門生故舊遍天下，權勢熏天。之前長達數十年沒有盤查銀庫，有人頗有微詞，但忌憚穆彰阿的勢力，誰也不敢多嘴。如今，唯勤是該閉嘴呢，還是該多嘴呢？

唯勤好歹也是刑部尚書，非等閒之輩，這個讓唯勤都擔驚受怕的穆彰阿到底是何許人也呢？他為什麼有那麼大的權勢呢？

道光朝的行政可以分為前後兩期，前期是以「多磕頭少說話」而聞名的曹振鏞掌權，後期就是穆彰阿掌權。這二人的名聲都很糟糕，曹振鏞是昏庸無能，穆彰阿則被後來繼位的咸豐皇帝評價為「保位貪榮、妨賢病國。小忠小信，陰柔以售其奸；偽學偽才，揣摩以逢主意」。當時朝野普遍認為穆彰阿一味揣摩聖意，不但無所作為，而且還結黨營私，打壓忠良，比曹振鏞還不如。

穆彰阿歷任朝廷各部院首長，對局勢的改觀沒有任何創見，相反，還在鴉片戰爭期間力主求和妥協，簽訂了割地賠款的合約。

對於王鼎、林則徐等力主抵抗的官員，穆彰阿堅決打壓；對於洶湧而來的彈劾浪潮，穆彰阿滿不在乎。相反，穆彰阿長期占據要職，關係盤根錯節，隱約形成了「穆黨」。

據說，廣東順德才子羅惇衍年少及第，一次通過選拔即將外放學差。羅惇衍便去拜謝狀元出身的內閣大學士潘世恩。潘世恩得知羅惇衍沒有先去拜見穆彰阿，大驚失色，惋惜道：「你沒見穆中堂就先來見我，大好前程可就沒了。」羅惇衍不信。次日，宮中傳旨羅惇衍年紀尚輕，不勝外任，某某學差另派他人前往。清朝二百多年，已被放差卻又收回成命者僅此一例。況且，羅惇衍並非當年外派學差中最年輕的人。穆彰阿的勢力和作為，可見一斑。

穆彰阿遺留的言行不多，仔細分析略顯單薄的經歷，筆者發現他並非一貫如此。穆彰阿進士出身，逐步升遷為侍郎。嘉慶二十年，穆彰阿

國庫失竊：千萬兩白銀不翼而飛

署理刑部侍郎，因一日之內呈上二十多件斬立決的奏本，反而被嘉慶皇帝認為是積壓案件，貶為光祿寺卿。之後的整個嘉慶朝，穆彰阿歷任兵部、刑部、工部、戶部侍郎，幾乎成了一個「千年侍郎」。原本勇於任事勵精圖治的行為，反而遭到皇帝誤會，仕途嚴重受挫，穆彰阿在打擊之後思想觀念大變，變得保守圓融，明哲保身。這種狀態在道光皇帝看來卻是老成持重，穆彰阿在道光時期得以扶搖直上，最後掌握大權二十年。客觀地說，穆彰阿不是貪官，也不是小人，相反，他擁有較敏銳的眼光和較高的行政能力，素養在「中人之上」。但是，穆彰阿沒有把能力用來實實在在地做事，反而嚴誡弟子門生多一事不如少一事；穆彰阿沒有把眼光用來革故鼎新，把握大勢，反而用來維護既有的制度與利益。他最終從一個銳意進取的年輕侍郎，消磨成了暮氣深重且老奸巨猾的權相。《清史稿》穆彰阿的傳記相當粗糙，幾乎是他的官場履歷的羅列。之所以如此，是因為他真的沒有留下什麼闡述觀點的文獻，也沒有突出的政治作為，恰好體現了穆彰阿的執政特點和道光朝的政治風氣。

穆彰阿擔任戶部銀庫管庫大臣十多年。銀庫暴露出來嚴重問題，首先要找他問責。可是，唯勤面對如此強大的問責對象，哪裡敢在「太歲頭上動土，老虎頭上拔毛」，甚至連揭露真相的勇氣都不足。事實上，戶部銀庫之前就陸續暴露出很多問題。道光九年發生過「戶部庫丁吞帑、書吏過賄案」，道光十二年接連發生了「戶部銀庫圍牆外庫丁跨溝建房案」、「戶部庫丁戴雲峰等舞弊案」。這些弊案無不表明國庫管理混亂，官銀存在巨大隱患。可是，所有案子都大事化小，如同塵埃一般散入風中，消失得無影無蹤。如今這樁新案會不會像往常一樣隨風而逝呢？

張誠保偷漏銀兩發生的時間，注定了此案不會輕易了結。事件暴露的幾個月之前，道光二十二年夏天，穆彰阿不顧反對，主導簽訂了《南京條約》，割地賠款。群情激憤，形成了一個抨擊穆彰阿喪權辱國，要求

懲治奸臣的群體。這些人絕大多數出身科舉，以道德相互號召、以品行相互砥礪，且集中在翰林院、都察院等清要部門，人們將其與占據行政要津、負責實務的官僚群體相區別，稱之為「清流黨」。清流黨聚集在體仁閣大學士，軍機大臣潘世恩身邊，早就想找機會扳倒穆彰阿了。

北京城裡無祕密，銀庫盤點的情況很快流傳到了官場。穆彰阿長期管理的國庫嚴重虧空，這簡直是給政敵天降大殺器！清流黨們如獲至寶，哪肯輕易放過？於是，由大學士潘世恩領銜，祁寯藻（軍機大臣）、李振祜（刑部尚書）、祝慶蕃（禮部尚書）等列名，於道光二十三年（一八四三年）三月十八日將張誠保盜銀案連同戶庫虧空情況一起上奏道光皇帝，要求徹查追責。

受命查庫的唯勤此時不能再「捂蓋子」了，三月二十六日向道光帝詳細匯報盤查銀庫的統計結果。唯勤督率官吏核查戶部的帳簿，結合到銀庫實地盤點，統計「實應存銀一千二百十八萬二千一百十六兩七錢四分七厘」，而銀庫「實共存銀二百九十二萬九千三百五十四兩四錢四分，較原冊所開之數實虧銀九百二十五萬二千七百六十二兩三錢七厘」。九百二十五萬餘兩白銀不翼而飛！這是什麼概念？道光中期，朝廷一年的財政收入在四千萬兩上下白銀，也就是說將近四分之一的年收入不見了！而庫存的二百九十二餘萬兩銀子，連當年京師應發餉銀、俸祿都不夠，更不用說支付剛剛簽訂的給英國人的賠款了！

道光皇帝接到潘世恩等人的奏摺，已經料到國庫會有嚴重虧空，但以為本朝開國兩百年，多少還有一點家底。誰料想，看了唯勤的盤查報告，自然根本談不上家底，連「一貧如洗」都算不上，實是站在了國家破產的邊緣。道光皇帝感嘆「朕愧恨忿急之外，又將何諭」。他對嚴酷的事實無言以對，不知如何是好了！

庫丁們的生財之道

措手不及的道光皇帝已經六十一歲高齡了。

道光在歷史上出了名的節儉，節儉到了對自己吝嗇的地步。為了節省銀兩，道光皇帝嚴格控制自己的口腹之欲。據說，道光皇帝聽說購買湯粉費用高昂，就放棄了這道偏愛的小吃；皇后生日慶宴，他只准宰兩頭豬，竟然用打滷麵招待群臣。道光皇帝可能是古代唯一一個穿打著補丁的龍袍的皇帝。不用說，目的也是省錢。可就是這麼一個節儉的皇帝，還是一直缺錢。道光朝最大的內憂就是財政問題。

筆者來為道光二十三年的清朝算一筆帳。之前蔓延三年的鴉片戰爭耗費軍費二千五百萬兩白銀，戰後清政府向英國賠款二千一百萬銀元，分四年交清，使清朝的財政情況雪上加霜。當時的黃河也災害頻發，道光二十一年（一八四一年）夏天黃河在河南祥符決口、道光二十二年夏天黃河在江蘇桃園決口。朝廷堵決口賑災民，又扔進去二千多萬兩白銀。這些還算是額外開支，糧餉俸祿、土木工程等常規開支每年大約四千萬兩。道光皇帝的家不好當，朝廷開支的壓力貫穿道光皇帝的執政生涯，如影相隨。他能做到的，一是日夜勤勉執政，及時處理各種政務，盡量維持朝廷順暢運轉；二是對自己狠一點，能節省的就節省，就差變賣家產換錢了。令道光皇帝沮喪的是，即便如此，朝廷還是入不敷出，日子過得很緊。問題到底出在哪裡？道光皇帝是百思不得其解。

就在道光皇帝為籌措鴉片戰爭賠款和黃河水災救濟的時候，突然爆出國庫空虛，虧空將近千萬兩，他是欲哭無淚。在道光看來，皇帝是合格的皇帝，那麼問題就只能出在不稱職的大臣們身上了。道光認定，國庫虧空是大臣們倦怠失職，乃至貪汙腐敗的結果。

在接到唯勤盤查報告的當天，道光皇帝提筆痛責諸臣。他直言國庫

虧空如此巨大「實屬從來未有之事」，有人膽敢通同作弊，任意攫取國庫官銀，簡直是「喪心昧良，行同背國盜賊」。道光歷次派出的管庫大臣、查庫大臣，都是親信大員，竟然也相率因循，毫無覺察，也沒有一個大臣出來檢舉揭發，全都辜負了道光的信任。道光質問所有大臣：「不知諸王大臣有愧於心否？」同時，道光也自責：「朕自咎無知人之明！」

把大臣們全部罵了一遍後，案子還是要查清楚。道光皇帝指派定郡王載銓、大學士兼軍機大臣穆彰阿、大學士兼戶部尚書敬徵、兵部尚書裕誠、軍機大臣兼工部尚書賽尚阿組成專案組，調查虧空的原因，追究責任。

調查還在繼續，國庫虧空的後果迅速顯現。委派專案組的第二天，三月二十七日，道光皇帝下令壓縮公共事業和土木工程的經費，凡是可以裁減的即行裁減，可節省的即行節省，之後，道光又下令由地方財政籌措對英國的戰爭賠款，而不是由中央財政支付。為了解決國庫空虛見底的困境，道光皇帝的基本思路是壓縮非必需開支，同時把財政壓力下移給各省。結果，清朝投向社會管理的撥款越來越少，就連水旱災難救濟都難以顧及。例如，一八四四年至一八五〇年間爆發了連續的大災荒，波及黃河、長江流域的上千個州縣。災害程度比一八四一年至一八四三年間黃河決口更嚴重、持續時間更長，但清政府救濟卻僅有撥款九百多萬兩。同時，地方財政壓力驟增後，各省拖欠戶部應上繳稅銀大幅增加，晚清地方拖欠中央稅款成為常態，進一步惡化了中央財力。更深層的原因是，中央財力微弱，對宏觀經濟調控能力喪失，引發幣值混亂、市場不穩等諸多現象。總之，道光二十三年的國庫虧空案與鴉片戰爭一起瓦解了中國傳統的財政體制。從這個角度來看，此案歷史意義重大。

當然，此案的專案組不會清楚案件的歷史意義，他們埋頭於案情的

國庫失竊：千萬兩白銀不翼而飛

梳理。專案組計劃調查銀庫之前的盤查紀錄，赫然發現銀庫有關道光三、四、五、九、十二年共五次查庫的原始文鈔，竟然也不翼而飛了。顯然，有人想把銀庫的汙水攪得更渾，也給專案組一個下馬威。

任何案件，只要辦案人員想查，方法總比困難多。天下沒有查不清楚的案子，只有不想徹查的辦案人員。領銜專案組的定郡王載銓，恰巧是個一心查案的主。載銓出身於乾隆皇帝早逝的長子一脈，是年長的宗室晚輩。道光皇帝多次委派他辦差、查案。

載銓磨練出了高超的辦案能力，且經驗豐富。更重要的是，載銓對穆彰阿妥協求和、把持朝政的做風也非常不滿，對祖傳的江山割讓給英國、自家的銀庫白銀神祕消失痛心疾首。因此，載銓下定決心要把銀庫虧空查個水落石出。

載銓調查的結論是：有人偷盜國庫九百二十五萬兩白銀，但並非一人所偷，也非短期作案。至於案犯，載銓基本上鎖定在了銀庫的庫丁。巨大虧空是庫丁經年累月盜銀，積少成多所致。懲辦庫丁，自然不是載銓的目的。既然庫丁長年累月偷盜官銀，那麼監管和查庫官員是否有責任呢？載銓的厲害之處在於，他在調查結論後面附上了自嘉慶五年起至道光二十三年之間歷任戶部銀庫司員、查庫御史的名單。

那麼，清朝對國庫的監管制度是怎麼設計的？庫丁何以在監管之下，數十年如一日地往自己家裡搬銀子呢？

國庫之重，毋庸多言。為了保證官銀安全，朝廷制定了嚴格的管理制度。銀庫設置管庫侍郎一員，負責日常管理。銀庫作為戶部的下屬機構，管庫侍郎例由戶部左侍郎兼任。專職官員則有郎中、員外郎和司庫等多人，下面還有數名書吏，處理銀庫的日常事務！為了預防官員結黨營私，皇帝特派宰相級別的重臣充任管庫大臣，是為國庫的最高長官；委派御史定期稽查戶部三庫，簡稱「查庫御史」；此外還不定期地選派

「查庫王大臣」，有權隨時查驗國庫。這些委派官員都不是戶部的官員。應該說，銀庫的監管制度是完備的。

銀兩驗收、搬運、存儲工作瑣碎又費力，加上銀庫環境悶熱難挨，因此徵調了十二名庫丁從事體力勞動。官員無權入銀庫，只有庫丁才能進入銀庫工作。為了防止庫丁偷盜銀兩，清朝制定了堪稱嚴苛的制度：庫丁進入銀庫，無論寒暑都必須脫得一絲不掛，裸體從官員面前魚貫而入，入庫後穿上統一發放的工作服，工作完畢再光溜溜出來，再次接受檢查。檢查時，庫丁要平伸兩臂，露出兩肋，兩腿微蹲，然後抬臂拍手，跨過一個板凳，跨越時還要張嘴學鵝叫。這一套動作是為了表明自己體內、腋下、嘴裡、手中都沒有夾帶銀子。

如此嚴密的防範，庫丁還能偷竊官銀嗎？答案是能！

終日與白花花的紋銀為伍，激發出庫丁們五花八門的偷盜手法。第一個是谷道藏銀，就是將銀子塞進肛門帶出庫房。這招得能吃苦，還要勤加練習。庫丁要從小就用工具刺激肛門，使之逐步擴大，再用雞蛋裹上香油塞進去擴張，再後用鴨蛋或鵝蛋塞進去擴張，最後使用鐵丸擴張，直到能夠塞進去十兩重鐵丸十顆就「學成出師」了。經過這樣的訓練再事先配合使用鬆骨藥，一次用肛門夾帶出銀子六七錠就很平常了。據說，庫丁們最喜歡江西省上繳的官銀，因為江西銀不僅成色足，而且外表最光潔，最適合谷道藏銀。第二個手法是茶壺帶銀。庫房悶熱，允許庫丁攜帶茶水入庫，出庫時將茶壺倒扣，以示沒有藏銀。冬天時，庫丁在壺裡裝上茶水，把銀子藏進茶壺裡，開蓋使得銀子凍在茶壺裡，出庫時自然倒不出來。另外，每次開庫都要用清水灑地。挑水的庫丁會設計帶有夾層的水桶，把銀子藏在夾層裡偷帶出來。第三個是「獼猴盜銀」的奇招。銀庫曾馴養了幾隻獼猴看守內庫，誰知庫丁利用猴子喜歡模仿人的習慣，教唆獼猴吸食鴉片，等獼猴上癮之後，再教牠去偷銀子換鴉

國庫失竊：千萬兩白銀不翼而飛

片。每當獼猴菸癮上來，就會去為庫丁偷銀子。獼猴動作敏捷，成為庫丁盜竊庫銀的得力幫兇。

後來銀庫停止養猴，這個手法也就沒有用武之地了。

當然，以上手法，後人都是道聽途說，無法目睹。有人經過嚴謹分析，認為庫丁們不必使用肛門夾帶等陰招損招，而是利用一些陋規。比如，外省解餉到國庫，每萬兩銀子須附加解費六十兩。這筆千分之六的灰色收入，就是由銀庫官吏和庫丁們分潤。

此外，銀庫裝白銀的麻袋是刷砂漿縫製，每條麻袋重十五兩，這樣每出庫一千兩白銀，就可以賺取十五兩白銀。最賺錢的還不是這些，而是利用銀兩標準不同來賺取差價。國庫的庫平銀一千兩比北京的京平銀重三十六兩。而各個衙門每月是按庫平銀標準領取餉銀，但是發放的時候卻是按照京平銀標準發放，這樣一千兩白銀出庫就能落下三十六兩利潤。此外，庫丁們可以在收銀環節弄虛作假，類似於本案起因張誠保那般與外人串通少收銀兩，或者收受不足成分銀兩，比如將六七百兩甚至四五百兩當作一千兩入庫。

上述種種都顯示，庫丁在工作的各個環節都可以中飽私囊，差使肥得流油。朝野公認庫丁是雜役中最肥的差使，三年任期役滿可以落下三四萬兩。進出庫房比較頻繁、手段比較靈活的庫丁，收益就更高了。同樣，戶部所有官員中，銀庫郎中是最肥的職位。三年一任，任滿能落下二十萬兩，就是廉潔自律的也能分得十萬兩灰色收入。整個銀庫閃耀著銀子的萬丈光芒，官吏、庫丁們趨之若鶩，分享豐厚收益之餘結成了牢不可破的利益集團。滿人依靠政策優勢，把持了國庫的所有差使，漢人無法染指。京城的漢族官員曾經笑談，一個漢人就算榮升戶部尚書，也不知道戶部到底有多少銀子。

也有人憤慨，監管官員難道就熟視無睹？朝廷設計的查庫制度就不

能發揮作用嗎？

　　制度始終在正常運行，查庫御史年年都在、盤查大臣不定期也來。一群官員煞有介事而來，調集帳本、檔案核驗，抽查官吏、差役問話，一些認真仔細的官員大不了再到庫房現場查看，指點一二、訓示若干。銀庫官吏唯唯諾諾之餘，恭敬遞上紅包孝敬。嘉道時期，御史清查銀庫，庫官必獻上白銀三千兩，僕從紅包亦可得銀三百兩。最後，大家得出一切如常的報告，皆大歡喜。

　　數十年中，也有少數想要認真執法的查庫官員。道光二年，御史陳鴻奉命稽查銀庫。妻子要求陳鴻送自己回老家去，陳鴻驚問為什麼？陳妻回答：「銀庫是美差，一旦有所染指，覬覦貪利之人很快就聚集到你身邊。你將有不測之禍，我不忍看到你綁縛菜市口砍頭那一天。」陳鴻指天發誓，要禁絕賂遺。到銀庫後，陳鴻發現銀庫中庭陳列著數盆花草，下令撤走，花草墜地盆碎，露出藏在裡面的銀子。陳鴻不為所動，上奏庫秤年久鐵陷，請求敕令工部選精鐵重鑄；官銀送庫之日，責成管庫大臣率科道、銀庫庫員檢驗；禁止挪壓餉銀、空白出納及劈鞘等弊端。庫吏千方百計籠絡陳鴻，他都不為所動，還請戶部分別將收銀、放銀情況造冊登記，蓋印後逐月核查。之前，御史趙佩湘嚴格束縛書吏，死在了任上，大家懷疑他中毒而亡。陳鴻在查庫期間，萬分小心，銀庫裡一勺水都不敢飲。躲在暗處的人沒有辦法，直到陳鴻出督雲南學政，才鬆了一口氣。還有一次，某位尚書監督搬運官銀，突然一個水桶底部脫落，掉下夾層的銀子。該尚書覺得自己不能不查辦。身邊府衙對他說：「您要興大獄嗎？不顧身家性命了嗎？如果有人為此半夜刺殺您，冤不冤啊？」該尚書最後只得作罷。由於官員們的不作為，甚至劣幣驅逐良幣行為，戶部銀庫的問題一直沒揭露，而且層層累積、積重難返。

　　銀庫庫丁是這套規則的最大受益者。有些庫丁子而孫，孫而子，把

銀庫據為家產六十餘年。開庫之日，銀庫門外一群群武裝保鏢簇擁著庫丁，聚在樹下乘涼，那架勢比戶部官員們威風多了。這些保鏢都是庫丁私人僱傭的。因為庫丁行業實在太賺錢了，總有人覬覦他們的錢財乃至差使，庫丁面臨著被綁架、搶劫的危險。有庫丁服役期滿，補缺要向戶部尚書及相關官員行賄六七千兩白銀。一旦補上了庫丁，上下班都得有保鏢護送，防止有人綁架。綁架之人不一定都勒索錢財，有競爭對手乾脆把人綁到荒郊野外，讓他延誤上班遭除名，數千兩的補缺經費就算打了水漂。還有人指出，庫丁不能獨吞巨大收益，還是要拿出大頭來孝敬八旗的各級長官，小頭才是自己的。

知曉了庫丁們的生財之道，也就明白為什麼銀庫裡的銀子會不翼而飛了。缺乏有效的監管，白花花的銀子就是誘惑人犯罪的罪惡之源。

糊塗帳潦草了結

所有資料在道光的案頭，靜待皇帝定奪。

朝野公認，道光皇帝嚴於律己，是一個極為節儉的皇帝。他亦自詡為勤勉敬業之君，無奈君是明君，臣非正臣，書吏差役更是胡作非為，大大折損了君王的英明。道光皇帝深感挫敗。這種挫敗感在國庫虧空案上尤其強烈。道光本人從牙縫摳出來的銀子，都填進了貪官汙吏的無底洞。無底洞彷彿吞噬一切的黑暗，是制度淪陷、官吏腐敗的結果，也是培育貪官汙吏的溫床。道光皇帝決心向貪腐宣戰，下令抓捕歷任庫丁審訊。可是時間已經過去三四十年了，當年的庫丁大多已經無從查起。近年來的庫丁早就風聞查庫消息，溜之大吉了。至於被盜庫銀自然杳無音信。

道光皇帝的挫敗感惡化為了沮喪。他要查問題反貪腐，卻找不到對象。這就好像一個初次登場的演員，做好心理建設登上舞臺，卻發現臺

下空無一人。何況這個演員還是皇帝。道光的沮喪可想而知。他原本就對官員們荒怠玩忽不滿，現在新帳舊帳一起算在他們頭上。他先怒斥緝捕官員對交辦的政務「經年累月，置若罔聞」，抓個人都抓不到。「該衙門等所司何事，玩洩已極！」嚴令步軍統領、順天府五城各衙門立刻拿人，「毋許再有延宕！」

接著，道光下了一道狠詔：經手出入及驗看銀兩的庫丁、銀匠一律處斬，妻妾子孫均發新疆給官兵為奴。即便是在庫外當差的柵欄庫丁及銀庫皂隸等人，一律處絞，妻妾子孫均流放二千里安置。筆者不能保證在銀庫外當差的庫丁和皂隸們的清白，但是一律絞死，難免會有罰大於罪的。至於株連妻妾子孫，執法就顯得過於嚴苛了。

道光皇帝的「殺手鐧」則是針對失職、瀆職官員的。道光下令將歷任國庫管庫司員、查庫御史等人，查明造冊登記，逐一篩別、逐一治罪。庫丁們本質上是服役百姓，隨時跑得了；官員們有家有業，在吏部留有詳細資料，想跑都跑不了。道光皇帝把減少國庫損失的希望寄託在了官員群體上。他下令：自嘉慶五年起至道光二十三年的四十三年間，歷任銀庫職官、查庫官員各按在任時間長短賠償國庫虧空，標準是：庫官、御史每月賠銀一千二百兩；管庫大臣每月賠銀五百兩；查庫大臣每次賠銀六千兩；已故官員按照減半標準，由子孫賠償。

道光皇帝此舉看似苛刻，卻是清朝中期開始的固定制度，稱之為「追賠」。之前的朝代也存在勒令貪官及其家屬賠償官府損失的做法，但沒有形成一項固定的制度。清朝把追賠作為一項制度，貫徹執行下去。雍正皇帝是追賠制度的創始人。雍正認為，經濟犯罪的根源在於官員貪利。而官員貪財好利的目的，是為子孫和親屬聚斂財富，創造更好的生活。因此，對貪官及其家屬要痛下殺手，從根本上遏制官員貪腐的念頭。雍正元年，雍正面對揭發出來的督撫貪腐案件，鐵腕處置：「朕若不

國庫失竊：千萬兩白銀不翼而飛

加懲治，仍容此等貪官汙吏擁厚資以長子孫，則將來天下有司皆以侵課納賄為得計，其流弊何所底止。」他制定了追賠制度，要把貪官「追到水盡山窮處，畢竟叫他子孫做個窮人，方符朕意」。

追賠制度，使得清朝的貪腐案件做到了「懲治有律例，追贓無窮期」。追賠制度的內容很多，包括抄沒家產罰入官庫、勒令相關官員分擔賠償責任等，而其中最主要、也最令人印象深刻的，就是子子孫孫都要承擔祖輩貪腐的賠償責任。雍正元年規定，虧空之官，查其子有出仕者，解任發追，賠補完虧空款項才能恢復官職。有一些官宦人家，幾代人都套在處罰賠補的處分之中。追賠制度真正實現了嚴懲和警誡的立法目的。

需要指出的是，追賠剖度離嚴謹規範還有相當的距離。首先，無差別的追賠在理論上會誤傷清廉官員。雖然多數經濟案件沒法清晰分辨涉案官員的具體責任，尤其是持續時間漫長、金額巨大的案件。但是理論上，並非所有涉案官員都是貪官。在釐不清具體責任的情況下，無差別的追賠對清廉者是不公平的。其次是缺乏賠償的統一標準，通常是皇帝和極少數宰輔大臣隨意確定賠償標準，因此就會出現同性質案件、同情況官員分攤金額不同的情況。即便指標分解下達後，官員哭窮求情的情況也還存在，皇帝也會給予適當的優惠、減免。總之，追賠制度確實是震懾犯罪的良法，可惜受到權力因素影響，未臻完善。

道光皇帝為盡量彌補國庫空虛，對官員追賠相當嚴厲。經查，案發期間一共有三百二十一位官員擔任過戶部庫官或金庫官員。按照上述標準，列名清單的多數官員的賠款金額在一萬兩上下。而穆彰阿擔任銀庫管庫大臣的時間最長，要賠款十一萬零四百兩，遠遠高於排名第二位的四萬五千兩。穆彰阿的賠款負擔是最重的。但是無論是潘世恩，還是載銓都不是為了讓他賠錢。

他們想藉此案扳倒穆彰阿。載銓上奏官員清單時，就建議：凡擔任過管庫大臣的現任官員，理應照溺職罪革職。由於自己也擔任過管庫大臣，載銓自請處分，要求革去「郡王」爵位，顯示出極高的姿態。潘世恩等清流黨人的指責之聲，自然也不必多說。

輿情洶洶，道光皇帝不得不將穆彰阿等人革職，隨即卻以「唯事閱多年，官非一任」為由，改為革職留任。穆彰阿輕輕鬆鬆逃過了一劫。道光皇帝實在是離不開穆彰阿，他們倆的配合已經不是簡單的君臣相得，而是政治理念和風格的一致。君臣二人都認可按部就班、徐圖緩進的做風。只要道光皇帝的思想沒變，穆彰阿的地位就不可撼動。載銓等人用力一場，只是對著空氣揮拳而已。

穆彰阿的處置決定，導致所有涉案現職官員一概革職留任。各個官員根據數額多寡勒限繳完，由宗人府和刑部具體負責追繳。這是清朝自雍正之後最大規模的追繳運動。因涉及官員太多，不得不以戴罪之人來查「罪」。穆彰阿在一年後陸續繳清賠款，數年之間其他官員也陸續完納。因此一項，國庫彌補了二百萬兩左右虧空。

涉案官員中肯定有貪官，但其中不乏懶官、庸官。他們沒有勵精圖治之心，也沒有監管執行之力，但並沒有貪汙，沒有渾水摸魚。這些懶人庸才只是隨波逐流而已。要說他們對庫丁監守自盜一丁點兒察覺也沒有，那也太小看他們了。如此長時段、大金額的虧空，但凡正常人都會有所察覺。多數官員不聞不問，是典型的明哲保身。不爆發問題，官繼續當，錢繼續拿；問題暴露了，最大的責任又不在自己，因此他們為什麼要多管閒事呢？況且，揭發國庫虧空案的官員，無疑是以一個人去對抗龐大的利益群體。這不僅牽涉部門利益、複雜的官場博弈，更要觸動那些威風凜凜的庫丁們的利益。庫丁們都不是善荏，有的甚至黑白兩道通吃，一般官員還真惹不起他們。如今，這些懶官、庸官要為明哲保身

買單，也算是罪有應得。

如此大面積的玩忽職守、尸位素餐，令道光皇帝寒心。將近半個世紀時間，就沒有官員跳出來揭發弊政。難道，大清的官員就都是貪官、庸才和懶人嗎？

抱著這個疑問，道光皇帝親自審問了庫吏：有無官員沒有收受陋規？庫吏回答道：有一個半。怎麼還會有半個人呢？這一個，指的是監察御史駱秉章。駱秉章不僅自己沒有接受賄賂，其僕隸也沒有接受錢財。那半個，說的是監察御史周春祺。周春祺拒絕了賄賂請託的白銀，但是，他的僕人卻私下收取了銀庫的錢財。

道光皇帝飽受打擊的內心，終於得到了些許慰藉。烏黑的官場中還是有閃光的個體存在，道光趕緊調查兩人的詳情。

周春祺年長，於道光十年查庫期間發現了國庫積弊，都草擬奏摺要揭發了。結果，曾任戶部尚書的湯金釗是周春祺的姻親，親自出面當說客，極力阻止上奏。湯金釗稱：「此案若發，必籍數十百家，殺數十百人，沽一人之直而發此大難，何為者？」湯尚書認為周春祺不能只滿足自己的正義感，沽名釣譽，而興起大獄。最終，周春祺聽從建議，此事遂止。對於周春祺的自愛，道光皇帝非常讚賞，準備召見。可惜，周春祺已經於數年前病逝。周春祺是江西南昌人，嘉慶中期的進士，仕途終於吏科給事中。

駱秉章晚於周春祺十年，於道光二十年受命稽查吏部銀庫。駱秉章是廣東花縣人，是道光十二年的進士，也以監察御史身分查庫。到任後，駱秉章清查陋規，嚴格核驗進出官銀。官吏們不能徇私枉法，所以想方設法要把他弄走。恰好都察院有一個升職的機會，就有人提議升遷駱秉章，將其調離。時任管庫大臣的穆彰阿，是駱秉章的科場老師，見自己的學生清查國庫分毫不沾，大為感慨。他召駱秉章說：「你清查庫銀

之嚴，空前絕後。我要讓你留任三年，這將對國庫大大有利。」駱秉章回答：「學生留在此地一年，官吏就已經非常難做了，如果讓我留三年，恐怕官員們要造反啊！」穆彰阿便讓他任滿了一年。從這個情節也可以看出，穆彰阿並非不了解銀庫積弊。他對實際情況一清二楚，就是不想革除弊病、樹立新風。他挽留駱秉章，是想在現有的基礎上盡可能減少損失。這就好像一個病入膏肓的病人，身為主治醫生的穆彰阿只想用湯藥延續其生命，而不敢動大手術。

案發時，駱秉章也在追賠名單裡（可見追賠制度不合理）。當時，駱秉章已經五十一周歲了，卻還是個中級官員，始終沒有升遷或外放的機會，仕途眼看就要到頭了。估計他連湊足賠款金額都很困難。誰料到，機會就砸到了他這個尋常的老京官頭上。

道光皇帝對駱秉章的自尊自愛、剛正不阿大為讚賞。他單獨召駱秉章面談，對駱秉章的談吐見解更加欣賞。道光皇帝感慨道：「若非國庫虧空，朕還不知道你的名字呢！你要好好讀書，認真做官，將來為國效力。」當即下令駱秉章以庶子用。庶子指詹事府的左右庶子官職，正五品，是供翰林院官員進一步升遷的臺階。果然，駱秉章很快就外放地方布政使，歷任湖北、湖南巡撫，四川總督，死後追贈太子太傅，諡號「文忠」。駱秉章與曾國藩、左宗棠、李鴻章等人並稱「晚清八大名臣」。他的崛起，算是處理國庫虧空案的一個副產品。

縱觀國庫虧空案，道光皇帝將責任歸咎於相關的官員、吏役身上，習慣性地忽視了制度的因素。道光朝的君臣都沒有細究虧空的具體原因，盜竊確實是一大原因，但「積欠」等因素也客觀存在。各省向國庫押送的官銀不及時、不足額，就是「積欠」。同時，「報銷」制度不明確，也可能造成國庫虧空。道光皇帝選擇性忽視制度因素，根本原因是內心對既有制度十分迷信。清中期後，積欠嚴重。道光朝末期新舊積欠

國庫失竊：千萬兩白銀不翼而飛

日趨嚴重，呈膨脹的趨勢，戶部有案可查的總額就在千萬兩之上。而地方官把拖欠國庫官銀視為慣例，積欠日多，完結日少，朝廷催促一次地方就繳納一點。督撫大員們就等著全國性積欠高達一定數額，來換取朝廷普惠性的減免。道光皇帝在了解這些財政弊端的前提下，還選擇性地忽視制度因素，不知道他的迷信從何而來？

上行下效。道光皇帝穿著打補丁的龍袍，大臣們也爭相將新朝服打上補丁來上朝。滿朝節儉，國庫卻越來越窮。

東鄉血案：

冤案的塑造與平反

不能承受的重稅

清朝歷史上有「同光三大案」，分別是刺馬案、楊乃武與小白菜案、四川東鄉血案。本講即講述其中的東鄉血案。此案雖然知名度不如前兩案，但歷時八年、經大小審判十四次，上自總督下至升斗小民數以百計的角色牽涉案件，歷史意義更勝於前兩案。案情驚心動魄、牽涉極廣，絲毫不亞於刺馬案、楊乃武與小白菜案。東鄉血案暴露了當時社會結構緊繃、官府虛弱無力，中國處於大變革前夕的徵兆。

光緒元年（西元一八七五年）五月，炎熱的夏季籠罩在大巴山南麓的四川省綏定府東鄉縣（今四川達州宣漢縣）。炎熱的水氣環繞在山梁溝壑，氣壓低得讓人有點喘不過氣來。東鄉即將進入最令人難耐的酷暑時節。五月十九日，開始有七八百人聚集在縣城州河南岸的觀音崖，扛著一面白布大旗，上書「糧清民安」四個大字。人聲鼎沸混合著熱浪，一波波衝擊著對岸的縣城。如此陣仗嚇到了官府，知縣孫廉下令關閉城門，除非有緊急事務禁止出入：不得入城的人群在河南岸聚集了三日三夜，非但沒有散去，反而增至二千多人。不少人持杵高呼：「糧清民安！糧清民安！」

無論是搖旗吶喊的百姓，還是圍觀的人群，或者是各級官府，沒有人能料到此事會逐漸擺脫各方的控制，猶如脫韁野馬一般掃蕩東鄉的城鎮與鄉村，持續數年之久，吞噬難以計數的鮮血。那麼，這起圍城事件，到底是怎麼回事？「糧清民安」又從何談起？困守縣城的官府又會作何反應呢？

東鄉百姓圍城，是苦於稅負太重。皇糧國稅，原本天經地義，但如果糧稅徵收得不清不楚，百姓感覺日益沉重，自然民心不安。按制度而定，清朝的稅負並不算重，且徵收簡便。早在康熙朝，朝廷就宣布永不

加賦，將康熙年間的稅收數量，作為之後徵稅的標準。理論上而言，隨著清朝中期人口的爆炸性增長，每個清朝人的納稅額度不斷稀釋。人們的稅負感應該越來越輕鬆。雍正皇帝執行攤丁入畝改革，將按人頭徵收的丁銀攤入按土地徵收的田賦之中。存在中國幾千年的人頭稅消解在田地之中，清朝人只要繳納一種正稅「地丁銀」。伴隨稅種的簡化，百姓納稅的程序更為便利。官府事先告知每家每戶應繳稅額，百姓在徵稅期內封銀拿到官府，官吏檢驗足額蓋印後，百姓自行將封銀投入銀櫃，全過程稱為「自封投櫃」。清朝在制度上確實做到了輕徭薄賦，與民為善。

問題在於，制度遭遇複雜殘酷的事實，往往在實行中面目全非，甚至走向猙獰可怕的反面。四川東鄉縣的稅收實施，便是一個活生生的例子。

清朝的稅收基本以貨幣形式繳納：白銀和銅錢，是通行於大江南北的兩大貨幣。朝廷頒布的兌換標準是，一千文朝廷製作的銅錢（制錢）對應一兩白銀。但是在徵稅過程中，東鄉縣官吏不斷提高兌換標準，強迫百姓按照一兩白銀對應兩千文甚至更高的標準繳納銅錢，考慮到這是當時地方官府通常的做法，且白銀實際購買力確實在不斷提高，所以東鄉的緩慢加徵，尚且沒有觸及百姓抗爭的臨界線。突破百姓忍耐底限的行為，發生在咸豐初年。當時，太平天國運動興起，作為國家財賦重地的東南半壁江山陷於戰火，稅收無望，而軍費逐年激增，國家財政幾乎崩潰。

清朝便把目光投向了相對安定且享有天府之國美譽的四川省。官府在四川省加徵「津貼」，填補財政窟窿。津貼仍不敷軍用，同治初年四川省再加徵「捐輸」：四川省在下轄的一百六十個州縣中，除了最貧瘠的幾十個州縣外，每年都派定加徵金額，僅捐輸一項，派下來的金額就在正稅地丁銀的兩倍左右。除津貼、捐輸兩項律有明文的加徵外，地方官吏

巧立名目，額外收取各種補貼、陋規等，統稱「雜費」。種種苛捐雜稅，在比較富庶的州縣近乎正稅的十倍，在一般州縣也達到了五六倍。民不堪賦，廣袤巴蜀大地上的官民衝突時有發生。

稅額高，百姓繳納困難，而上繳錢糧時，州縣官員為完成任務，發展出了種種辦法。東鄉縣地處四川省邊緣大巴山區，山地占九成以上，四面皆山，崇山峻嶺，峭壁懸崖，自然條件較差，百姓並不富裕，自然不能及時繳納逐年增加的稅額。但是，即便偏僻鄉村也有富貴人家，一些有財力又有想法的紳士就代替鄉親繳納捐稅，稱為先行「墊繳」，再慢慢向四鄉八村徵收。

他們當然不是做慈善，而是拿到鄉親們的完稅證明後漁利。包攬稅賦的紳士們雜派之上再加雜派，作為自己的勞務，同時加速提高白銀與制錢的折合率，吞沒其中的溢價。種種額外加徵，統稱「浮收」。浮字妥帖地描述了少數紳士法外斂財，無律可循，又不加公示，無處可查的模糊的特徵。東鄉縣從事此勾當的紳士們，頗有心機，要求百姓先完納各種雜派，再繳津貼和捐輸，然後才允許交正稅地丁銀。不按此順序繳納苛捐雜稅，就拿不到完稅的串票；拿不到串票，官府就要上門治以抗糧之罪。朝廷賦稅在東鄉的實施，演變為了「包稅制」的變種。少數地方紳士決定了稅收標準、把持了收稅實權。

從「自封投櫃」到「包稅制」的轉變，既是州縣政府財政窘境和權力萎縮的反映，也是鄉紳勢力的膨脹，掌握了實質的收稅權的表現，更反映了普通老百姓在關乎切身利益問題上沒有話語權與任人宰割的可悲現實。

沉重的稅負和貧瘠的現實，碰撞出了反抗的火花。古往今來，巴蜀山區不乏反抗傳統。早在康熙年間，東鄉一名武生不滿官吏任意哄抬銀錢標準，千里迢迢告御狀。康熙皇帝為此批示：「許每兩銀子折合一千兩

百文，永著為令，立碑銘之！」東鄉縣將康熙御批鑄成鐵碑，立在縣衙門口，接受百姓監督。可嘆的是，鐵碑終究還是敗給了地方官吏的奸猾無賴和加徵舉動，很快成為一紙空文。到同治年間，東鄉的包稅行為已經相當成熟穩定了。

全縣稅收由「捐輸局」負責，全縣四十八個場鎮每場公舉一人進局辦公，籌劃東鄉稅收，稱為「局紳」。每年，知縣將稅收責之於捐輸局，局紳們「墊繳」後議定雜派多少、銀錢比例，再取之於民。

話說，東鄉陳家坪有一個監生，名叫李金良。李家是鄉里數得著的殷實人家，李金良又有功名在身，有心競爭局紳職位。富戶似乎覺得只有躋身局紳行列，才能常保家業。李金良便經常往縣城捐輸局裡走動，希望迎合局紳得一位置。可是絕大多數現任局紳和李金良一樣在意捐輸局的位置，所以討厭李金良這個既有格局的「改革者」。同治末年的一天，李金良與某位局紳發生了口角。局紳給了李金良一巴掌。清脆的巴掌聲，迴響在東鄉的大街小巷，進而深深影響了歷史的走向，堪稱是改變歷史的偶然事件。

李金良將這巴掌視為奇恥大辱，一下子從擁護包稅制的「改革者」變為了「革命者」。他和哥哥李金都，聯絡本鄉本土同樣不得意的地主、富戶，向捐輸局報仇。捐輸局本就是非法機構，李金良決定拿到臺面上來依法辦事，便以東鄉局紳「墊糧浮收」、破壞朝廷稅制為由發起訴訟。他清楚包稅制是四川許多州縣的慣常做法，向四川各級官府起訴，勝訴的可能性微乎其微，乾脆直接上北京告御狀。可是，李金良又不想吃翻山越嶺的苦、不想面對京城衙門的刁難，所以需要找一個既信得過又有一定能力的人出面，作為抱告京控。於是，東鄉血案的主角 —— 袁廷蛟，閃亮登場了！

袁廷蛟，東鄉袁家坪人，約生於道光十五年（一八三五年），是李金

良的遠房親戚，按輩分叫李金良舅舅。袁廷蛟家有薄田三四畝，粗通文字，還曾在東鄉縣衙門充當過白役，也就是編制之外的差役。雖然後來遭到辭退，但袁廷蛟也增長了社會閱歷，磨練了膽略，具備了相當的社交能力，非一般的販夫走卒可比。因此，李金良認可袁廷蛟是既可以信賴又有辦事能力的抱告人選。

同治十一年（一八七二年）八月，三十七歲的袁廷蛟在東鄉部分鄉紳的支持下京控，告東鄉縣局紳墊繳浮收。或許是同治末年的京控案件太多導致朝廷並不重視，也或許是四川的包稅勢力早已買通了相關衙門，袁廷蛟上訴到步軍統領衙門，被以「魯莽叩閽罪」押解回川，交四川總督處理。時任四川總督吳棠責令杖打李金良一百，枷號三十日；杖打袁廷蛟九十，枷號二十五日，交東鄉縣發落。當過差役的袁廷蛟，途中尋機逃脫了。東鄉縣也沒有窮追袁廷蛟和李金良的罪責，大概是還不想撕破臉。

同治十二年十月，東鄉前河部分鄉紳也與局紳王宗恩爆發衝突，加入到李金良的「革命行列」，一同支持袁廷蛟繼續訴訟。袁廷蛟便向時任東鄉知縣長廉狀告局紳王宗恩、冉正江、向若璠等十三人私加捐稅。知縣長廉認為所控各款都是東鄉百姓商議後徵收的，而且歷年如此，判定袁廷蛟汙蔑局紳，駁回指控。之後，袁廷蛟多次赴成都控告。四川總督吳棠都飭令東鄉知縣查復。局紳勢力就推出候任知府、也是局紳的張裕康上下運作，賄賂四川省、綏定府、東鄉縣官員敷衍了事，不認真查辦。凡是自身有問題的人，當問題爆發後不是想著去解決問題，反而去解決那個提出問題的人。東鄉的局紳們把矛頭對準了李金良。王宗恩、冉正江等人找李金良談判息訟的條件。最終，李金良如願以償進入了東鄉捐輸局，列名局紳的一員，李金良自然退出了告狀的行列。局紳和李金良等人想當然地認為，離開了鄉紳富戶的支持，袁廷蛟的訴訟行為也

會消解於無形了。

　　然而，所有人都錯看了袁廷蛟！

　　李金良退出後，袁廷蛟繼續艱難的訴訟。他已經不是為了李金良的私利，而是真正把矛頭對準了苛捐雜稅。事實上，沒有了李金良的幕後約束，袁廷蛟迅速將東鄉，乃至四川省攪得天翻地覆！首先，袁廷蛟再次向四川總督衙門控訴，明確提出逐層清算稅賦、核定永久性規章的要求。吳棠再次飭令派員查辦，又一次在局紳的運作下不了了之。正常法律途徑走不通後，袁廷蛟付諸自下而上的實際行動。光緒元年三月，袁廷蛟率三十多名百姓到局紳向若璠等人家中要求算清歷年糧帳。向若璠等人態度蠻橫，不予理睬。局紳的傲慢，增強了袁廷蛟動員百姓的號召力。於是就出現了開頭千人圍城的場面。光緒元年五月十九日，袁廷蛟聚集七八百名鄉親在東鄉城州河南岸觀音崖，豎白布大旗，明確提出「糧清民安」的訴求！至此，袁廷蛟和東鄉縣開啟了足以載入史冊的事業，密集地出現在官府文書之中。分析相關檔案文獻，秉承客觀原則，後人大致可以勾勒出事件的發展：

　　東鄉知縣長廉向綏定知府易蔭芝告急。知府易蔭芝先派鄰近的太平縣（今四川達州萬源市）署理知縣祝士菜趕赴東鄉調停官民衝突。祝士菜來縣後，撫民為主。百姓紛紛表示現行稅賦徵收不清不楚，只求降低苛捐雜稅，減輕負擔。局勢有所緩和。叵是等祝知縣進入東鄉縣城後，局紳們強硬要求上級官府查辦暴民，對查帳、降稅絕口不提。祝士菜調停未有實效。

　　知府易蔭芝隨後趕來。易知府也一心緩和百姓情緒，許諾從第二年開始減徵捐稅，同時答應袁廷蛟等百姓代表和東鄉局紳一造成知府衙門清算歷年糧帳。圍城百姓的訴求基本得到滿足，大家紛紛散去。從事件發展來看，淳樸百姓們缺乏抗爭經驗。易蔭芝的許諾只是空頭支票而

已。隨著袁廷蛟屢次缺席知府衙門的清算現場，清算工作一拖再拖，沒有了下文。易蔭芝見東鄉圍城困局已解，沒了迫在眉睫的難題也就不把衝突放在心上，東鄉的問題遠遠談不上解決，甚至基本擱置了。

光緒元年秋天，東鄉知縣長廉接到其他差委，慶符縣知縣孫定揚署理東鄉知縣。十月，孫定揚置之前問題於不顧，接受局紳的倡議，東鄉的銀錢比例再提高五百文，一兩白銀的捐稅折合成四千七百文銅錢徵收。官府還派出丁勇四處催繳。暫時稍熄的火焰，迅速升騰起來，民間炸開了鍋！袁廷蛟繼續鼓動百姓與局紳清算稅帳，百姓紛紛如入。

十二月，山區的冬天十分寒冷。袁廷蛟一行人到官渡場的局紳梁天貴家算帳。梁天貴安排清帳代表當夜宿於場上的文昌宮。半夜，文昌宮發生了火災。官渡場團練的團首李開邦、吳芳體認為是袁廷蛟等人縱火，鳴鑼聚眾，捕捉清帳代表一行人，袁廷蛟倉皇逃脫，但有九名清帳代表被李開邦等人砍傷。鮮血不會白流，它將要索取相應的代價。原本就異常緊張的紳民關係，如今再無迴旋餘地。那場寒冷冬夜的「神祕火災」，宛如曠野火種，迅速蔓延成熊熊烈焰。之後，袁廷蛟帶領上百號人到官渡場尋李開邦報仇，沒有發現李開邦就砸毀了場上的鹽店、花行。局紳與團首李開邦等人報告袁廷蛟「縱火滋事」，知縣孫定揚下令本縣把總許安國率鄉勇百餘人前往官渡場追捕袁廷蛟。憤怒的百姓反而將許安國的隊伍繳械，奪去了馬匹、器械。局面進一步失控。局紳代表張裕康與李開邦等人進一步要求「請兵剿辦」，孫定揚同意了。

袁廷蛟打開了潘朵拉的盒子，東鄉縣積壓的各種矛盾紛紛藉抗捐清算一事爆發出來。首先是幫會勢力聞風而動。四川「特產」袍哥，袍哥在川東勢力強大，一度發揮著「拜官府不如拜碼頭」的作用。由於袍哥組織游離於朝廷律法之外，官府視之為「會黨」，加以打壓。官渡場風波發生之後，隔壁縣「會匪」頭目吳奉山就帶人參加了打砸搶劫行動。考

慮到袍哥早已和民眾融為一體，且吳奉山的公開口號是幫助窮苦兄弟們報仇，袁廷蛟等人難以拒絕，更難以分清誰是真正清算的鄉親、誰是渾水摸魚的會黨。可在局紳和官府眼中，這便是袁廷蛟勾結會匪劫掠村鎮。

其次，鹽梟馬洪侖也來「借花獻佛」。四川盛產井鹽，私鹽販子走街串巷，歷來有之。東鄉的鹽商自然嚴厲打擊私鹽販子，僱傭巡丁，遇到零星鹽販就緝拿送官。鹽販為了自保，逐漸結夥成群，形成鹽幫。兩派衝突在東鄉愈演愈烈，道光初年一度爆發了血腥火拼，鬧出人命。東鄉鹽商大多是局紳，比如冉氏兄弟，因此鹽梟與鹽商的矛盾轉移成了與局紳的矛盾。同治八年，馬洪侖率領鹽販搗毀南壩場冉永興的鹽店；同治十三年曾與鹽商冉正儒爆發爭鬥。袁廷蛟率眾圍城，鹽梟馬洪侖馬上行動起來。數百鹽販聲稱要進城「保衛」縣衙，其實是因為去年糾紛中，杜姓鹽販被東鄉縣衙監禁，他們想趁亂救出同夥。

苛捐雜稅是導火線，引燃了東鄉這個火藥桶。黑雲壓城城欲摧，各種看似相關或不相關的因素擠壓在一處，碰撞、試探，在暗處發生著化學反應……東鄉抗捐事件會不會柳暗花明又一村，在困境中各方找到破解之道？或者是黃沙百戰穿金甲，在猜疑中各方廝殺得玉石俱焚呢？

戡亂安民還是濫殺無辜

綏定知府易蔭芝是在十二月十二日接到孫定揚的稟報。他煩透了。

圍城事件發生不久，易蔭芝便親赴東鄉安撫民眾。在他看來，自己已然允諾清算捐稅，召集東鄉紳士和百姓來知府衙門查帳，百姓紛紛散去，事件就此宣告結束。即便之後袁廷蛟沒能按期到衙門查帳，事情沒有下文，矛盾繼續存在，但這不是知府的責任。易蔭芝自認為在東鄉事件中已經恪盡職守了，只要把表面上的衝突安撫下去，就是一個合格的

知府。敷衍與圓滑，是為官者的必備特質。沒想到，衝突還是在自己任期內爆發了！根據孫定揚的報告：袁廷蛟勾結外匪，燒毀房屋、搶劫店鋪，到處滋事，懇請剿辦。易蔭芝決定快刀斬亂麻，派出綏定駐軍千總楊開泰、世職蔡啟祥帶兵一百名赴東鄉查辦。

光緒二年正月初二，楊開泰等正行進在距離官渡場四十里的雙河口，突然聽到一陣竹筒號聲，四周民眾蜂擁而來，手持刀槍農具將官兵團團圍住。揚開泰威嚇說：「我乃奉命查案的千總，爾等速速散去！」老百姓紋絲不動，七嘴八舌地罵楊開泰等人是假冒官兵，還有人說他們是縣裡著名局紳王宗恩僱用的私人武裝，要去官渡場找鄉親們尋仇！蔡啟祥放下身段，好好解釋，百姓們還是不聽。楊開泰見老百姓情緒越來越激動，場面逐漸失控，主動下令官兵放下武器、脫下號褂，並留下旗幟、馬匹，全隊空手撤退回城。官兵在此事上保持了克制。

遭到局紳圍繞的知縣孫定揚，本就惱火鄉下亂象，聽聞楊開泰一行狼狽而逃，又寫了一道呈文，語氣進一步加重，而且呈請綏定知府轉四川總督發兵剿辦。呈文寫道：袁廷蛟「抗拒官兵，奪取軍火，勾結外匪，聚匪劫掠四鄉，聚眾三四千圍城，縣城危在旦夕！」易蔭芝痛定思痛，覺得東鄉一事已經敷衍遮蓋不了了，一邊向鄰近的川北鎮請求援兵，一邊將孫定揚的呈文發往成都。

二月，局紳冉正杓、張裕康，團首李開邦、吳芳體等人聯名向四川總督控訴袁廷蛟「迭次抗糧阻捐，糾眾圍城，勾結外匪吳奉山搶劫場市，焚掠鄉村」，還自證是受害者，說正月間袁廷蛟、吳奉山等率數千人鳴鑼吹筒，將他們的住宅抄毀，「器物、銀錢、糧米、帳簿等件掃樓一空」，懇請發兵剿辦。

四川總督吳棠接報，令記名提督李有恆率所部虎威寶營兩千人，管帶律武中營總兵雷玉春等率一千五百人，管帶裕字營游擊謝思友率裕字

左營五百人，會同東鄉附近的川北鎮官兵五百人進駐東鄉戡亂。二月初四，謝思友率部最先抵達東鄉，雷正春和川北鎮游擊金武德隨後趕到。十天後，李有恆率湘軍系統的兩千官兵趕到東鄉。他是本次戡亂行動的總指揮，麾下有四處匯聚而來的兵馬四千五百人，下令部將劉道宗、李光岳率隊分別進駐廠溪、官渡。

李有恆，湖南新化縣人，咸豐二年投軍，先後在兩湖、雲貴、四川等地作戰，在貴州期間曾率隊衝入遭到太平軍重圍的畢節縣城，與官民等晝夜堅守孤城達七十餘日。二十多載戎馬生涯，李有恆因功先後獲賞花翎、勇號、黃馬褂和三代一品封典，累升為記名提督。何謂記名提督？

提督是清朝綠營軍隊最高軍職，從一品，主管一省水陸軍務。提督以下軍職分別是總兵、副將、參將、游擊、都司、守備、千總、把總和外委。綠營軍隊的建制從上到下分別是鎮、協、營、汛。鎮的長官是總兵；協的長官是副將；營是綠營最主要的作戰單位，長官從參將到守備不等，因事而異；汛的長官是千總、把總。在和平時期，一個士兵要晉升為提督，異常困難。

清朝後期，戰爭頻發，立功的官兵不在少數，加上封疆大吏濫保薦舉，很多將士得以快速升遷。在湘軍系統中，參將、游擊多如牛毛，提督、總兵也不在少數。但是軍職有限，僧多粥少，許多立功升遷的軍官沒法獲得實職，只能候補。「記名」一詞就此出現。李有恆具備了出任提督的資格，朝廷先記下名字，等有空缺職位後再行補授，稱為「記名提督」。他的部將劉道宗也是記名提督，雷玉春是記名總兵，謝思友的頭銜在檔案中一會兒是游擊，一會兒是總兵，都比千總要高。他們在現實中都高官低就，李有恆和雷玉春都率領三個營，類似副將的角色，劉道宗、謝思友率領一個營，實際上是營官的角色。記名軍官太多了，又出

現了「儘先」名目，意思是出現空缺盡量優先授予的意思。

有官才有俸，僅有空銜沒有實職的軍官是享受不到更高的待遇的。加上綠營軍隊日常待遇平常，官兵們的額外收入全靠作戰補貼和獎賞，當然也不排除一些不肖官兵的劫掠行為，所以綠營軍隊從上到下的「作戰欲望」都相當強烈。那麼，大兵壓境後在東鄉，又會上演什麼樣的劇目呢？

現存的較早的記錄東鄉戡亂情形的是四川總督的奏摺。四川總督吳棠抱病在身，早在光緒元年十一月就奏請開缺，光緒二年正月正式奉上諭卸任。總督出缺，四川布政使文格暫護四川總督。文格於光緒二年三月二十日上奏了李有恆戡亂情況：

> 袁廷蛟黨羽極多，主謀有王盛祥、趙尚仁、趙元作、趙富仁、楊千祥、趙登寅、鄧洪熙、馬洪侖父子等；替他招募匪徒的有吳奉山、王錫三、張老五、周老牛等，盤踞在黃金口、廠溪、官渡、程家坪、袁家坪、烏嘴寨、尖峰寨、蝦耙口一帶山寨。

大兵初到東鄉，袁廷蛟黨羽假扮百姓，來到各營請求免剿，以為緩兵之計，同時窺探官兵虛實。袁廷蛟同時散播官兵要血洗東鄉的謠言恐嚇百姓，欺騙不明真相的百姓加入匪黨自衛。李有恆會同新任綏定知府王元晉、東鄉知縣周瀚貼出告示，曉諭鄉民只抓首犯袁廷蛟，讓鄉親們安心舊業。受脅從的百姓散去大半，其中包括畏罪潛逃的會匪吳奉山。開縣官府嚴密查緝，二月二十八日在開縣將吳奉山拿獲。吳奉山供認他與袁廷蛟合夥滋事，糾集朋黨，意圖大舉。各營也抓住了吳奉山匪黨，在匪徒王錫三身上搜獲會黨號片一張，上有「青龍山白虎堂」字樣。

二月三十日，駐紮官渡場的虎威寶前營長官劉道宗接到探報，袁廷蛟將率領兩三千名匪徒，分作三股，直撲官軍營壘。劉道宗會同道員李光岳、提督李鳳友分三路迎擊，打得匪徒敗回山寨，堅閉不出。三月初二，劉道宗又接到情報，袁廷蛟將在第二天進攻官兵營壘。劉道宗當即

整軍備戰，並約友軍助剿。三月初三天明時分，官軍遙見山後豎立大紅帥旗，袁廷蛟、楊千祥等數千人布滿山頂，炮響筒鳴，聲震山谷。劉道宗主動出兵，仰攻山梁，李光岳、李鳳友友軍接應，三路撲上山頂，激戰約三個時辰，匪徒潰敗而逃。官軍乘勝追擊，斃匪數十名，繳獲刀矛槍炮旗幟數十件。匪徒受傷墜落崖澗者不計其數。日暮收隊回營，查點十七名官軍受炮傷石傷。生擒匪徒七人，都是甘心從逆的現行犯，就地正法。此戰堪稱「官渡寨子梁大捷」。

大捷後，李有恆協調各營於三月初四進攻各寨。初四日黎明，前營劉道宗、中營李鳳友分別督率部隊進攻烏嘴寨、淵筅寨。烏嘴寨匪徒捆綁頭目王盛祥獻給官軍投降。淵筅寨則抗拒官兵，官軍攻破頭卡，殺死悍匪趙元作二十餘人，其餘數十匪徒出寨乞降。旋即，官軍圍攻中河鄉的紅岩寨，奮力攻破寨門，殺死悍匪趙尚仁等數十人，繳獲鳥槍、抬炮、刀矛多件，其餘匪徒跪求免死。經過這幾場硬仗後，附近各寨聞風喪膽，赴營請罪，紛紛棄寨歸家。只有尖峰寨、新寨倚仗著地勢險要，趙登寅、趙富仁、楊千祥等人盤踞山寨，不時吹筒放炮，頑抗到底。初五，劉道宗、李光岳進攻尖峰寨。各營將士從羊腸小道攀緣而上，寨內飛石滾木紛紛擲下，官兵們冒險向前，槍炮齊施，攻破險要關卡數處，同時很多官兵受傷。李有恆遙望發現尖峰寨悍匪都聚集在寨前及寨左右，後寨的石蹬天梯幾乎無人防守。他命令李光岳督令親兵，以肩承足艱難爬上後寨，再用火蛋擲燒匪徒窩棚。百長胡享清最先突入寨中，被守門的悍匪砍傷右額。官兵們見狀，義憤填膺，振臂高呼，蜂擁而進，攻破尖峰寨，陣斬逆黨三百餘人，包括趙登寅等頭目。尖峰寨一戰，官兵陣亡一名，受傷三十名。攻破尖峰寨後，官軍轉戰新寨，配合李鳳友的部隊攻打新寨。兩部官軍奮力仰攻，槍炸火蛋齊施，成功攻占山寨，殺死悍匪徒四十餘人，生擒二人。官兵受傷四名。

東鄉血案：冤案的塑造與平反

　　兩次大規模作戰後，東鄉局勢基本穩定。官軍進入掃蕩剩餘山寨階段。三月初十，雷玉春和律武營分統兼帶律武後營提督王照南督隊攻破千金硐，殺死悍匪多名，餘眾投降。南城寨、斑雞硐各處匪徒紛紛棄械出寨請罪。律武、虎威等營逮捕了袁廷蛟的父母袁公欽、袁李氏。而袁廷蛟詭計多端，不知所蹤。文格最後奏報說，李有恆正會同各軍乘勝進剿，務求擒斬袁廷蛟；同時咨請陝西省派軍入川協剿，防止袁廷蛟等匪徒跨過川陝交界逃往陝西漢中地區。

　　文格的奏摺，表述清晰，立場鮮明。首先，袁廷蛟聚眾占據山寨，對抗官府，還主動進攻官軍營壘（撲營），率先挑起戰爭，是十足的謀反叛逆行為。其次，李有恆等官員勸諭無效，遭到撲營後英勇反擊，經歷兩大戰役近十日戰鬥，終於鎮壓叛亂穩定局勢。最後，主犯袁廷蛟在逃，官軍正全力追捕。文格的說法，也得到了陝西巡撫譚鐘麟的旁證。

　　譚鐘麟在戰鬥尚在進行的三月初八，奏報陝西省派遣兩營官軍跨境協助東鄉戡亂，提到了東鄉的局勢：正月間袁廷蛟以減稅為名聚眾滋事，經太平知縣祝玉棻前往調解，大部分百姓散去，餘黨不多。但等祝玉棻到了東鄉縣城，被害的鄉紳紛紛請兵剿匪。當時，開縣會匪吳奉山糾集數百人，想與袁廷蛟聯合，袁廷蛟拒絕接納，說「我輩求減糧價，並非謀逆」，還給了吳奉山一筆錢遣散會黨。想不到，吳奉山離開袁廷蛟後竟然搶掠各鄉，聽到李有恆大軍抵達才遠逃而去。官軍到處張貼告示，宣布只抓袁廷蛟等為首五個主謀，但始終沒有抓住袁廷蛟。之後，戰火就降臨了東鄉，漢中地方官員報告譚鐘麟，後者再轉述給朝廷。

　　為徹底安定地方，當務之急是緝拿脫逃的袁廷蛟。文格採取「明縱暗擒」的策略，將李有恆大軍撤往成都，只在東鄉留駐一個營、在綏定府留駐兩個營綏靖。暗地裡，府縣兩級衙門及局紳、團練武裝，明崗暗哨、遍布耳目，並通告鄰近府縣，全力追捕袁廷蛟。抓住袁廷蛟，好判

他個謀反大逆的死罪！

四川官府在掃尾全功，東鄉的戰事即將沾染上歷史的塵埃，看似要碾壓進歷史的車轍。光緒二年閏五月二十四日，掌廣西道監察御史吳鎮一道奏摺遞進了紫禁城，石破天驚，硬生生逼停了歷史的車輪！

吳鎮是綏定府平昌縣（今四川巴中市平昌縣）人，咸豐十年進士，由翰林院轉任御史臺，剛正不阿，不畏權貴，以遇事敢言著稱。身為綏定老鄉，吳鎮始終關注東鄉事件。四川省奏報的事件經過，與吳鎮耳聞的完全不同。他描述的事件過程如下：

地方官糊塗不作為，一誤再誤，將普通的民間騷動當作叛亂向省裡請兵剿滅。最先抵達的統帶武字營長官謝某，聽說袁廷蛟已畏罪潛逃、其餘百姓耕作如常，就知道並非民變。再看到百姓並無軍火器械，反而有數十名長者呈文訴苦，謝某更覺得沒有發兵必要，於是帶勇回省。而之後統帶虎威寶營的李有恆到境後，看到的與謝某相同，卻因為部下官兵逼姦民婦，遭到百姓懲治，遂縱兵報復。百姓驚慌失措，紛紛躲進山寨，哭聲震野。李有恆藉清查袁廷蛟為名，騙入山寨，無論男女老少一律屠殺殆盡，並殃及鄰近太平縣的百姓。更令人髮指的是，李有恆的部隊對婦女先姦後殺，事後留下數百名相貌出眾的女子，船載而去！

東鄉事件並非鎮壓叛亂，而是官軍燒殺淫掠的一樁血案！吳鎮憤怒指出，袁廷蛟聚眾滋事，自然應當嚴懲，可東鄉知縣及局紳們也應查明責任，依法審理；綏定知府易蔭芝辦理不善，輕率請剿，難辭其咎；統兵將官李有恆，先濫殺無辜、禍害鄉里，再假冒軍功，實屬禍國殃民的大惡之人。

同一事件，兩種截然不同的說法。孰是孰非？況且涉及數以千百計的生靈，關係重大，不容遮掩矇混。那麼，事情的真相到底如何，御史吳鎮手裡掌握了什麼證據嗎？

重審結論引爭議

光緒二年七月初的一天，北京宣武門外的一處轎屋門口，一個外地裝扮的中年男子，安靜地坐在凳子上，看著販夫走卒在宣武門奔走進出。他似乎在享受白日裡難得的閒暇，又好像在靜靜地等待什麼的到來。

突然，幾個官員率領一幫兇神惡煞的差役兵丁，飛跑過來，將閒坐的男子團團圍住，為首者質問他：「你可是四川綏定府民袁廷蛟？」男子沒被嚇住，反而鎮定地回答：「小的正是。」「帶走！」

頓時有鐵索套上袁廷蛟的脖頸，幾個差役押起他就走。四川全省正動員千百人、全力緝拿的要犯袁廷蛟，就在千里之外，被京城的巡城御史輕鬆抓到了。七月初五，御史吳鎮遣家丁報告巡城御史，說袁廷蛟住在宣武門外某處。後來民間傳說，袁廷蛟來京的主要目的，就是透過剛直敢言的同鄉御史吳鎮告御狀，可是沒想到吳鎮告密出賣了他。又有傳說，吳鎮此舉不是出賣，而是藏有深意。他從袁廷蛟處得知東鄉血案實情，捅到了皇帝那裡。可在案情查實之前，袁廷蛟始終是叛逆謀反的要犯、四川方面的眼中釘，隨時可能死於非命。為了保住袁廷蛟的性命，吳鎮便和他演了一齣苦肉計，安排袁廷蛟在京城坐牢，避免落入四川方面的魔爪。

話說巡城御史抓獲袁廷蛟後，奏報皇上，並按制移交給刑部審訊。刑部尚書隨即奏報了審訊概況，並附上了袁廷蛟的供狀。

如今，東鄉事件當事人袁廷蛟的供狀，保留在中國第一歷史檔案館，以親歷者的視角訴說當年的情形：

我是四川東鄉縣人，今年四十歲，在縣屬袁家坪地方居住。

本縣往年徵收糧銀一兩、津貼一兩，都有舊章可循，同治三年，賊匪竄擾東鄉，本縣所屬四十八場被王宗恩、向若璠、程有芝、梁添

潰、李開邦、吳芒堂、龐春山、王啟嚴等共四十八人賄求縣官長老爺按場設局，每場設紳一名，議定銀糧、勒派捐輸。他們把每兩銀子定為二十七八串制錢不等，霸管數年，浮收漁利，從不向我們老百姓清算捐稅，也不懸掛清單，因此鄉民不服。

同治九年至十年間，學政夏大人掛牌示諭，東鄉的文武童生這才知道家鄉賦稅不敷，有大額捐稅沒有上繳。全縣百姓向局紳王宗恩等人要求清算捐稅，王宗恩等藏匿帳簿拒絕清算，同治十一年，百姓到府裡、省裡各衙門控告，都批示讓縣衙門清算。王宗恩等人賄賂縣官，仍不清算。四十八場捐戶商議進京告狀。

同治十二年八月間，我進京在步軍統領衙門呈控，呈內原告列有李金良和我兩個人的名字。步軍統領大人將我咨送回四川總督衙門，交發審局審訊。王宗恩得知後，花兩千兩銀子買通李金良的哥哥李金都，改名李進城，讓他充當了局紳。

去年五月十九日，我同眾捐戶進城找王宗恩算帳。城內因見我們人多，關閉城門。數日後，綏定知府易老爺來縣裡查訊，隨後下令按舊章交糧，並勒碑永遠遵行，要求王宗恩等人與百姓清算錢糧。百姓遵照知府大人的示諭解散了。

到本年正月十二日，我們到豐鎮場找王宗恩清算。王宗恩花錢僱用了假差役捉人，誣告百姓。大家都很不安。正月二十八日，太平知縣祝老爺來查核，眾人稟報祝老爺要求算帳、並未聚眾滋事。祝老爺也讓局紳王宗恩等人清算帳目，王宗恩等人藐視不遵，再次賄賂知縣孫老爺設計陷害我們。孫老爺隨即請兵圍剿我們。

二月十九日，謝大人統兵至東鄉縣，接收百姓呈詞六十餘張，知道我們不是聚眾滋事，於二十八日撤兵回省。在此前後因為防備土匪，各鄉操演團練，尖峰寨等地練團，插有團防旗幟，並非豎旗聚眾。到三月

初三，我們才知道李提督、雷總兵統兵抄殺尖峰寨等處，我們因未見張貼告示曉諭，不知何故？……當時，袁家坪各戶老弱人口及衣物、銀錢、穀糧搬往班金硐躲避。

李提督兵到，百姓因存有錢穀，沒開寨門，但也沒有拒敵，李大人縱兵抄殺，先後共抄殺道寨鄉堡十二座、硐十八處，連擄帶殺一千餘無辜百姓，奸擄婦女二百餘人，燒毀民房五百餘間，寨硐衣物銀錢穀糧搶燒一空，並將我父母妻子擄去，在東鄉縣監禁，我叔侄弟兄均收卡房。後來，我聽說父親被押身死。我和其他九人赴成都躲避，不料官兵追拿，四人被捕、其他人都逃散了。……我於六月二十九日到京，在宣武門外同鄉轎屋寄住，聽說吳御史老爺是鄉親，七月初三想向吳老爺呈訴，並未見面。初四，我在茶館喫茶，不料吳老爺家人帶著官人將我拿獲了……

袁廷蛟的供述，大致與御史吳鎮的彈劾相符，同時提供了更準確詳細的細節。袁廷蛟最後還總結了幾個關鍵：首先，王宗思等局紳侵吞捐款，賄賂知縣請兵剿洗；其次，李有恆、雷玉春縱兵濫殺無辜，姦淫婦女、燒毀民房、搶劫錢糧；最後，也是他著重強調的，東鄉百姓並沒有造反、沒有拒敵，更沒有向官軍撲營。

供述上報後，中樞鑑於東鄉事件所有案卷、人證均在四川省，命令將袁廷蛟押解回四川；催促已經調任四川總督的原湖廣總督李瀚章迅速到任，會同文格「確切查明，據實具奏，不得稍涉迴護」。畢竟兩方面講述的事實相差太大，真相究竟如何，確實需要徹徹底底查詢、實事求是研判。那麼，李瀚章、文格能揭開東鄉事件的真相嗎？

新任四川總督李瀚章尚未真正埋頭徹查東鄉事件，便又奉旨回任湖廣總督。幾個月時間裡，兩次變動職位。估計，李瀚章的四川總督生涯，基本都浪費在折返於武昌與成都之間的艱難旅途中了。在新任總督

到任之前，依然是文格護理四川總督，依然由他來主持東鄉事件的徹查工作。於是在七月二十八日，文格奏報了複查李有恆出兵東鄉的情況。

文格重複了袁廷蛟勾結外匪、搶掠村鎮，導致地方官員請兵援剿的事件起因，並指出「調派兵勇，係前總督吳棠任內之事」。意思是說，決策派兵圍剿的是原四川總督吳棠。這一個小內容的增加，凸顯文格的心機。吳棠是舉人出身的四川總督，而且是在四十八歲之後突然得到擢升，之後坐火箭一般歷任布政使、巡撫、總督，歷任兩廣總督、閩浙總督，同治六年調任四川總督後在任近十年。清朝後期，進士出身況且仕途艱難，吳棠一介舉人，反而平步青雲，而且是在年近半百之際得到重用的，這其中會有什麼樣的隱情呢？清末官員惲毓鼎在《崇陵傳信錄》中記載，吳棠的發跡依仗於他是慈禧太后的恩人！

傳說當年，清河知縣吳棠聽說友人喪船途經清河，讓僕人送去賻儀白銀三百兩。僕人陰差陽錯把銀子送給了安徽寧池太廣道惠徵的喪船上，讓扶柩回鄉的惠徵家人喜出望外。清代俗語有言：「死知府不如一隻活老鼠。」如今，當地官員竟然主動贈賻儀，怎不令人感佩在心？事後，吳棠也將錯就錯，又專程到船上弔唁惠徵。這更加讓惠徵家人感動落淚，簡直視吳棠為天下第一好人了。當年趴在惠徵棺柩上哭哭啼啼的女兒，就是如今端坐紫禁城大權在握的慈禧太后。慈禧對吳棠不吝嘉獎提拔。一場陰差陽錯，換來了十年封疆、一世榮華。

這個傳說的準確性，已經被研究否決。主要依據是惠徵去世與吳棠在清河做官時間不符。但是，慈禧太后對吳棠的賞識和超拔，是真實存在的。吳棠已於光緒二年閏五月病逝於安徽。文格將發兵的責任推給了吳棠，大有拿太后紅人當擋箭牌之意。他還強調自己護理督篆後，考慮各營統帶素未深悉其人，恐於用剿用撫之際未能動合機宜，復委候補知府王元晉、知縣周瀚馳赴東鄉，會同各營先散脅從，嚴拿首惡，妥為籌

辦，營造了安民撫卹、妥善務實的個人形象。

針對吳鎮、袁廷蛟描述的版本，文格一一作了回應。關於「李有恆縱勇姦淫，並擄掠婦女多人」一事，文格承認在成都已有傳聞。早已命令新任綏定知府王元晉密查。王元晉回覆說，東鄉並無此類傳聞，只是三月初破寨後，李有恆所部有散兵游勇搶奪百姓耕牛數十頭。李有恆已經將耕牛還給失主，且將搶牛兵丁就地正法。至於婦女被姦被擄之事，李有恆一路回省，府縣官員都在河邊相送，且百姓觀者如雲，都沒看到有婦女隨行。此外，文格認為，如果部隊有不法行為，都已經過去兩三個月了，也沒有見百姓前來揭發控告。況且，李有恆回防後，士紳官民爆竹歡迎。可見，這是袁廷蛟其黨散布謠言。

關於軍官謝某判斷東鄉沒有民變一事，文格指出謝某就是統帥裕字營的游擊謝思友。官軍初到東鄉時，犍為縣有土匪聚眾滋事，文格調省城官兵前去剿滅，造成省城一帶兵力空虛，所以將謝思友一營調回成都，並非謝思友主動撤軍。文格當時詢問東鄉情形，謝稱百姓基本解散了，誰知他拔營第三日便發生了亂軍撲營事件，可見「是謝思友之所見所聞，毫無足據矣」。

關於破寨後濫殺無辜一事。首先，官軍繳獲軍火器械眾多，怎麼能說亂民是無辜的？其次，淵筊、紅岩、新寨三寨，百姓一開始抗拒，後來投降，不存在濫殺。尖峰寨地勢最險，平時沒有居民，撲營的暴民被官軍擊潰後，全股奔入。官軍攻入寨門時，守衛悍賊率隊衝出，將虎威營百長儘先參將胡享清砍傷。官兵因此憤起，短兵相接，殺傷暴民較多。至於將四寨搜殺無遺，將婦女先辱後殺，以及戰後劫掠之說，查屬子虛烏有。詢問其他前往綏定的官員，也沒有聽聞。

文格還拿出了「特殊情況，特殊對待」的法寶，指出李有恆久歷戎行，轉戰多省，同治三年經前四川總督駱秉章奏留在川有十多年了。如

果他平日為人殘暴，縱兵肆惡，身為「中興名臣」的駱秉章馭將嚴格，豈能留他？想必吳棠也不會姑息縱容他？在這裡，文格多拉了一位朝野公認的能臣幹吏來「作證」，接著特意指出如果因為臨時剿賊而對李有恆加以「妄殺」之名，恐怕以後各軍遇到類似作戰，都會擔心事後議論、心懷疑懼，只肯觀望不肯賣力戰鬥了！他的潛臺詞是，如今正是地方不穩戡亂頻繁的時節，如果處罰了李有恆就可能懈弛了軍心。

文格也認為東鄉事件演變為流血衝突，終歸有人做錯了事。原綏定知府易蔭芝一味敷衍了事，辦事顢頇，不能勝任知府工作，請旨將易蔭芝降為通判；原署理東鄉知縣孫定揚為慎重地方起見請求發兵，並無不妥。只是他和本任東鄉知縣長廉是否有聽任局紳把持稅收、盤剝百姓的行為，應將局紳等提省審訊。孫定揚、長廉解職，接受調查。

文格認為浮收捐稅的確是四川省一大頑疾。「奴才前在藩司任內，曾經通飭各屬不准巧立名目，設局濫派糧捐」，原則上除津貼捐輸外其他苛捐雜稅一概裁撤。即便是應該保留的項目，也只准減不准增加。「如有陽奉陰違，一經查出，官則撤任嚴參，紳則提省重辦。」

統觀文格奏摺，內容務實，沒有迴避問題，在堅持先前說法的基礎上強化了細節。只是，他搖吳棠、駱秉章的大旗，為自己吶喊的行為，多少讓後人有點不舒服。而在當年，文格這第二道奏摺一經公布，就激起了言官們的攻擊彈劾！

九月初四，掌陝西道監察御史李廷簫上奏，直指文格奏摺疑點重重，就差說文格胡說八道了。清朝以剛直著稱的御史幾乎都善於打臉對手，口才一流。而諸多真相，往往能在嘴炮中披露出來。李廷簫一共指出文格說法的八大疑點。我們一起來看看善辯御史的風采：

一、文格說東鄉縣民風刁悍，近年屢次聚眾圍城。李廷簫就說，教化百姓是地方官職責，你這是說地方官沒有盡職盡責嗎？東鄉屢次發生

圍城之變，事關重大，為什麼之前隱匿不奏？你是在揭發駱秉章、吳棠兩位前任失職嗎？

二、袁廷蛟圍城在上年五月，據寨在本年二月。圍城時，派了一個知府彈壓了事；到據寨時，卻要大兵圍剿。按說圍城比據寨嚴重，為何緩急失宜、標準不一呢？太平天國和捻軍起義後，民間居寨者甚多，如果將寨民都指為聚眾抗拒，天下還有良民嗎？

三、袁廷蛟如果真聚眾數千，凶悍已極，絕不能讓他脫逃漏網，為什麼李有恆激戰數日，先後攻破十餘寨，殺斃匪黨數百人，每次單單就漏了袁廷蛟？況且首惡在逃，李有恆就調兵回省，算不算擅離防所呢？愚民無知，不幸喪命兵甲，足以可憐。李有恆回省，為什麼府縣爆竹相迎，四川官員的愛民之心都哪去了？

四、文格說李有恆從無縱勇滋擾之事，多年來軍紀嚴明，為什麼忽然有搶牛數十隻之事？如果是散兵游勇所為，那麼李有恆是怎麼治軍的？都讓游勇隨營生事了還算軍紀嚴明嗎？牛都搶了，就沒有搶劫其他財物嗎？

五、文格說主動撤軍的謝思友見聞毫無足據，他怎麼就得出與事實完全不符的印象呢？在東鄉的官軍，除虎威寶三營外，還有律武二營、裕字一營、川北鎮兵。為什麼匪徒和虎威寶營激戰，律武等營都在袖手旁觀？況且「用兵莫難於仰攻城寨」，將士必多損傷，為什麼受傷者只有一個胡享清？這個傷亡率也太低了吧。

六、文格委派原參與東鄉戡亂的知府王元晉覆核。王元晉和李有恆共同用兵，豈肯自暴其短？他說李有恆沒有搜殺劫掠，就可信嗎？

七、袁廷蛟要求清帳。知府易蔭芝開始也答應算帳。孫定揚到任後說本年錢糧已完，次年新賦未徵，既無糧之可徵，何以有清帳之事？易蔭芝開始答應的，又是算什麼帳呢？文格第一次說匪徒以減糧為名，第

二次又說並非因糧激變，自相矛盾，前後不符。

八、對於文格拉吳棠當墊背，李廷蕭毫不客氣地指出調派兵勇雖然發生在吳棠任內，但是在吳棠卸任以後、李瀚章到任以前，如果有約束不嚴、查辦不實，是誰的責任呢？文格說袁廷蛟等人視圍城為常事，是回護孫定揚；又說袁廷蛟勾結土匪，進犯官軍，不管真相如何，是他在袒護李有恆；說李有恆是駱秉章任用之人，是藉前督為護符，指他人以謝過。

李廷蕭總結道：文格復奏各節，欺飾良多。文格本就是原審之人，難免不掩飾遮蓋。他建議朝廷專飭新任總督秉公嚴訊，或另簡大員前往查辦，務求將東鄉事件查個水落石出，做成鐵案。

丁寶楨出馬

光緒二年九月初四，都察院接到了一份聯名訴狀，為「濫殺無辜」一說提供了重磅籌碼。

當時在京的四川籍京官由內閣中書蕭宗璃領頭，包括內閣、中書科、翰林院、戶部、兵部、刑部、工部等諸多衙門的同鄉官員，以及在京的四川籍候選知縣、貢士、舉人等共計四十七人，聯名向都察院呈控李有恆率部洗劫鄉里、濫殺無辜。訴狀說：

本年春天，東鄉縣百姓袁廷蛟滋事，四川官府派兵彈壓。我們在京接到家鄉親友的信函，以及從四川來京參加科舉的同鄉所見所聞，都說是李有恆誣殺良民、擄掠婦女。袁廷蛟是因為本縣浮派勒收而鬧事，知縣孫定揚則以勾結土匪為名請兵剿滅。提督李有恆抵達後，百姓還到營呈訴。李有恆意在冒功，竟將呈訴的多名百姓一律捆斬，兵勇又大肆淫掠。百姓在驚恐之下，倉皇多上山寨。李有恆以搜捕袁廷蛟為名，大肆

殺戮。官軍所殺所擄之人，確係良民，並無匪徒。官軍到官渡場之時，恰好是當地趕集日期。官軍竟然將商賈貨財一併殺掠，附近廬舍全部焚劫殆盡，擄走婦女，裝載多船，由綏定府達縣、渠縣順流而去，眾目共睹。李有恆的部隊沿途張貼告示，謊稱與叛軍接仗，有陣斬殺斃匪徒無數等語，都是鄉親們耳聞目擊的。

聯名訴狀是來自官僚集團內部的打抱不平和憤怒指控。訴狀附上了李有恆沿途散發的告示，其中寫有「尖峰各寨搜殺無數」等話，明顯與文格宣稱的「並無搜殺寨民」矛盾。訴狀有理有據，可信度很高；且呈控者身分特殊、人數眾多，朝廷不得不重視，要求文格重審東鄉事件，全面匯集袁廷蛟等相關人員、調集全部卷宗仔細核查，不得再有疏漏。

早在得知京城御史彈劾東鄉事件後，文格就清楚此事一時半會兒消停不了。很快刑部又押解袁廷蛟返川，文格更加確定自己即將迎來一場曠日持久的拉鋸戰。後人已經無法確切知道文格在此事中的真實角色：他到底是一個疏於管理，失察下屬為非作歹的昏官；還是一個忠於事實，確信官軍沒有胡作非為的好長官；抑或是隨時準備從暫護四川總督的位置上離開的過客……如今，暫護期間爆發的事件發酵得朝野皆知，成了爆炸性新聞，而正式的總督大人又遲遲沒有上任，文格只好硬著頭皮獨自善後。

未雨綢繆，幾乎在蕭宗璥等人呈遞訴狀的同時，文格祕密委派候補知府慶善前往東鄉一帶查訪。慶善改裝易服，在東鄉及沿途四處密查，不知是個人能力原因還是其他條件限制，得到的有價值的消息不多。在東鄉，慶善查出虎威前營有官兵將一戶龐姓人家的未滿周歲男孩抱走；在曾經激戰的尖峰寨，慶善查出有好幾位姓趙的百姓被官兵砍傷，但都沒有身亡。尖峰寨附近一帶，趙、王等姓的鄉間房屋遭人焚毀。慶善詢問原因，有人說是土匪所為，有人說是官兵所為，說法不一。最有價值

的消息發生在九月十一日，微服私訪的慶善在潼川府城遭遇了李有恆率領部分軍隊回撤。李有恆住進了福升客棧，慶善發現竟然有女轎同入客棧，偷偷詢問店小二，得知是李有恆的一個小妾、一名僕婦和兩名使女。十二日，慶善又在太和鎮遭遇了同樣率領部隊回撤的劉道宗。劉道宗住店，不僅攜帶了兩名女眷，還有四名男女兒童、一名僕婦和一名使女。慶山詢問店小二，得知也是劉道宗的家眷。

文格得到慶善的報告，於十月二十一日向朝廷奏報。他認為根據密查的結果，不能判定李有恆等人濫殺無辜，但是朝廷軍紀嚴明，李有恆所部官兵涉嫌搶奪兒童、打傷百姓、燒毀民房，如果查明屬實，國法難容。李有恆、劉道宗涉嫌攜帶女眷隨營，實屬公然違背軍紀，只有將相關將領一同歸案審訊，才能查得確情。因此，文格請旨將統帶虎威寶營記名提督李有恆、分帶虎威前營記名提督劉道宗分別革職，一併交給派查此案的督臣審訊。文格因為沒有事先查明這些違法違紀行為，自請處分。

在這裡，文格請求將李有恆、劉道宗交給「派查此案的督臣」審訊，是因為朝廷已經任命了正式的四川總督！他就是以勇於任事、剛正不阿著稱的丁寶楨。而文格也升任山東巡撫，被朝廷調離了四川。有人猜測，文格終於離開了四川這個是非之地，又接替了丁寶楨的遺缺，可以和丁寶楨相互遮蓋原轄區的問題、狼狽為奸。這是他花銀子走了宮廷後門才得的好結果。沒有任何證據可以支撐這樣的猜測。更大的可能是，文格身處爭議的漩渦，遲遲不能得出令人信服的調查結論，朝廷便將其調離事發地，改派更信得過、也更有能力的大臣來辦案。

丁寶楨是貴州平遠（今貴州省織金縣）人，是腳踏實地晉升的晚清名臣。他考中進士之時，正值內憂不斷、烽煙四起的動盪歲月。丁寶楨捐家產募兵，奮勇與起義軍作戰，因功快速升遷。有兩件事情可以充分

表現丁寶楨「勇於任事」的特性。第一件事，同治七年，捻軍北上冀中，兵鋒直指北京。京畿震動。時任山東巡撫的丁寶楨，率領數千精兵，日夜兼程勤王，迅速出現在北京南邊狙擊捻軍，英勇奮戰。此役，統兵將領事後都受到皇帝訓斥，只有丁寶楨獲得嘉獎，加太子少保銜。第二件事，同治八年，慈禧寵信的太監安德海藉採辦物資為名出宮，沿大運河南下，一路騷擾地方。沿途官員敢怒不敢言。等安德海進入山東境內，丁寶楨緊咬安德海沒有正式聖旨，屬於「私自出宮」，將安德海先斬後奏。慈禧事後抓不住丁寶楨的毛病，相反還要誇獎他維護祖宗成法。此舉贏得了群臣一片叫好。如今，敢做事能做事的丁寶楨出任四川總督，能將東鄉事件查個水落石出嗎？

客觀而言，丁寶楨的查辦效率並不高。一直拖到大半年後的光緒三年五月底，丁寶楨才簡單匯報了一下查案的進度。他說自己會同四川布政使程豫、按察使方溶頤，並調集候補知府彭名湜、易履泰，共同悉心徹查。記名提督李有恆，劉道宗兩人歸案受審，並調游擊謝思友、總兵雷玉春及現任通判的原綏定知府易蔭芝、前任署理綏定知府王元晉、前任署理東鄉知縣周瀚來成都接受詢問。丁寶楨初步的審訊想法是：袁廷蛟滋事是東鄉事件的根源，但如今案情重點已經轉移為李有恆是否縱兵濫殺無辜，而有沒有縱兵濫殺無辜，又必須以袁廷蛟當日有沒有武裝聚眾、有沒有主動進攻官軍營壘為關鍵點。為此，丁寶楨委派候補知府熊紹璜、候補知州李傳駿前往東鄉再次實地調查。同時新授綏定知府志潤、署理東鄉知縣梁融，都是事後到任的官員，丁寶楨認為他們沒必要回護前任官員，調查會相對客觀。丁寶楨的全面部署展開後，調查有條不紊地展開。

丁寶楨等人先提訊了東鄉的局紳和團首王宗恩、向若璠、吳芳體、李開邦，以及原先支持袁廷蛟告狀的李金良、李金都等人。這些人眾口

一詞，指控袁廷蛟藉口減糧聚眾鬧事，勾結土匪吳奉山等人，燒毀房屋，搶劫資財。他們都是受害者，財產受到嚴重損失。在公堂上，李開邦呈上袁廷蛟黨羽名冊一本，吳芳體呈上袁廷蛟的一封書信。此外，東鄉的秀才何景福、龔少鶴、李春芳等人指控袁廷蛟砸毀並搶劫了監生王成全家；程文純、趙登科等人指控袁廷蛟一夥圍困楊開泰率領的綏定營官兵，搶去軍火；陳憲高、艾玉蘭等人指控袁廷蛟強迫他們帶上七八百人，手執器械，到縣城外隔河駐紮，還放槍放炮助威。綏定府傳他們到知府衙門算帳，袁廷蛟不到；廖吉萬、冉時帆等人供稱他們之前在捐輸局經手銀兩，都繳官申解，並沒有浮收舞弊，相反他們指控袁廷蛟因為京控未遂，聚眾搶劫了冉正江的鹽店。

東鄉縣證人的供詞，對袁廷蛟非常不利。丁寶楨等人隨即審訊了袁廷蛟。袁廷蛟堅持自己是邀約鄉親到縣城算糧，知縣不肯開城，只好在城外駐紮。光緒元年十二月，李開邦叫人來請袁廷蛟到官渡場算帳，袁廷蛟帶三十餘人就去了，夜宿文昌宮。當夜李開邦放火，反誣袁廷蛟縱火搶劫，帶人來捉，殺傷了宋青山等九人。正月初，宋青山查出當夜是太林孝花行出錢僱人抓人，就帶領一百餘人到官渡場尋李開邦復仇，找不到李開邦和太林孝，就砸毀了太林孝花行、冉正江鹽店，但沒有搶劫財物。袁廷蛟則帶人到豐城場找王宗恩算帳，也找不到王宗恩，結果族鄰把王宗恩的房屋砸毀了。

袁廷蛟對於官軍進駐後的情況，是這麼描述的：雷玉春入駐蝦耙口後，先殺了袁廷蛟的侄女。光緒二年二月二十九日，劉道宗所部進駐官渡場。有百姓來找袁廷蛟，說官兵下鄉強搶柴草、姦淫婦女。袁廷蛟就說，要把這些官兵捉拿捆送官府。三月初三，數百名鄉親各拿器械，在官渡場的後山梁上點名。李開邦就向虎威營誣告說袁廷蛟要帶人撲營，劉道宗就派兵主動出擊，把王盛祥等人捉去，乘勢燒毀房屋上百間。三

月初五，官軍進一步攻破尖峰寨，殺燒千餘戶百姓。袁廷蛟還聽說李有恆部隊的官兵擄去婦女二百餘名，用船載走，但他沒有親眼看見。

接著，丁寶楨提審了相關將領。劉道宗說，袁廷蛟三月初三勾結馬洪崙等匪徒，共千餘人豎立大旗，鳴炮吹筒，要進攻軍營，自己發兵是為了自衛。至於所部搶奪百姓男孩的事，是百長賀元林的胞兄賀喜林住在附近的渠縣，來東鄉軍營看望弟弟，當地一名婦女，貧困無依，情願出賣兒子。賀喜林就以錢二千、布一匹的價格，買來作為子嗣，帶回了渠縣。丁寶楨將賀喜林及男孩押來審問，確實是人口買賣，並非搶人。

李有恆堅稱自己初到時，以解散為主。聚眾的百姓解散了大半，只有袁廷蛟及其死黨分踞寨硐，並向官兵撲營。初五，李有恆率軍攻尖峰寨，寨中飛石頑抗，官兵多有傷亡，破寨以後難免多有殺戮，但並未屠殺老弱婦孺。墜岩摔死的人倒是有的。之前微服私訪的慶善，查出趙姓數人被官兵殺傷，是破寨後雙方短兵相接、互有殺傷，並非濫殺無辜。有散兵游勇乘亂搶奪牛馬，李有恆已將其就地正法，傳令百姓領回牛馬。至於慶善在太和鎮所遇的女眷，是李有恆的胞弟、候補道李岳恆的家眷。李樂恆從湖南取道川北前往成都，沿途被誤認為是李有恆。至於部隊沿途散發的告示，其中僅有「攻破尖峰各寨，殺斃無數凶橫」的文字，並沒有搜殺字樣。

實地查訪的候補知府熊紹璜等人，也報告了調查結果：

袁廷蛟聚眾清帳，知縣長廉閉城不出。知府易蔭芝為安民起見，答應減收地丁，統歸縣官辦理，不再設局紳。易蔭芝還傳各位局紳到知府衙門清算之前的歷年帳目。老百姓聞訊紛紛散去。但是局紳們赴府報到後，袁廷蛟屢次給限不到，相反還和會匪吳奉山、鹽梟馬洪崙等人打砸鹽店、花行，搶劫財物。局紳們則在商議第二年捐稅時，於四千二百文兌換一兩銀子的標準之外，加派五百文。袁廷蛟趁機鼓動百姓，聲勢大

漲。知縣孫定揚派軍官許安國前往彈壓，許安國畏懼百姓人多，中途逃回；知府易蔭芝派軍官楊開泰前往彈壓，楊開泰所部一百多人遭到上千百姓圍困，最後丟棄號衣、旗幟、軍械、馬匹落荒而逃。孫定揚即以官兵被圍下落不明、縣城危在旦夕為由請兵援剿。官軍抵達東鄉後，先出示諭令，只拿首惡。聚眾百姓散了大半。

光緒二年二月二十五日，駐紮官渡場的劉道宗派兵抓獲匪徒王英祥。袁廷蛟率王姓宗族上百人並鄰近百姓數十人於三月初三日攜帶旗幟器械，在軍營後山梁上大聲吶喊，要求釋放王英祥。劉道宗帶兵抄殺上山，袁廷蛟敗潰。官兵殺死王石匠一人，燒毀房屋數十間。初十，劉道宗攻寨子梁、烏嘴寨、紅岩寨，百姓逃避，只殺趙姓百姓二人，燒毀房屋十餘間。官兵將豬牛大半搜盡。初五尖峰寨一戰，百姓遇害或投岩而死約三百人，一半是老弱婦孺，受傷未死三十餘人，燒毀房屋上百間。初七，雷玉春進攻千家硐，殺傷男女四十餘人，燒毀民房四十餘間，豬羊被搶劫一空。當日，軍隊將數十名婦女關押在宋姓百姓家中，三天後釋放。

劉道宗攜帶家眷隨軍，虎威營官兵砍傷趙姓百姓等都確有其事。但裝載擄掠的婦女而去，官兵逼姦民婦、濫殺官渡場趕集百姓搶劫貨物，及殃及太平縣百姓，實無其事。

前期的審訊與查訪，全此告一段落。丁寶楨對東鄉事件的查問，是事發後最大規模的、最全面的調查。相關人員說法不盡一致，甚至存在截然相反的描述。這到底是因為立場不同導致的不同說法，還是觀察視角不同導致的不同結論？

李宗義暗訪

但凡勇於任事的人，都是有性格的。圓滑敷衍的人注定不會勇於任事，而敢做事的人注定自信，甚至有些自負；堅強，甚至有些偏執。丁寶楨這個人便是如此。他從貴州崛起，一靠勇敢鎮壓地方叛亂，所以對地方騷亂帶有天然的反感；二靠大刀闊斧地做事，一旦作出判斷後堅決執行。多年的地方工作經歷，也讓丁寶楨對行政程序有自己的固定觀念。這一切，都影響了東鄉事件的判斷。

丁寶楨查閱了整整七十卷檔案文書，首先看到的便是吳棠當年下令「剿匪」的公文，認為官軍是抱著剿匪的初衷前往的東鄉。結合絕大多數證人都指認袁廷蛟聚眾搶劫，他認定後者糾眾、勾匪、圍城屬實，只是燒搶村鎮、抗拒官軍的細節存在出入，於是提審袁廷蛟。丁寶楨聲色俱厲地質問他：當日綏定知府已經答應清算捐稅，召集大家到衙門算帳，你為什麼屢次拒絕到場？你帶人生事，砸毀店鋪、焚燒房屋，大家眾口一詞，你有什麼話說？你說在官渡場沒有向官軍撲營，那麼劉道宗派兵迎戰，到底迎的是誰的仗？至於綏定官兵被圍，奪去軍械馬匹，闔府官兵百姓人所共見，你又有何話說？丁寶楨嚴厲訊問之下，袁廷蛟「俯首無詞，自甘治罪」。

袁廷蛟罪行清晰後，更大的問題是官軍到底有沒有濫殺無辜？卷宗中有李有恆到東鄉後的安民告示，丁寶楨據此認為李有恆確實是「先禮後兵」，但是遲遲查不出袁廷蛟的蹤跡，實屬玩忽職守。至於百姓傷亡最多的尖峰寨攻守戰，丁寶楨認為官軍殺死百姓三百餘人，另有百姓墜岩摔死。原因在於李有恆追擊匪徒太急，寨民無知抗拒太強，雙方相互仇殺，導致殺傷眾多。這不能算是濫殺無辜。至於破寨之後，散兵游勇搶奪牲口；劉道宗攜帶女眷隨營，都暴露出李有恆治軍不嚴，辦事草率。

李有恆也「無辭置辯」。同時，丁寶楨也審問了雷玉春、劉道宗，他二人也對部隊軍紀不嚴，無可置辯。

光緒三年九月初六（事發後一年半），丁寶楨上奏了各方等待多日的調查結果：

東鄉事件爆發的根源是東鄉縣浮收錢糧，而袁廷蛟「身為革役，人素狡猾」，以減糧為藉口圖謀私利。動亂萌芽之時，知府易蔭芝如果能將浮收的地方官撤參，一面認真解散鄉民，一面捉拿袁廷蛟嚴懲，本可以平息事態。可惜易蔭芝既不認真查明百姓是否已經解散，又不捉拿袁廷蛟懲治，聽任他帶領百姓沿鄉滋擾。知縣孫定揚到任後，竟然以匪徒滋事、縣城危急等誇大情況請兵援剿。

前任四川總督吳棠擔心匪亂蔓延，派撥官軍至四千餘人之多，又意圖速剿，嚴檄各營「迅圖掃蕩」。李有恆等人到東鄉後，先以安撫為主，聲明只拿首惡，按兵不動。各鄉百姓尚無十分驚疑。此時，孫定揚與局紳議派次年捐輸，置之前問題於不顧，還要提離銀錢兌換比例，加重百姓負擔，人心嚴重不安。孫定揚又進一步在官渡場設捐輸局、招募兵勇，要抽場內百姓的商品稅充作兵費。憤怒的百姓砸毀團局。局勢嚴重惡化。

等到袁廷蛟官渡撲營事件發生，官兵反擊，大敗暴民。老百姓都懷疑官兵要「痛剿」，紛紛退避山寨。而大巴山南麓和川東一帶山區，自古就有結寨自保的傳統，「依山為寨，因岩為硐」，以各寨硐為據點，預先囤積刀槍器械。百姓一感覺危險，就躲入山寨。咸豐年間社會動盪，東鄉各地紛紛興辦團練。團練與原有的結寨自保傳統結合起來，老百姓就擁有了相當強大的組織、武裝能力。事發前的光緒元年四月，恰好有巴縣土匪竄擾東鄉縣，各場寨紛紛動員起來自衛，將土匪打散。外來的官軍見山寨人聲鼎沸、旗甲鮮明，自然懷疑百姓武裝頑抗，就用力進攻。

「攻者愈急，守者愈固」，典型的「安全困境」場景就爆發於此。官軍疑極生忿，殺戮遂至數百人之多。

在丁寶楨看來，東鄉事件是一起因為賦稅沉重引起的，被狡獪的袁廷蛟所利用的，因為府縣官員處理不當而惡化的，官軍與百姓相互猜疑而爆發廝殺，最後惡化為數百人死亡的流血事件。丁寶楨關注的要點，不是賦稅，不是腐敗，而是東鄉特殊的社會組織，即農民的高度組織化與軍事化。一盤散沙的農民一旦組織化、軍事化，再因為資源或權利的分配不公上升為反抗，就可能導致社會秩序的崩潰。歷朝歷代都防範農民形成固定、半固定的組織（比如幫會、山寨、地下宗教等），更嚴禁農民組織軍事化。可是當社會動盪之時，朝廷又不得不借助地方力量，允許百姓抱團自衛。清朝後期的地方團練、民團等形式就是例證。其中的尺度如何掌握，就考驗地方官府的施政智慧與控制能力了。東鄉悲劇的要點，在丁寶楨看來就在於當地農民力量的失控。

依據以上事實，丁寶楨對相關人等的處理意見如下：

袁廷蛟糾眾圍城、勾匪燒搶、圍困官兵搶奪軍裝馬匹、率眾撲營，按「謀反」罪判斬立決。

東鄉知縣長廉，不能革除弊政，又在袁廷蛟起事之初不能立刻查辦，怠忽職守，革職；署理東鄉知縣孫定揚處置嚴重失當、刺激百姓，又倉皇請剿，致使事件升級為軍務，釀成大案。孫定揚革職，從重發往軍臺效力贖罪，孫定揚聲明老母現年八十三歲，自己是獨生子，符合「親老丁單」的免罰條件，申請免於發配；綏定知府易蔭芝，做事糊塗、作風不實，因已經降為通判，免於處罰；繼任知府王元晉、繼任知縣周瀚未能稟報袁廷蛟鬧糧、帶兵將領縱容擄掠等實際情況，工作疏忽，請求交部議處。

記名提督劉道宗、記名總兵雷玉春率部殺傷百姓，屬於正常戰鬥傷

亡，但治軍不嚴，且劉道宗攜眷隨營。劉道宗革職，杖一百，流三千里，從重發往新疆效力贖罪。雷玉春革職，杖八十，發往軍臺效力贖罪；記名提督李有恆並無濫殺無辜、攜眷隨營等事，但身為總指揮，不能整飭軍務，對部將攜眷隨營、兵勇軍紀渙散情況毫無覺察，屬於溺職，革職處分；地方軍官許安國、楊開泰、蔡啟祥等原本可以將動亂扼殺在萌芽狀態，卻在帶兵查辦時，畏眾潛逃，並丟棄軍火、器械、馬匹，懦弱無能到極點，一併革職。

局紳王宗恩、團首吳芳體等人經收的稅糧都繳官呈解，並無勒派浮收，且都受袁廷蛟的嚴重傷害，不另行處罰，無罪釋放。

前任四川總督吳棠驟然調動大軍，辦理並非恰當，交部議處；護理四川總督文格失察部隊軍紀，交部議處。

丁寶楨基本維持了文格的觀點，同時增加了眾多細節和判斷。奏摺遞上去後，慈禧太后以「此案重大，人命攸關」為由，交給六部九卿會同審理。東鄉事件已經成了朝野關注焦點，且涉及數以百計的人命，慈禧要求務必公正清楚，做成鐵案。丁寶楨的結論下發朝廷各大臣、各衙門後，議論紛紛。贊同者有之，但更多的人提出諸多疑問。尤其是四川籍官員，義憤填膺，斥責丁寶楨陳述並非事實。因此，大多數公卿大臣拒絕在文書上簽字。

只要有人不簽字，會審就通過不了，事情又拖了下來。這一拖就拖過了年。光緒四年正月，著名的清流黨人、翰林院侍講張佩綸上奏彈劾丁寶楨輕縱李有恆。張佩綸指出，傳聞李有恆事先買通劣紳為自己鳴冤，丁寶楨被蒙在鼓裡；也有傳聞，丁寶楨派人實地調查，得出的並非實際情況，而是事後粉飾過的。京城裡還有人說丁寶楨一開始就對地方騷亂抱有成見；甚至有人說丁寶楨回護文格，是因為他在山東就不乾淨，需要文格同樣替他回護。總之，丁寶楨不具備審明案件的客觀性、

公正性，張佩綸奏請直接派員專查此案。

　　二月初一，上諭推翻丁寶楨的結論，啟動重審，委派前任兩江總督李宗羲查明案情。李宗羲是何許人也？李宗羲是四川開縣人，道光二十七年進士，在地方任職期間遭遇太平天國起義，遂積極鎮壓太平軍，敢闖敢為又能成事，積功升遷至封疆大吏，歷任多地巡撫、總督，經驗豐富且有清正廉潔的名聲。光緒元年，李宗羲因病卸任，在開縣老家休養。開縣與東鄉縣相鄰。從多方面來衡量，李宗羲都是合適的查案人選。於是，李宗羲繼文格、丁寶楨之後，成為第三任查案的朝廷大員。那麼，他能挖掘出真相嗎？

　　光緒四年四月初四午後，東鄉南關外胡金華的客棧裡，來了兩個穿著布衣長衫的年輕人，一個三十歲上下，另一個二十三四歲的模樣，前來投宿。一名挑夫挑著行李緊隨其後。胡金華殷勤接待，兩人自我介紹說是萬縣人。胡掌櫃又詢問姓名，一個自稱王松圃，另一個自稱王仲輔，此行是前往東鄉縣黃金口省墓。當日夜晚，兩位年輕人在樓上飲酒，招呼胡金華同飲。三人天南海北地閒聊，很快談到了兩年前袁廷蛟圍城一事。二人問胡金華有無看到亂軍、有無刀矛器具。胡掌櫃略微遲疑了一下，隨即將知情之處一一告知。第二天早起，年幼的王仲輔感染風寒，在客棧養病兩日。初六，兩個年輕人告別胡金華，朝縣城北門走去，說要僱船下河前往黃金口。四天以後，也就是四月初十的下午，兩人返回客棧宿夜，向胡金華訴苦說銀兩用盡，缺少盤纏回家，提出將行李抵押給胡金華借貸幾兩銀子。胡金華看二人相貌端正、衣冠整齊，一口應承了下來，當場借出五千文銅錢，並不要兩人的行李。王姓二人答應回家後差人來還，並於第二天僱了兩乘轎子，動身返鄉去了。

　　四月二十二日，一個爆炸性消息在東鄉縣城瘋傳開來：兩江總督李大人駕臨！當日晌午，李宗羲一行十餘人入住了東鄉城內後街的同升客

棧。胡金華好生羨慕同升客棧。誰知第二天晚上，有人打著碩大的兩江總督部堂燈籠，登門拜訪小店，說是總督大人的二少爺、侄少爺來還借款本金五千文、外加利錢二百文。胡金華這才知道十多日前住店的兩個年輕人，年輕的是李宗義的次子，年長的是其侄子。胡金華只收下五千文，謝絕了利息。第三日晚上，碩大的燈籠又照耀胡金華的小店，李家還是要送利息，胡金華繼續謝絕。如此高調的你來我往，頓時宣揚了胡金華的誠信品德。大家皆大歡喜。

　　同升客棧的掌櫃廖化龍細心接待李宗義一行十一人。領頭花甲之年的老人，高額長眉、氣宇軒昂、不怒自威；身後有一名二十幾歲的年輕人，主動料理一切，他向廖化龍自稱是袁賓瑜，是李大人的門生兼親戚。兩人帶有挑夫二名，轎伕五名，跟班二名。東鄉知縣梁融聞訊，迅速趕到，手持名帖恭恭敬敬求見。袁賓瑜領著梁知縣到李宗義客房談話。此時，袁廷蛟的母親也聞訊跑來同升客棧，大喊冤枉，要投遞呈詞。袁賓瑜命跟班攔住不接。袁母悻悻而去。

　　四月二十三日，梁知縣差人將東鄉案件相關卷宗文書，一併送到客棧。李宗義赴知縣衙門禮節性回拜。途中，袁廷蛟母親攔轎喊冤，呈上狀詞。李宗義接收了下來。朝廷大員入駐東鄉，縣城內外議論沸騰，都認為是徹查袁廷蛟事件而來，向廖化龍打探消息者不在少數。可惜，李宗義一行保密工作做得極好，廖化龍並不知曉什麼內幕情況。他只是注意到二十三日早飯後袁賓瑜就出城去了，李宗義則逗留至二十五日早上返回開縣。幾天後，廖化龍聽說袁賓瑜返回過縣城，但沒見著。不過，總督大人大駕光臨，足以讓廖掌櫃炫耀多時了。

　　光緒四年六月初六，李宗義上奏了查訪結果。對於事件的前半段，李宗義與丁寶楨的結論大致相同，認為是官紳通同浮收、袁廷蛟聚眾算糧、知縣孫定揚冒昧請兵。李宗義在丁寶楨的調查之上增加了細節，鰲

清了幾個重要問題。

第一，東鄉稅銀向來以錢完納，地丁、津貼、捐輸、茶稅四項合計，十倍於正稅。這還不包括本地特有的斗厘、豬厘等苛捐雜稅。地方局紳提前墊銀交官，然後加上利息，而且是利滾利地向百姓徵收。鄉民不堪承受，怨聲沸騰。

第二，袁廷蛟響應知府易蔭芝調解，要去府裡算帳。局紳們騙他回縣裡，說先和四鄉局紳清算再去府裡，導致袁廷蛟違限不到，算糧之舉不了了之。袁廷蛟得知後，和局紳衝突激化。比時，團首李開邦、吳芳體邀請袁廷蛟到官渡場，與局紳梁天貴算帳。當夜住在文昌官。李開邦、吳芳體指使放火，誣告袁廷蛟搶場，並殺傷九人。會匪吳奉山帶著數十人聞風而至，揚言替袁廷蛟報仇，其實是乘機搶劫。花行、鹽店就是在此時遭到打砸搶掠。

第三，知縣孫定揚聽說官渡場滋事，最先是派局紳張裕康帶數百名兵勇前去探聽情況。老百姓最恨張裕康這樣欺壓鄉親的劣紳，男女齊占高山同聲謾罵。張裕康嚇得跑回縣城，謊稱袁廷蛟叛亂，慫恿孫定揚請兵剿滅。在請兵一事上，局紳們不顧是非、態度積極、慫恿官府，難辭其咎。

大軍進駐之後，李宗義調查認為：李有恆等人藉口搜查袁廷蛟，攻破寨硐，濫殺無辜。這個結論與丁寶楨截然相反。

官渡撲營一事，起因是官兵漫無紀律，在鄉村搶奪食物，且強姦了趙尚達的兒媳婦。百姓憤而聚團，要討個說法。恰好此時團首李開邦、吳芳體對入場交易的糧食每斗抽一升捐稅，遭到百姓王英祥的反對。李、吳便誣告王英祥為袁廷蛟黨羽，官兵將他拘拿營中。王英祥的哥哥王盛祥，帶上團練百餘人，在官渡場後山梁吹筒喧嚷，要求官兵放人。劉道宗以為百姓要撲營，派兵出戰。戰火就此點燃！此戰中，王盛祥、

王英祥兄弟及無辜百姓一名先後被殺，百姓更加恐懼，紛紛躲進山寨，誤會進一步加深。

關於尖峰寨戰鬥，李宗義訪查結果是戰場被殺及墜崖而死的一半是老弱婦孺，其中有七十多歲的趙尚和、龐張氏等老人，也有三四歲的王長生、趙富元等小孩。官兵還掠去了寨中的年幼婦女，大部分婦女被家裡人用錢贖回，只有趙尚友、趙尚功的妻子，至今沒有消息。千金硐攻破後，也存在綁架婦女的情況，艾玉娣、程戌娣、艾李氏、程於氏等八人至今沒有消息。有艾英芝、程文漢呈詞為據。

李有恆破寨之後，又輕信李開邦、吳芳體的指使，繼續進攻千金硐。百姓閉硐固守，李有恆就令宋家坪素有善人之名的羅心仁到硐前勸說，承諾只搜袁廷蛟並不滋擾百姓。結果，打開硐門後，不分老幼，官兵屠殺了四五十人。先騙開大門，再濫殺無辜的情況同樣發生在小尖峰寨、斑雞硐、灰包硐、巴壁硐等地。此外，官兵藉搜尋為名，將糧食、衣物、牲畜劫掠一空。燒毀瓦屋數以百計，茅草屋不計其數。

李宗義還調查出諸多案中案：袁廷蛟算糧之初，鹽梟馬洪侖率領上百鹽販，渾水摸魚，將與鹽商冉正儒糾紛時遭官府監禁的杜姓鹽販搶走。李有恆大兵駕到後，局紳向若璠、冉正江挾仇，誣告馬洪侖是袁廷蛟同黨，把袁廷蛟藏匿在寨中，請兵剿辦。李有恆發兵攻破雷公、鳳頭二寨，殺死上百人。馬洪侖夫婦服毒自殺，李有恆破寨後，斬馬洪侖首級送東鄉示眾。平時與向若璠有隙的唐樂籍一家，也遭到官兵洗劫。唐家遇害十三人，財物擄掠一空，向若璠的團丁還輪姦了唐家女眷唐向氏、唐郭氏、唐王氏。有唐樂籍的孫子唐占元控狀為憑。李有恆的濫殺不只於東鄉，還分派官兵，以捕拿要犯為名到附近各縣作惡。被官兵找上門的人家，輕則傾家蕩產，重則斃命。李宗義查處東鄉十五甲的李廷鸞、開縣道林寺的僧人普集，都死於官兵的襲擾。李宗義說：「李有恆奉

調回省，而人心乃定已。」可見李有恆所部在東鄉禍害之深。

縱觀整個事件，李宗羲認為東鄉局紳侵蝕捐稅多年，而且每次都聯名倡議，如果株連過多，將影響地方穩定，建議重點懲治劣紳。團首李開邦、吳芳體與局紳向若璠三人，是東鄉著名痞棍，無惡不作，撒謊請兵，又公報私仇，民怨最深。尖峰寨、千金硐、鳳頭寨百姓親眼看到三人在陣前向官兵指手畫腳，引導官兵搶掠。李宗羲沿途收到百姓控狀十餘份，大多是控告三人。李有恆身為統領，不確切查明袁廷蛟蹤跡，卻妄攻寨硐，殺死數百人，且軍紀敗壞，縱容部下姦淫擄掠。李宗羲認為這四個人是東鄉血案的罪魁禍首，應該嚴懲不貸。

刑部一錘定音

一案兩說，到底孰是孰非？

丁寶楨在李宗羲查訪期間，密切關注。拿到調查結論後，丁寶楨有針對性展開複查。他委派誠實幹練之人改裝易服，再次前往東鄉查訪，同時差傳李宗羲提到的原告、被告及證人等到成都受審。這一傳訊，反而又生波折。

之前向李宗羲呈控的李春發自稱是懷疑妄控，反悔撤訴了；原告宋明芳於去年十一月十六日在家病故，妻子宋胡氏說有人假冒亡夫的名字告狀；原告監生鄧啟才查無此人；原告周華貴等是開縣人，均傳喚不到。在傳到成都的原告中，唐占元告向若璠、趙尚益告李開邦兩案，原告都沒有證據。丁寶楨再三訊問，唐占元、趙尚益都承認是公報私仇的誣告，請求免於追究；原告鄧洪熙則聲明自己並未告狀，是其他人竊名妄控，再三追問之下矢口不移。李宗羲提供訴狀中，唯一能夠查實的是李仕映、陳應奎告冉正杉等案。原告指控侵吞的津貼捐輸經查是兩任知

縣孫定揚、周瀚籌辦城防動用了公款。款項用來修城牆築炮臺，都是應辦的公事，與袁廷蛟之事無關。丁寶楨下令由兩任知縣分別賠繳。原告被告雙方都懇請發回東鄉自行算清。奇怪的是，李宗羲報告涉及的被告，總共十八人，一聽說丁寶楨提解，都自行來到省城投案。經查大多是在事件中遭害之家，丁寶楨訊問後認為供狀確鑿，與自己之前的調查相符。

光緒四年九月初，丁寶楨就李宗羲的調查，上奏為自己辯解。他承認自己入川之前就知道東鄉事件，只是鑑於「人言無定」，只有實地訊問東鄉百姓才能得到實情。丁寶楨也承認在一年多的審訊中，袁廷蛟供詞「狡展」，自己主要是依靠事件前後的案卷文書，以及其他人的證詞，「確核卷據，研訊眾供」，最終得出的判斷。袁廷蛟也「不能狡辯，俯首認罪」。

李宗羲調查提到的「王廷英」，丁寶楨也承認存在，但定性為「土匪」。土匪王廷英糾眾搶毀官渡場，局紳等人赴駐紮該場的劉道宗營中求救。官兵將王廷英拿獲。袁廷蛟率眾圍攻軍營逼索王廷英，這才拉開了官民戰鬥的序幕。袁廷蛟敗退尖峰寨中，李有恆親自帶隊捉拿。尖峰寨既不獻出袁廷蛟，又不准官兵進寨查看，還飛石抵擊，打傷官兵多人。官兵各營激憤攻寨，最終殺戮數百人。袁廷蛟恃眾撲營、踞寨抗拒，謀反確有其事；而李有恆奉命剿匪，在當時局勢下不能不帶隊進攻，實無重罪可科。

丁寶楨尤其指出：李有恆在四川多年，交遊廣闊。丁寶楨一開始擔心調查官員與李有恆礙於交情而有所舞弊，特意挑選了熊紹璜前往東鄉實地調查。熊紹璜家丁此前曾在灌縣一帶招搖生事，被當時駐紮灌縣的李有恆揭發查辦。熊紹璜與李有恆因此結下了梁子。丁寶楨認為熊紹璜會認真調查李有恆的劣跡。熊紹璜調查後，揭發了素無嫌隙的劉道宗攜

眷隨營，卻證明向有積怨的李有恆沒有濫殺無辜。同時，現任綏定知府志潤、東鄉知縣梁融的報告，也與熊紹璜相同。丁寶楨最後說，剛聽說血案傳聞時，也感到出奇的憤怒，「本有重處李有恆之成見，實無輕縱李有恆之成見」，但是仔細研究全部案卷和眾人口供，才覺得耳聞不如目睹，真相比成見更重要。

丁寶楨堅持己見。東鄉血案的兩個說法，一個由現任四川總督力挺，一個由前任兩江總督堅持。朝野上下議論紛紛。慈禧自然無法欽定誰是誰非，只好正式派前禮部尚書恩承、侍郎童華為欽差大臣，前往四川查辦。這是繼文格、丁寶楨、李宗羲之後，第四批負責東鄉事件的主審官。

但凡一個案子，更換多輪主審，曠日持久，難以定論，就不是簡單的「案情複雜」可以概括的了。真正複雜的不是案情，而是案子背後的人和人情。隨著審訊次數越來越多，牽涉其中的官員越來越多，案子也越來越複雜。恩承、童華兩人不能跳脫出複雜的人情網絡，也不具備洞悉種種表述背後的真相的能力。相反，根據事後揭發，恩承、童華兩人一進入四川境內，就接受地方官員的迎來送往，並收受禮物。其家人狐假虎威，向地方要禮要物。如此欽差，在半年後的光緒五年春天提供了調查結論。恩承、童華認為李有恆雖然不是故意殺人，但不能確切查出袁廷蛟蹤跡，輕率攻破尖峰寨等處，導致數百名百姓傷亡；劉道宗擄掠牲畜、攜眷隨營；雷玉春縱容部下擄掠牲口；孫定揚加派捐錢，倉促請兵，釀成重案；局紳張裕康、冉正杓等人慫恿官府發兵，又加收捐錢等。基本上折中了丁寶楨、李宗羲等人的說法，了無新意，最後模糊建議「按律定擬」，屬於典型的和稀泥。

光緒五年四月初三，上諭公布恩承版調查結論後，大家再次失望。多一個版本，就讓血案蒙上了多一層紗布。想來朝廷發布一樁和稀泥的

案情，也很無奈，不知道如何是好了。當此拖沓敷衍之時，又是清流黨人挺身而出，推動案情最終解決。

國子監司業張之洞出場了。張之洞是同治二年的探花，於同治十二年出任四川學政，光緒五年奉調回京，在東鄉血案發生期間就在四川。他應該是對東鄉血案有第一手的觀察。據說，案發後，張之洞曾到綏定府主持秀才院試。有東鄉縣的考生不按規定答題，而是在試卷上寫了很多有關東鄉血案的文字。因此張之洞對事件有深入的了解。張之洞調回北京後繼續留心東鄉案的發展。他發現，大家的爭論與他的認知有相當的距離。於是，經過短暫猶豫後，書生的正義感推動張之洞接連上書，專論此事。

張之洞曾在光緒即位問題上，旗幟鮮明地贊同慈禧的主張，幫慈禧化解了光緒繼位的宗法問題，使慈禧得以繼續垂簾聽政。慈禧太后對張之洞頗有好感。而張之洞的上書也非常藝術，連著上《重案定擬未協折》、《陳明重案初起辦理各員情形片》和《附陳蜀民困苦情形》三道奏摺，步步深入，層層剖析。

他先上書說東鄉案事關重大，需要慎重處理。已有的調查結論不能服人，建議朝廷重視。在得到慈禧首肯後，張之洞又將矛頭對準孫定揚，認為是孫定揚違例苛斂等腐敗問題，導致了百姓聚眾鬧糧，又蓄意誣民為逆請兵進剿，是此案的首惡。恩承等人對孫定揚判罰不當，沒有抓住案情的關鍵。同時起兵之時，文格下令各營「痛加剿洗」，並非專指會匪吳奉山而言，致使李有恆等人以奉札剿殺為藉口大開殺戒。不給文格定罪量刑，不足以服李有恆、孫定揚。張之洞建議由刑部直接調查此案。

連續幾道奏摺觸動了慈禧太后。慈禧下定決心要將東鄉案徹底了結。朝廷在光緒五年五月二十日發布上諭，准張之洞所委，命令刑部直

接審理東鄉案，認真核查所有案卷，同時，「已經調任庫倫辦事大臣的文格開缺來京，接受調查」。這一回，慈禧要動真格了。

期間，李有恆的母親李易氏京控，為兒子鳴冤，還誣陷李宗羲查辦案件時並沒有親自前往，相反，李家少爺及其親戚在東鄉招搖撞騙，收受錢物，告狀之人大多是冒名頂替。李易氏又狀告恩承、童華等承審官員剛愎自用，只收集對李有恆不利的證詞，一心要置自己的兒子於死地。如果放在往常，李易氏這麼一鬧，不說案情會更加複雜，起碼也會拖延審訊的進程。如果處理不當，李宗羲等人還會惹上一身麻煩。如今有了慈禧認真查辦的明確意見，李易氏的誣告很快就被查明了。九月底，恩承、童華就上奏說從東鄉縣傳到十八名證人證明李宗羲親自前往東鄉密查，並沒有收受賄賂等事。成都將軍恆訓和四川總督丁寶楨也查明回奏，李宗羲奉命查辦案件確係親往，其子並無受賄、教唆訴訟等事。李易氏誣告的影響迅速消除。

光緒五年六月十日，刑部尚書文煜領銜上奏了案情。幾個關鍵疑問點釐清如下：

光緒元年十二月初十日，袁廷蛟派人向官渡場鹽店借鹽，鹽店怕亂民滋事，各出食鹽一包。之後，官渡場的人商議捉拿袁廷蛟，吳芳體、李開邦二人就設計，冒用該處監生梁天貴的名帖約袁廷蛟到官渡場算帳。梁天貴其實不在官渡場。袁廷蛟帶人到官渡場的當晚，有人夜寒烤火，不慎燒毀豬圈一間。李開邦就揚言袁廷蛟放火，導致了流血衝突，徹底關死了百姓與局紳調停緩和的大門。事後，知縣孫定揚派吳芳體、李開邦擔任官渡場團首，兩人就對來場賣米的百姓每斗抽米一升，稱為「團費」，結果在趕集之日導致鄉民王英祥帶頭抗爭，鳴鑼聚集數十人將團局旗械拿去。接著又發生了光緒二年正月初三，袁廷蛟帶領數百人到官渡場復仇事件，場面一度惡化為打砸搶掠。

　　凡此種種，知縣孫定揚都只得到了局紳方面的匯報，本人並未親臨現場查問。官渡場事件鬧大後，孫定揚派許安國前往彈壓，很快又聽說許安國遭到圍困，又輕率地請綏定府派來千總楊開泰、世職蔡啟祥帶兵鎮壓。事實上，許安國這一批官兵並沒有被圍，事後安然無恙返回縣城。相反，楊開泰率領的綏定府官兵被百姓包圍。百姓懷疑他們是局紳私僱的兵勇，且不聽解釋，勒令他們留下號衣、旗械、馬匹：孫定揚一度計劃親自帶兵下鄉，結果城中局紳告訴他東路一帶暴民眾多，且乘虛窺伺縣城，孫定揚走到一半趕緊縮回縣城。因此他有關東鄉亂局的稟報，都是從局紳張裕康、冉正杓等人那裡得來的，最終得出了「縣城危在旦夕」的結論。事實上，經過綏定知府易蔭芝、太平知縣祝士棻的勸解，東鄉局勢本有化解的可能，最終卻是四川總督吳棠命令李有恆統帥大軍進剿。孫定揚難辭其咎。

　　起初，進駐東鄉的官兵小偷小搶，與彪悍的鄉民發生爭鬥，在官民關係僵化、衝突一觸即發的背景下，這些行為很快演變為「官兵剿洗」的謠言。百姓根據以往傳統，紛紛上寨躲避。而官渡場團首吳芳體、李開邦因王英祥不服抽米，公報私仇，向劉道宗謊報王英祥是袁廷蛟黨羽，導致王英祥拘拿軍營。三月初三，王英祥的哥哥王盛祥率領上百人在官渡山梁上吹筒喧嚷，要索回王英祥。劉道宗抄殺上山，開了第一場殺戒。這就是所謂的「撲營」與「反擊」。之後的交戰中，官軍無不大勝，陸續殺死一些百姓。在初五的尖峰寨戰鬥中，李有恆親自督戰，因為山陡路窄、百姓抵抗，官兵難以前進。最後是李開邦、吳芳體等帶領官兵從寨後小路殺進山寨。此戰，遇害百姓三百多人，一半是老幼婦孺，燒毀附近民房百餘間。惡劣的先例一開，官兵的燒殺搶掠行動隨之升級，百姓的雞鴨牛羊都遭了殃，甚至有十幾個百姓是在官兵沿路搜查過程中，無緣無故被害的。官兵濫殺無辜行為，確實存在。

東鄉血案：冤案的塑造與平反

　　鹽梟馬洪侖案則是案中案。話說，局紳向若璠與鳳頭寨富戶唐樂籍不和。唐樂籍忌憚向若璠的勢力，於是投靠馬洪侖，藉鹽販的聲勢與向家對抗。馬洪侖及鹽販常駐鳳頭寨，以此為販鹽據點。袁廷蛟抗捐後，馬洪侖也糾集鹽販渾水摸魚。官兵進剿後，王照南在向若璠的指引下於三月十三日抵達鳳頭寨。十七日，馬洪侖之子馬金堂邀集二百餘人來救父親。王照南和陝西總兵劉楚華的部隊在雷公寨迎擊馬金堂，陣斬鹽販數十人。馬金堂逃跑，後來在湖北省境內被捕，押送東鄉正法。馬洪侖聞訊後，於當夜服毒，但未死。十八日，官兵攻破鳳頭寨，將馬洪侖正法，並殺死馬洪侖的妻子、雇工和唐樂籍全家。官兵在寨內共殺三十餘人。向若璠還引導官兵將唐樂籍家產燒毀。刑部調查認為向若璠等局紳、團首貪婪妄為，是事件激化的重要推手。

　　而袁廷蛟始終蹤跡全無，各營四處搜查。哨官胡小臣聽說袁廷蛟曾在李廷鶯家住宿，上門搜查。李廷鶯回覆說袁廷蛟並未在家住宿。胡小臣刑訊李廷鶯，導致後者當場斃命。又有消息說，開縣道林寺的僧人普集知道袁廷蛟的消息。游擊方榮升就跨縣將普集和尚抓獲，一開始移送開縣衙門。後來，方榮升又向開縣知縣聲稱要自行押解回營，將普集帶回客棧，第二天普集死在店內。仵作檢驗認為是先受傷後服毒而死。調查發現，普集平時並非安分守己之人，但游擊方榮升也存在刑訊逼供的問題。

　　查清了基本事實，李有恆的罪責就好判定了。李有恆有無妄殺百姓的判斷前提是百姓是否叛亂。首先，百姓並無圍城，不存在縣城危在旦夕的情況；千總楊開泰等人被圍，是因為百姓誤以為他們是局紳私僱的武力組織。如果百姓真的有心圍困官兵，為什麼事後又交還了官兵的旗幟軍械，官兵又怎麼能脫身而回，又怎麼能無一人傷亡？況且，蔡啟祥回綏定府就報告了百姓並無謀逆之心。其次，百姓並無撲營。如果百姓

要主動進攻，會選擇官兵立足未穩之時，怎麼會在大兵雲集、駐紮半月有餘再來撲營？況且所有報告都說百姓只是在山梁上喊叫，並未下山。人都沒下來，撲營從何談起？最後，袁廷蛟等人並未踞寨。殺人奪寨，進而盤踞為己有，才稱之為踞寨。早先報告袁廷蛟並未殺人，況且數千官兵攻破十餘寨、搜遍東鄉縣，都沒有發現袁廷蛟的蹤跡。

那麼，袁廷蛟究竟所踞何寨？何來踞寨之罪？局紳慫恿發兵的時候，還揚言袁廷蛟有軍令、傳牌、簿據等，但這些東西從何而來已經無從查證了。況且東鄉團練正興，本來就有許多旗幟令牌。同時，四川各地遍布山寨山硐，百姓一有事就避居山寨，無非各居各寨、各保各家。

刑部最終認定袁廷蛟聚眾鬧糧、搶掠打砸，確實法所難容，但不是叛逆。既然袁廷蛟不是叛逆，叛黨又從何而來呢？歷經四年的漫長審訊，袁廷蛟終於卸下了謀反叛逆的大帽子。

制衡缺失的惡果

經過將近四年的拉鋸，歷經四任主審官員的審訊，一樁驚天血案，終於到了昭雪的前夜。最具戲劇性的昭雪場景又會如何上演呢？

丁寶楨調查東鄉案得出官兵自衛反擊，剿滅匪徒，沒有濫殺無辜的結論時，四川布政使程豫、按察使方溶頤都表示過反對。他倆認為，如果說是剿匪，難道東鄉滿地的百姓，都是匪徒？何至於每日搜殺，連破多座山寨，致使數以百計的無辜良民以及老弱婦孺慘遭屠戮？程豫、方溶頤明確認為李有恆等人「輕視民命」。但是，丁寶楨當面要求兩人將個人意見刪去，在初審和覆審時都堅持東鄉案是剿匪。

丁寶楨並非昏庸貪腐之人，他為什麼要這麼做呢？這和他的性格有關。

東鄉血案：冤案的塑造與平反

　　丁寶楨勇於任事的性格，塑造了他輕視繁文縟節，進而不重視規矩流程，著重追求效率的行事做風。不然，他也殺不了慈禧寵信的安德海。長期處理地方複雜政務，使得丁寶楨完全站在地方官的立場之上考慮問題。比東鄉血案稍早的浙江楊乃武小白菜案，是同時期發生的、由地方釀成的冤案。光緒二年，丁寶楨接受四川總督任命、進京接受皇帝召見之時，正是刑部重審楊乃武小白菜案，準備翻案洗冤之時。之前歷次審理的浙江地方官員，上自巡撫下至知縣，都要遭到懲處。丁寶楨是強烈反對翻案的主力，有一天跑到刑部咆哮公堂，面斥刑部尚書老邁昏庸。他質疑刑部驗屍有誤之後，揚言：「這個鐵案如果要翻，將來沒有人敢做地方官了，也沒有人肯為皇上出力辦事了。」丁寶楨潛意識中認為地方事務繁多，地方官員工作不易，不要輕易否定甚至干涉地方的結論：這一意識，貫穿在他處理東鄉案的始終。丁寶楨的態度，一定程度上也體現了晚清地方官擴張實權的欲望與主張。

　　固執地從地方行政角度考慮，丁寶楨確確實實輕縱了李有恆，傷害了無辜的受害者。前任四川總督吳棠命令李有恆「相機剿辦」；文格護理總督後，明確修正命令為吳奉山一股應盡力剿洗，袁廷蛟一股應分別剿撫，後來根據李有恆報告的情況再次修正為「揀派隊伍挨次搜查，如有恃險負隅不開寨門者，破一二處」，目的是震懾不法分子。同時，文格明確要求「約束勇丁，不得乘勢打擾」。李有恆顯然沒有落實好上司的命令，破寨後殺戮眾多，就算寨中有附和袁廷蛟的百姓，也罪不至死，何況更多的是扶老攜幼相率避禍的良民，他們何罪之有？李有恆之前狡辯，說是在搜尋之時，各寨拒絕獻出袁廷蛟，又不指明袁廷蛟蹤跡？還不准官兵進寨搜查，不得不破寨搜捕。可是，袁廷蛟本來就不在寨中，百姓如何獻出，又如何指明蹤跡？況且之前官兵軍紀不嚴，百姓耳聞目睹，如果為了保全身家，閉門不納也在情理之中。而四川省之前的動盪

背景和民間普遍存在的民團組織、持有的旗幟軍械，在官兵看來當地百姓就是頑抗，因此奮力進攻；而百姓懷疑官兵要血洗山寨，堅守山寨，進一步擴大了悲劇。

官府調查時，那些受傷未死的婦孺老幼，傷痕尚在。這些可憐人事後幾乎沒有出面訴訟的，主要是擔心民告官，官府不會秉公處理，反而將百姓視為袁廷蛟的匪黨，遭受株連。即便是勇於告狀的，當日在倉促慌亂之間也不知道兇手究竟是何營何人，無法辨認被告。這是事後丁寶楨沒有收到訴狀的主要原因。

如今，布政使程豫、按察使方溶頤都向刑部陳述了意見。孫定揚、易蔭芝、向若璠、王宗恩、李開邦、吳芳體、劉楚華、謝思友等人都供認不諱。最後提審李有恆、劉道宗兩人，他倆還強詞解釋，經過再三開導、逐層剖析案情，並拿其他當事人的供詞加以佐證，兩人雖然理屈詞窮，但仍頑固不肯認罪。

最終，刑部將東鄉案認定為是官兵濫殺無辜事件。「袁廷蛟既非叛逆，則眾寨民之非逆黨自明。寨民既非逆黨，則統兵官之妄殺已定。」李有恆為罪魁，孫定揚為禍首，兩人都依故意殺人律，擬斬監候，秋後處決。

東鄉局紳張裕康、冉正杓作惡鄉里，慫恿地方官請兵剿民，敗壞局勢，依慫恿誣告他人與犯人同罪至死減一等律，杖一百流三千里。因為兩人都是候選知府，有官員身分，再加革職、發往新疆充當苦差，永不釋回。張裕康已經聞風潛逃，四川官府將嚴密通緝。監生李開邦、吳芳體狼狽為奸，抽取苛捐；貢生向若璠，作惡多端，三人都慫恿發兵，釀成巨案，革去功名，流放四千里，發到極邊遠地區充軍，永不釋回。

提督劉道宗、提督王照南、總兵雷玉春縱軍殺掠，草率冒功，革職，杖一百，流三千里，發往黑龍江充當苦差。總兵劉楚華放任官兵作

東鄉血案：冤案的塑造與平反

惡，且致使唐樂籍全家斃命，革職，杖一百，徒三年再發往軍臺效力贖罪，游擊方榮升將僧人普集打傷後致使其服毒斃命，革職，杖一百，徒三年再發往軍臺效力贖罪。

繼任知府王元晉、知縣周瀚無能、溺職，革職。游擊黃開泰、參將尹化龍、已革知縣長廉、千總楊開泰、世職蔡啟祥、已經病故的把總許安國，均免於處罰。

值得嘆息的是本案的起源之人袁廷蛟。袁廷蛟起初未必沒有私心，但在抗捐過程中轉變為了不顧個人安危、一心為民的公心。況且，刑部調查確認他並無叛逆謀反行徑。但在官府眼中，袁廷蛟還是聚眾鬧事、挾制官長的刁民，且對事件惡化升級為大屠殺有不可推卸的影響，因此難逃死罪。刑部本擬將袁廷蛟斬首。不料，丁寶楨比刑部更討厭地方行政的「刺兒頭」，已經將袁廷蛟並其子袁能柏暗殺於成都獄中。人犯已死，免於處罰。

東鄉血案最終得到平反，袁廷蛟卻沒有得到昭雪，沒有迎來大團圓的結局。不過，宣漢縣鄉間至今流傳著袁廷蛟抗捐的傳說，這是對袁廷蛟最大的肯定與昭雪！

前任四川總督吳棠，沒有詳查情況就派重兵剿辦，因已病故，毋庸再議。護理四川總督文格對李有恆等人罪行未能查出參辦在前，又對李有恆等人下達了包含「痛加剿洗」關鍵詞的命令，且對總兵謝思友反映的真實情況置若罔聞，屬於辦事粗糙草率。現任四川總督丁寶楨對於特旨交辦事件，涉嫌輕縱罪犯，且面諭官員將反映的真實情況刪去，屬於辦事不悉心斟酌，始終偏執。文格、丁寶楨因為是封疆大吏，如何處置，奏請聖裁。

光緒五年（一八七九年）十月初十，東鄉血案正式結案。朝廷批准了刑部的所有判決。另外，丁寶楨輕縱案犯、辦事不力，降為四品頂

戴，留任四川總督，戴罪立功、以觀後效。客觀而言，丁寶楨不是貪腐昏庸之人，相反是積極進取的幹將。但在審理東鄉血案時，他偏執頑固，偏離真相，使得案件沉冤，責任不小。好在降級處分並沒有打擊他，丁寶楨此後在四川改革鹽政、整飭吏治、修理都江堰，政績依然卓著。光緒十二年丁寶楨死在四川總督的任上，朝廷追贈他太子太保，諡號「文誠」。與丁寶楨相比，文格顯得昏庸無能，責任更大，被革去庫倫辦事大臣職務。此後再無他在政壇上的蹤影。李宗羲對東鄉血案翻案，居功甚偉。光緒六年，朝廷徵召他進京。李宗羲因病難以成行，光緒十年病逝。

　　恩承是奉旨查案的欽差，雖然沒有釐清案情，但在事後針對四川苛捐雜稅倡議削減，直指各地巧立名目橫徵加派。不久，恩承遭人彈劾入川時失察家人需索，受到革職留任處分。東鄉血案至此完結。

　　東鄉血案和江寧刺馬案、餘杭楊乃武小白菜案並稱清朝「同光三大案」。刺馬案表現的是清朝官府內部權力矛盾與鬥爭；楊乃武小白菜案集合了司法腐敗和朝廷內部派系鬥爭，並借助近代媒體和口耳相傳，成為最為知名的清朝大案。而發生在西南山區的東鄉血案，雖然知名度不如前兩者，卻折射出了複雜的社會結構和治理矛盾等歷史背景。

　　中國傳統社會的均衡關係，是社會整體在官府、宗族、鄉紳、宗教、行會等勢力之間保持理想的平衡關係。各方力量各管一方，又相互滲透、相互支持，共同推動傳統社會的良性發展。這就好像一個生態系統，各種生物有機結合在一起，共存共榮。

　　可是，東鄉縣的社會結構過於特殊。東鄉縣地處川陝邊緣，人口成分複雜。原先的土著居民，因為明末清初的戰亂，傷亡殆盡，長江中下游的大量移民充實到東鄉。到同治年間，東鄉土著之民十無一二，湖廣客籍約占一半，廣東、安徽、江西各省的移民占了剩下的 30 ～ 40%。

可以說，東鄉是一個移民社會。一個社會，需要穩定持久的發展，才能培育出強大的宗族、行會等勢力。在事件中，我們幾乎看不到宗族的強大身影。東鄉不像東南地區的鄉村一樣，一村一鎮幾乎都是同姓族人聚居。複雜的地形和貧瘠的山梁，使得當地社區耕讀傳統不強，也缺乏支撐書香門第的經濟基礎。禮教不興，則為各種旁門左道的流行提供了空間。東鄉縣是大巴山區白蓮教傳播的重要地區。但是，白蓮教遠遠沒有獲得一統地位，佛教、道教等傳統宗教在東鄉保有一席之地。多種宗教盛行，分散了信眾，使得東鄉沒有形成強大的宗教力量。東鄉的老百姓，似乎還處於比較早期的社會階段，大家散居在山丘溝壑，定期到場寨交易，自得其樂，卻又缺乏橫向連繫，需要獨自應對風浪。

官府稱東鄉縣是「五方雜處，無族性之聯綴，無禮教之防維」。特殊的社會結構使清代的東鄉成為難治之區。官府勢力最大的合作者就剩鄉紳了。清朝山區的縣衙門，缺乏強大經濟後盾和雄厚的外力輸入，勢力往往弱小。鄉紳階層就成了處理家鄉事務、維持地方安定的主導力量。東鄉縣衙要依靠、仰仗鄉紳來處理地方衝突、完成錢糧賦稅任務。而鄉紳既有官府支持，又缺乏其他力量的制約，一枝獨大，慢慢膨脹成了奇葩。在東鄉案件中，捐輸局的成立、包稅制的推廣、銀錢兌換比例的不斷提高，都表現了鄉紳勢力的惡性膨脹。缺乏制約的局紳們，猶如在生態系統中沒有天敵的野草，恣意生長，汲取一切養分、遮蔽太陽光芒，最終只能導致整個系統的崩潰。

東鄉的社會不是系統崩潰，而是在這之前以內部鬥爭的形式就爆發了出來。四川方面稱「東鄉民氣刁悍，實為嗜亂之區」，說的是當地百姓的鬥爭傳統。跳脫了種種束縛的東鄉人，勇於反抗不公。嘉慶年間，白蓮教在四川省的首義地點就是東鄉縣。文格稱東鄉「近年來屢次聚眾圍城，習為故事」，雖然有所誇張，但當地百姓經常奮起抗爭，確實是事

實。吳棠、文格、李有恆等人進兵圍剿，可能也有遏制百姓抗爭蔓延的考量。想不到，最終是社會系統中看似一盤散沙的普通人的抗爭，成了遏制一枝獨大的鄉紳最大、也是最後的力量！遺憾的是，這種遏制表現為數以百計無辜生命的喪失。

東鄉唯一能對鄉紳勢力構成制約的是官府的公權力。遺憾的是，代表官府的易蔭芝也好，孫定揚也罷，即便不是當時官員的下限，也絕不在官員能力素養的平均值之上。易蔭芝深得官場敷衍圓滑之道，孫定揚則昏庸無腦，非但不能制約鄉紳的胡作非為，反而被局紳牽著鼻子、慫恿得團團轉，不僅使得公權力在化解地方矛盾時缺位，而且引入了暴力機器。李有恆等暴力機器的出現，造成了百姓巨大的傷害。最終平反處置的結果，事實上也沉重打擊了鄉紳的力量。包括張裕康、向若璠等有地位的人物在內，東鄉鄉紳受處置的數以十計。動亂時的打砸搶掠，事後大規模的追責，沒有一方是受益者！

在理想的傳統社會結構中，官府充當相對超脫的仲裁者的角色，維護規則的底線，避免類似東鄉事件的「全輸」結果。遺憾的是，東鄉縣、綏定府都沒有扮演好這樣的角色。張之洞曾在奏摺中提議嘉獎原太平知縣祝士棻，認為他平和務實有手腕，一度使得東鄉局勢朝著化解的方向發展。因為史料缺失，不知道祝士棻有無得到褒獎。如果歷史可以假設，假設光緒元年是祝士棻處在孫定揚的職位上，說不定大屠殺是可以避免的。這也說明，官員個體素養對區域發展的重要作用，畢竟官府公權力在傳統社會結構中處於重要地位，需要發揮關鍵作用。

後記

　　放眼世界，貪腐現象難以根治，中國各朝同樣是貪腐的受害者。清朝集中國歷代發展之大成，既繼承了之前的成果，也沾染了貪腐的頑疾。貪汙挪用、行賄受賄、徇私枉法，乃至賣官鬻爵等顯性貪腐行為廣泛存在；利益輸送、黨同伐異、玩忽職守，乃至敷衍塞責等隱性貪腐行為也始終存在，呈現出越到王朝後期越激烈的規律。反貪，是清朝一以貫之的國策之一。

　　本書選取的十個案子，參考存世的檔案文獻，分析清代反貪大案的來龍去脈。我們從中可以看出清朝反貪態度之堅決、措施之嚴、處理之重。實行上，上自內閣大學士下至書吏差役，從動輒申飭到抄家斬首，反貪重拳在清朝歷史上屢見不鮮。我們從中也可以看出各類貪腐案件的複雜背景。如《孔門互訐案》折射的是衍聖公制度的問題，道德在人心，而不在個人；《金鄉冒考》和《東鄉血案》反映的是清朝後期複雜的社會矛盾。傳統社會結構在多重壓力的疊加打壓下缺乏騰挪空間，呈現出緊繃欲崩之勢；《黃玉林案》對準的是清朝的食鹽專營政策。以食鹽為代表的經濟統制制度不僅無益於經濟效益，反而抑制了經濟的發展，滋生了腐敗；《陳輝祖案》、《騷擾驛站》等其餘六個案子都聚焦官場，揭露形形色色的貪官汙吏嘴臉。蛀蟲的誕生，首先自然與個人內因密不可分，但也不能忽視制度因素。機械僵化的財政制度、超常負擔的官員責任和原始粗糙的管理手段都是貪腐的誘因。清朝最令人痛心疾首之處在於後期的政治黑暗。政治黑暗是最大的腐敗。當事人無一人是大奸大惡之人，進入公門之後盡成貪官汙吏；尋常案件並無疑難之處，「照規矩」辦事之後不是久拖不決就是冤假錯案環生，人人都可能是受害者，事事都可能

後記

是大難題，更不必說做事創業了。矇蔽雙眼、束縛手腳、折磨心智的黑暗才是最大的黑暗。這一點在《兵部失印》、《捐納造假》、《國庫失竊》等案中都有體現。假官買賣持續多年，千萬白銀在國庫中不翼而飛，只能用系統存在問題來解釋了。最讓做事者氣短的莫過於《東陵貪腐》案，慶玉貪腐劣跡斑斑，卻胡攪蠻纏、反咬他人，臨死之前還要拉正直者陪葬。朝野萬馬齊瘖，無人主持公道。黑暗之下，慶玉之流渾水摸魚，自得其樂，正直之士要陪上身家前途才能去一蠹蟲，能不讓英雄氣短、觀者扼腕？

貪腐與反貪腐是歷朝歷代的永恆話題。遏制不住的貪腐是埋葬不少王朝的重要原因。

因為篇幅有限，本書案例並未概括官員人事、科場舞弊、八旗腐化等所有類型，也沒有深入到微觀的百姓訴訟來折射宏觀景象。因為史料闕如，本書案例主要依靠存世的章奏史書，缺乏全面、第一手的資料，尤其是諸多當事人的真實想法與言行。書中多有個人判斷，不一定準確。圖書是不完美的藝術，對本書的缺陷和錯誤，我承擔責任。

張程

當官老爺帶頭貪汙，皇帝也被騙得迷迷糊糊！

偷盜聖上貢品、竊取國庫銀錢、買賣假官訛詐……這些人為了貪汙，什麼招數都想得出！

作　　者：張程

發 行 人：黃振庭

出 版 者：崧燁文化事業有限公司

發 行 者：崧燁文化事業有限公司

E-mail：sonbookservice@gmail.com

粉 絲 頁：https://www.facebook.com/sonbookss/

網　　址：https://sonbook.net/

地　　址：台北市中正區重慶南路一段六十一號八樓 815
室

Rm. 815, 8F., No.61, Sec. 1, Chongqing S. Rd., Zhongzheng
Dist., Taipei City 100, Taiwan

電　　話：(02)2370-3310

傳　　真：(02)2388-1990

印　　刷：京峯數位服務有限公司

律師顧問：廣華律師事務所 張珮琦律師

─版權聲明─

定　　價：350 元

發行日期：2023 年 11 月第一版

◎本書以 POD 印製

Design Assets from Freepik.com

國家圖書館出版品預行編目資料

當官老爺帶頭貪汙，皇帝也被騙得
迷迷糊糊！偷盜聖上貢品、竊取國
庫銀錢、買賣假官訛詐……這些人
為了貪汙，什麼招數都想得出！ /
張程 著 . -- 第一版 . -- 臺北市：崧
燁文化事業有限公司 , 2023.11
面；　公分
POD 版
ISBN 978-626-357-833-3(平裝)
1.CST: 中國政治制度 2.CST: 清史
573.17　　112018279

電子書購買

臉書

爽讀 APP